The Analysis and Judgment
of Public Opinion of

BLOG

常　松　主编

博客舆情的
分析与研判

社会科学文献出版社
SOCIAL SCIENCES ACADEMIC PRESS (CHINA)

国家社会科学基金项目 （10BXW022）

序

　　安徽省社会科学院新闻与传播研究所所长常松研究员主持的国家社科基金项目《博客舆情的分析与研判》最终成果即将由社会科学文献出版社出版，约我为其作序。作为新闻与传播学界的同行，我对他们的成果顺利通过全国社会科学规划办公室的结项审核并获得优秀等次，表示由衷的祝贺。

　　互联网等新媒体在中国的发展只有几十年的光阴，而博客等自媒体在中国的出现也只有十几年的时间，但经过这些年的发展，博客已经成为中国人生活的重要组成部分。博客的出现、发展、创新已经和每个人的生活息息相关，甚至深度介入我们的生活。从目前来看，博客作为互联网舆情的重要渠道，加以专门的研究还不多。现有的研究者大多聚焦在互联网舆情的生产与政府引导方面，有关博客舆情以及由博客形态转变引致的舆情产生规律性变迁方面的系统性论述尚不多见。像该书对博客舆情研究得如此深入、全面和系统还是首次，这填补了我国博客舆情分析研判机制研究上的一项空白。

　　该书运用新闻传播学、社会学、政治学、历史学等多学科交叉理论，多视角、全方位地解读博客舆情分析研判机制，是对我国博客舆情应用研究的丰富和深化，有着重要的学术价值和应用价值：一是为认识博客舆情提供参考。博客舆情的生产规律具有和传统媒体、网络媒体、手机媒体等不同的方式，对博客舆情的分析、研判、监管、引导作用也不相同，通过对博客舆情的历史、博客舆情和大众传媒、网络媒体的关系、博客舆情的分析研判模型的建立，为我们认识博客舆情提供了系统的视角。二是为政府介入网络舆情提供先导性服务。对于网络舆情的研判特别要结合当前中国社会转型期的实际，需要一分为二地看待。博客作为网络舆情的重要载体，分析博客舆情可以为政府介入网络舆情提供很好的视角。三是丰富网络研究内容。博客舆情现有的研究成果寥若晨星，系统性、理论性研究更是少见。

当然，学无止境。当下新媒体发展日新月异，有很多新情况、新问题亟须深入研究。而有效地开展博客舆情研究需要多个层级，本书从两个角度切入，一是从纵向分析了博客舆情产生的社会和媒介背景，二是从横向分析了博客舆情产生的规律，以及研判、监测、引导的方式。同时，在各层面上又进行了深度挖掘，力争做到前沿与深度相结合、热点与规律相结合、理论与实践相结合。

在研究过程中，安徽省社会科学院新闻与传播研究所形成了一支团结协作、生机勃勃的团队，积累了大量的资料和有益的经验，也显示了研究领域贴近新闻传播学前沿，注重社会热点、难点问题，注重理论与现实的结合，践行了理论为现实服务的理念。期待他们能出更多、更好的成果，这必将有助于我国新媒体研究水准的提升，建立起我国本土化的网络传播学体系。

2013 年 12 月于北京

作者系中国社会科学院中国特色社会主义研究中心主任
（原新闻与传播研究所所长）、研究员、博士生导师

目录
contents

伴随互联网技术的发展及中国网民群体数量的不断增长，越来越多的公民选择在互联网上参与公共话题的讨论，网络舆情应运而生。作为一种全新的社会现象，网络舆情逐渐成为近年来我国社会各界广泛关注和学术界研究的热点话题。

一　研究缘起及研究现状

国外关于网络舆情的研究起步较早，也取得了显著成果。20世纪90年代，美国学者曼纽尔·卡斯特就分析了网络时代社会科学研究的主题变迁及网络时代的社会运行机制（Manuel Castells，2000）。当舆情从社会空间转移到网络空间，舆情研究的议程设置、沉默螺旋及蝴蝶效应等理论假设所具有的分析效力被赋予了新的内容和特征，得到进一步发展。如：虚拟现实的政治是"那些有可能永远地模糊真实和虚幻之间的界限的技术，将给政治带来影响"（Mark Slouka，1995）。"个人可以通过新媒体，从各种不同信源采集新闻，并把它们拼装成最符合他们自己的新闻图像"（Shaw D. L.、McCombs M.、Weaver D.，1999）。"在集权政体中，互联网是一个矛盾的存在，它既威胁又加强了政府对信息及社会的控制"（Jane E. Fountain，2002）。随着网络技术的发展，网络舆情成为社会舆论的重要组成部分。安德鲁·查德威克研究了新传播技术对政党与选举、压力集团、社会运动、地方民主、公共机构和全球治理的影响，分析了持续性的和争议性的政策问题（Andrew Chadwick，2006）。在网络治理上，不少国家在法律约束和行政制度层面提出和采取了一些措施，并有专门机构和专业人员关注网络信息。如：美国参议院于1995年通过的《传播净化法案》、欧盟的《隐私和电子通信指令》等。基本政策要点包括：避免不必要的管理和立法，尊重互联网的特性，"避免不适当的限制"，政府在必要时"采取适当的政策"等。

虽然，我国对于网络舆情的研究起步较晚，但相关研究能准确理解国外学者的观点和理论。刘文富（2002）采用政治学的基本分析方法，如政治权力分析法等分析网络社会中的政治现象，进而探讨了网络社会的治理框架及其型制变迁的问题。刘毅（2007）认为，网络舆情的特点表现为自由性与可控性、互动性与即时性、丰富性与多元性、隐匿性与外显性、情绪化与非理性、个性化与群体极化等方面。王来华（2008）认为，当互联网迅速发展并成为人们政治意愿的表达方式并且是比较开放的意愿表达方式时，舆情正面的或负面的影响力会变得非常大。彭兰（2009）借鉴社会学、社会心理学、政治学等其他学科的研究成果，丰富与深化网络传播的研究。陈力丹（2011）认为，网络舆情的形成应遵循社会变动所产生的刺激性意见和意见在传播互动中的相互趋同这两个步骤。针对当下网络舆情的管理问题，国内学界主要从网络舆情危机应急处理机制、加强信息技术安全、完善制度和法律法规体系等方面提供治理之道。尹韵公（2012）认为，要根据具体国情和社会情况强化互联网治理，不断提高互联网管理水平。喻国明（2012）按照舆情预警机制的理论，对议题进行红色、橙色、黄色等预警发布，进而引起相应的对策建议。总体来看，我国网络舆情研究的视角主要涉及五个层面：一是对有关网络舆情本体的探讨——网络舆情是什么；二是对网络舆情的主体即所有参与网络讨论的网民进行研究；三是对有关网络舆情特点及功能的研究，有研究将网络舆情视为一个动态的展示，分别从其主体特性、客体特性及舆情本身特性阐释了网络舆情的整体特点；四是对网络舆情控制的研究，网络具有隐蔽、虚拟及难以控制的性质，有关网络舆情引导和调控的对策性研究相当多，概言之，就是"堵"与"疏"的结合问题；五是对网络舆情监督的研究，研究者普遍认为网络舆情是相对于传统官方舆情的另一个监督场，代表民意，反映普通民众的呼声，是来自民间的监督力量。还应看到，当前许多探索中国网络舆情的相关研究，从整体上仍依赖于或传承了国外的话语体系，在很大程度上受到西方发达国家经验的启发。但我们应看到中国网络社会的发展现状、网络舆情及其网络管理等都独具特色，中国的网络社会是在当前经济转轨和社会转型条件下形成和发展起来的。当下中国网络舆情及其管理研究面临双重挑战：既要解决研究的主体内容亟须更新的难题，也需克服传统研究思路滞后的困境。随着网络技术的普及和应用，基于网络媒体形成的新型传播形态如博客（Blog）、播客（Podcasting）、社交网络（SNS）、维基（WiKi）等，以及基于网络和手机形成的即时互动传播方式如微博、微信等迅速崛起，在很短时间内聚合大量受众和参与者，这种传播方式在改变传统媒介传播观念的同时，成为网民参与社会生活的首选。而加强对网络舆情的分析研判，并对网络舆情的发展进行科学引导和管理，是当前社会治理不可回避的重要议题，也是促进网络社会参与、提高社会认同、维护社会安全的必然选择。

综观近年来的学术研究成果，可以发现，网络舆情研究的关注范围比较广泛，从概念、特征、功能到如何引导等各方面都有所探究。其中，"舆论"与"舆情"的概念区分成为一个焦点话题。多年来，由于缺乏对舆情和民意等重要概念和范畴的研究，使我们不能分清舆情与舆论之间的区别，很容易在两者之间产生混淆。有些学者从广义上定义舆论概念时，多使用公众的意见、态度和看法等说法。而狭义上定义的舆论则是在强调它作为"公众意见"的同时，又强调它是公众的"公开意见"，"公众"和"公开"的含义被结合起来，从而对其基本内容做了范围更小的限定。在各类舆论研究者们看来，舆论是离不开媒体，并依靠媒体公开传播的。舆情与舆论不同，其含义又与舆论密切交叉。二者的相同之处在于都涉及公众的各类意见，而它们之间又存在着不同之处。王来华（2008）认为："根据舆情的基本定义，只要是民众所想的，不管公开和不公开，都是舆情。在这一点上，舆情与强调'公开意见'的狭义舆论有很大不同；而与广义的舆论相比，舆情与舆论之间的差异并不是很明显。舆情是指来自民众的社会政治态度，是民众的'心声'；而舆论既包含各类公众的'声音'，也包含国家或政府的'声音'。舆情研究强调了它对群体心理活动的剖析。它对一群人或一个利益群体等具体民众'心声'的研究，常常涉及他们作为民众的社会心理结构和变化过程。"就网络舆情而言,王来华认为:"它与舆论之间的差异在于,网络舆情既是网络外社会事项刺激民众产生的社会政治态度被带到了网络上,也是受网络上传播的中介性社会事项信息刺激而随时产生的民众的(主要为'网民')社会政治态度。但是,这两种情况下的舆情在不表达或诉求出来之前,仍然是舆情而不是舆论,因为此时它们还'散落'或'深藏'于网民心里,有可能是公众意见,但还不是公开意见。当然,在网络信息传播的情况下,这两种舆情常常会更快速地表达出来,并且迅速转化为公众和'公开'的意见。于是就实现了舆情向舆论的转化。"

网络舆情中关于博客舆情的研究成果还比较少见。关于博客传播的理论著作有《博客:E时代的盗火者》(方兴东,2003)、《顺风新博客论》(吴佑欣,2006)、《你也可以成为博客高手》(谢渊明,2007)、《博客传播》(刘津,2008)、《"微博问政"与舆情应对》(周滨,2012)、《中国博客调查》(于绍宗、于丽娜,2012)等,博客舆情有少量论述散见其中。博客舆论的论文则有一些,比如《博客对公共舆论构建的外在性影响》(胡春阳、方维,2009)、《正面引导新闻博客舆论的几点思考》(伍安春、王丹、何先刚,2009)、《新网络时代博客舆论导向研究》(张哲,2010)等。目前,对博客舆情的系统研究已成为新闻传播学尤其是网络传播学的一项迫切任务。

十六大以来,党中央高度重视社情民意,反复强调要倾听群众呼声,反映群众意愿,集中群众智慧,更好地推进科学发展、促进社会和谐。党的十六届四中、六中全会明确提出,要建立"社会舆情汇集和分析机制,畅通社情民意反映渠道","要高度重视互联网等新型传媒对社会舆论的影响"。党的十八大进一步指出:"加强网络社会管理,推进网络依法规范有序运行。"当前,随着互联网日益普及与发展,以互联网、手机为代表的新兴传播载体已经成为社情民意的"集散地",网络舆情对社会舆情的影响越来越大。而近年来中国博客用户呈爆发式增长的态势,使博客舆情已成为网络舆情的重要组成部分,因此,对博客舆情进行系统研究是网络舆情研究的题中应有之义。

二　研究意义及切入点

10年来,博客在中国的出现、发展已经和人们的生活息息相关,甚至成为人们生活的一部分。

目前，博客作为互联网的重要渠道，博客舆情以及由博客形态转变引致的舆情产生规律的变迁等，其系统性的研究尚不多见。国家社会科学基金立项的"博客舆情的分析与研判"，说明政府和学术界对此的关注。从全书架构来说，博客舆情的监测、研判与引导是研究的出发点和归宿。从这个角度来说，本书的重点是关注大事、把握大势。对一些具有长期性、周期性的事件及其包含的舆情信息，进行连续跟踪研究。根据国际国内形势，研究社会发展的总的变化趋势，把握博客舆情发展的总体态势。同时动态跟踪分析舆论热点，其中主要涉及民生和群众切身利益，包括有关社会和谐、社会公平、道德风尚，以及反腐败、困难群体权益保护等的舆论动态。

本书的重难点和创新点是：网络舆情已经成为学界研究的热点，而博客舆情还鲜有涉及，特别是当前博客形态日新月异，博客生产的内容和走向具有不确定性，博客舆情的外部规制不足，而内部的空间又很大。动态跟踪分析博客舆情的扩散过程，研究博客舆情的形成与演变规律，分析博客舆情与传统新闻舆论、社会舆论的异同，这是课题研究的难点。在对博客舆情的形成与变动规律的研究基础上，深入研究博客舆情的发生、发展的规律和分析研判机制，这是课题研究的重点。本课题在研究视角上是一种创新，全方位解析博客舆情研判机制更是一种探索。

三 研究思路与研究方法

研究方法上的突破与创新是课题研究是否深入、客观、全面的一个标志。课题以马克思主义新闻观为指导，运用舆论学、新闻传播学、政治学、社会学、法学、管理学、文化学等多学科加以交叉论证。采用网络民族志、文献解读法、问卷调查法、比较分析法、案例分析法等，通过定量与定性分析相结合，通过网络观察、网络访谈、在线交流等形式，寻找纷繁复杂的网络现象背后博客舆情的内涵和特性，分析博客舆情的形成和演变规律，从而提出博客舆情的监测和研判机制。同时，课题组也十分重视实地调研，先后深入人民网舆情监测室、中安在线等网络媒体以及合肥在线等民营网站，走访西藏、新疆、云南社会科学院，中共青海省委网络宣传办公室，上海社会科学院舆情研究中心，天津社会科学院舆情研究所，

《安徽日报》及其网站，《大河报》及其网站，《合肥晚报》及其网站等进行调研；采取随机抽样的方法对媒体工作者、网络舆情管理者、大中专院校学生、传统媒体的受众进行了问卷和网络问卷调查，获得了大量的第一手资料，为分析研判模型的建立奠定了扎实的实践基础。

在以上思路的基础上，整个课题分为八个章节进行研究。导论部分论述课题研究的缘起及研究方法；第一章是中国舆情思想的历史演变，追溯了中国舆情的思想和制度沿革，梳理了古代和近现代中国的舆情信息工作；第二章是大众传播与舆论，分析了大众传播和舆论的关系及其引导作用；第三章是社会转型期博客舆情的形成，分析了社会转型期网络舆情的发展态势和博客舆情的形成；第四章是博客舆情的发展趋势，分析了博客舆情的传播范式和社会效应；第五章是博客舆情的运行规律及监测机制，从舆论学、传播学等学科视角分析博客舆情的形成原因、形成过程和演变过程、演变周期等，并提出了监测与引导的策略；第六章、第七章论述了博客舆情的分析、研判机制；最后一章科学地分析了博客舆情引导的路径选择。

第一章 中国舆情思想的历史演变

第一节　中国古代舆情思想溯源

从初民时代到清代中后期，中国古代舆论史上高潮迭起。和舆论有关的重大事件，先后有西周周厉王时期的"王益严，国人莫敢言，道路以目"，秦始皇的焚书坑儒，汉朝以"品核公卿，裁量执政"为宗旨的太学清议运动，以及宋代学潮和明朝的东林党运动等。随着社会和生产力的发展，舆论活动的形态和制度在不断发生变化。各朝代统治者大多能认识到舆论的重要性，愿意积极倾听民众议论，广开言路，允许臣僚民众批评时政。然而，古代社会政治体制的特殊性导致舆论勃兴与君主专制之间存在着不可避免的冲突和矛盾。各朝统治者均采取不同的手段挟制舆论，使民众表达意愿的话语空间非常有限。但"防民之口，甚于防川"，各种舆论仍通过不同的渠道传播开来，在控制与反控制的博弈中，中国古代统治者都自觉或被迫建立某种反映、传播和控制舆论的方法和制度。我国古代舆论传达的主要形式为言谏、纳言。言谏制度是中国古代抑制君主独断专行和弥补决策失误而出现的制度，它是我国古代主要的舆论监督模式，此外还有一定程度的新闻舆论监督意义。

一 关于舆、舆论、舆情的考究

古汉语中①"舆"有 4 种释义：（1）车厢，也指车。《荀子·劝学》："假舆马者，非利足也，而致千里。"（2）扛，抬。吕不韦《春秋·期贤》："流失如雨，扶死舆伤。"（3）众多。左丘明《左传·僖公二十八年》："恶侯听舆人之涌。"（4）奴隶的一个等级。左丘明《左传·昭公七年》："皂臣舆，舆臣隶。"从第 3 项释义我们可以看出"舆"指的是相当多一部分人的看法和意见，这种看法和意见具有显著的一致性。而第 4 项释义又表明，这一部分意见的所有者又多属于以当时的"奴隶和差役"为代表的下层劳动人民。在《汉语大词典》中"舆"有 14 个义项，其中第 6 项释义"古代职位低贱的吏卒"和第 11 项释义是"众、多"两项都可以作"舆论"中"舆"的解释，当"舆"作义项 6 解释时，"舆论"按照字面意思直接解释为"吏卒们的言论"也是合理的。

舆论又作舆口、舆谈、舆言、舆讼、舆评、舆词。《汉语大词典》的释义为："公众的言论"。②《三国志·魏志·王朗传》："设其傲狠，殊无入志，惧彼舆论之未畅者，并怀伊邑。"③宋苏舜钦的《诣匦疏》中说："朝廷已然之失，则听舆论而有闻焉。"④顾名思义，"舆论"即"舆人之论"，指公众的言论，指众人的议论、意见或看法。一般理解"舆论"是社会生活中政治地位和经济地位比较接近的人们或社会集团对某一问题大致相同的看法，是公众的意见。舆论表达人心的向背，虽然它对任何人不产生强制作用，但却是一种精神和道义的力量，对每个人的思想和行为起着特殊的督导作用。

舆情，即舆论情况。作为人类社会的一种特有现象，舆论是人们对事物的价值判断与个人态度的表达。"舆情"一词最早出现在《旧唐书》中，唐昭宗在乾宁四年（公元 897 年）的一封诏书中称："朕采于群议，询彼

---

① 古代汉语字典纂委员会：《古代汉语字典》，商务印书馆国际有限公司，2007，第 991 页。
② 汉语大词典编辑委员会\汉语大词典编纂处：《汉语大词典》，汉语大词典出版社，2002，5856～5857 页。
③ 《文渊阁四库全书》，史部，正史类，三国志魏志，卷十三，上海人民出版社，1999。
④ 《文渊阁四库全书》，史部，诏令奏议类，奏议之属，宋名臣奏议，卷三十八，上海人民出版社，1999。

舆情，有益小康，遂登大用。"① 中唐诗人李中所作《献乔侍郎》一诗：
"格论思名士，舆情渴直臣"② 也是较早提及 "舆情" 一词的。在《四库
全书》这部贯穿先秦到清代前期的典籍中，"舆情" 共出现了 1000 多次。
此外，"舆情" 一词在二十四史等正史中出现有几十次，③ 使用频率颇高由
此也可窥其一斑。今义舆情则是 "舆论情况" 的简称，是指在一定的社会
空间内，围绕中介性社会事件的发生、发展和变化，作为主体的民众对作
为客体的社会管理者及其政治取向产生和持有的社会政治态度。它是群众
关于社会中各种现象、问题所表达的信念、态度、意见和情绪等的总和。
一般概念中舆情是指群情、民情。从社会学理论上讲，舆情本身是民意的
一种综合反映。然而它又不只是对民意的简单概括，而是更偏向于对执政
者及其政治取向规律的期待和描述。

二 初民时代到战国：舆论传达机制的雏形

清代著名思想家魏源系统地总结了古代获取舆情的渠道，"如彻膳宰、
进膳、诽谤木、敢谏鼓、师箴、瞍赋、矇诵、百工谏、庶人传语、士传言、
登记歌谣、审议诅祝、查访谤议、太学之子上书、召见等。"④ 这些舆情传送
渠道大多数在先秦时期已经出现。大约距今 5000 年前的炎帝黄帝时期，就出
现了公众的舆情表达。如《管子·桓公问》："黄帝立明台之议者，上观于
贤；尧有衢室之问者，下听于人也。"⑤ 当时的明台、衢室显然就是初民表
达意见的场所。《吕氏春秋·自知篇》载："尧有欲谏之鼓，舜有诽谤之
木。"⑥ 意为百姓如看到尧有过失，就可击鼓谏言；百姓可在木头上刻写舜的
过失，舜看后则改正。"欲谏之鼓" 和 "诽谤之木" 从传播媒介上拓展了公
众舆情表达的渠道。到了夏代，夏禹提供了 5 种不同的乐器，广纳不同性质
和内容的意见。《鬻子》载："禹之治天下也，以五声听，门悬钟鼓铎磬，而
置鞀，以得四海之士。为铭于簨簴，曰：教寡人以道者击鼓，教寡人以义者

① 刘昫：《旧唐书》卷一七七，列传第一二七，中华书局，1975。
② 《全唐诗》第十一册，卷七四八，中华书局，1960，第 8522 页。
③ 中共中央宣传部舆情信息局：《舆情信息汇集分析机制研究》，学习出版社，2006，第 1 页。
④ 徐向红：《现代舆论学》，中国国际广播出版社，1991，第 81 页。
⑤ 《文渊阁四库全书》，子部，法家类，管子，卷十八，上海人民出版社，1999。
⑥ 《文渊阁四库全书》，子部，杂家类，吕氏春秋，卷二十四，上海人民出版社，1999。

击钟，教寡人以事者振铎，语寡人以忧者击磬，告寡人以狱讼者挥鼗。"① 此外，夏王还派专官遒人在路上敲木梆，巡行于各地，官员及庶商百工可以歌谣的方式向遒人进言。②

及至商朝，为挽救政治危机，缓和阶级矛盾，君主盘庚决定迁都殷地。迁都前，他曾"命众悉至于庭"③，先后开过多次贵族会议和商族部落会议，与民商量迁都事宜，动员说服，听取意见。《管子·恒公问》云："汤有总街之庭，以观人诽也。"④ 所谓"人诽"，即公众舆论，说明当时的君主在总街之庭这个地方采言纳谏、接受监督。

西周时，天子采纳谏言的途径比较多，如献诗、史献书、百工谏、庶人传语等，⑤ 其中讽谏诗的盛行使得诗歌成为周天子收集舆情的重要媒介，《汉书·食货志》载："孟春之月，群居者将散，行人振木铎循于路，以采诗献之，太师比其音律，以闻天子，故曰王者不窥牖户而知天下。"⑥ 既说明了西周时设有采访民意之官——行人，又道出了当时公众舆论监督的方法和程序，即庶人以诗歌为舆论载体，通过一系列流程到达"太师"耳中，再由"太师"禀告天子。⑦ 除此之外，西周时还赋予朝官小司寇、地方官乡大夫等职官以询问民意之责。举凡事关国之安危、迁都改邑、推选冢宰重臣等重大决策，均须由小司寇征询国人意见。史上"防民之口，甚于防川"的著名论断就发生在西周周厉王时期。时周厉王对民间舆论实行严酷打压的方式，使"国人莫敢言，道路以目"，⑧ 而他自以为找到了一种有效的抵制国人批译舆论的方法，喜告召公"吾能弭谤矣"，对此，召公提出"防民之口，甚于防川，水壅而溃，伤人必多，民亦如之。是故为水

---

① 《文渊阁四库全书》，史部，纪事本末类，绎史，卷十二部，杂家类，杂学之属，鬻子，上海人民出版社，1999。

② 《左传·襄公十四年》："自王以下，各有父兄子弟，以补察其政。史为书，瞽为诗，工诵箴谏，大夫规诲，士传言，庶人谤，商旅于市，百工献艺。故《夏书》曰：'遒人以木铎徇于路。官师相规，工执艺事以谏。'"

③ 《文渊阁四库全书》，经部，书类，尚书注疏，卷八，上海人民出版社，1999。

④ 《文渊阁四库全书》，子部，法家类，管子，卷十八，上海人民出版社，1999。

⑤ 《史记》卷四《周本纪》中提及：天子纳言，有：献诗、瞽献典、史献书、师箴、瞍赋、矇诵、百工谏、庶人传语等。

⑥ 《文渊阁四库全书》，史部，正史类，前汉书，卷二十四上，上海人民出版社，1999。

⑦ 何宁生：《先秦的公众舆论监督论略》，《西域研究》2004年第1期。

⑧ 《文渊阁四库全书》，史部，正史类，史记，卷四，上海人民出版社，1999。

者，决之使导；为民者，宣之使言。"① 然而，周厉王依然"弭谤"不改，以致民怨重重。3 年后，周厉王政权被推翻。

这一时期，针对歌谣和民谣的采集活动——"采风"，是使用最多的舆情传送方式。《左传》记载，春秋时期每年的春秋季节，统治者都要指派官员到乡下收集歌谣和民谣，民谣是公共舆论的反映，常用来反映下层人士的生活状态以及他们对当权者的态度。孔子将当时流传的民谣民歌收集整理为《诗经》，该书收集了西周初年到春秋时期约 500 年间的诗歌，共 305 篇。其中大量诗歌，都是讽谏当时统治阶层的。如《伐檀》中"不稼不穑，胡取禾三百廛兮？不狩不猎，胡瞻尔庭有县貆兮？"② 等直接关涉社会上层的不仁，以及社会离乱与底层百姓生活之不幸。

春秋战国时期，诸侯国统治者为争取民心发展经济和增强自己的政治实力，对公众的舆论监督显示出开明姿态。春秋时晋大夫范文子曾追述道："吾闻古之王者，政德即成，又听于民，于是乎使工诵谏于朝，在列者献诗使勿兜，风听胪言于市，辨袄祥于谣，考百事于朝，问谤誉于路，有邪而正之，尽戒之术也。"③ 这段话反映出当时的统治阶级对前人接受舆论监督的认同，并竭力效仿。从历史事实来看，春秋时期一些统治者确实承继了西周时多渠道采言纳谏的做法，广泛接受公众舆论的监督。战国末期，我国历史上影响至深的言谏制度正式设立，它贯穿于我国整个封建社会。"春秋战国时，直接以'谏'命官，称为谏官。齐桓公设'大谏'之职，谏官处在相当显著的位置，它是齐国中央相府的五个职掌之一，其他各国均有类似的设置。"④

统观整个先秦时期，统治阶级往往利用自身的特权，引导民众形成有利于他们统治的舆论，同时压制负面舆论的出现与流行。而底层百姓多关注自己的生产、生活和生存，他们运用诗歌等传播方式表达对统治者的痛恨与诅咒。中国的舆情思想在漫长的历史发展过程中不断地发展和创新，对统治阶级而言，收集舆情是为控制舆情服务的，舆情收集和舆情控制是我国古代舆情系统的核心。

---

① 《文渊阁四库全书》，史部，正史类，史记，卷四，上海人民出版社，1999。
② 《文渊阁四库全书》，经部，诗类，诗补传，卷九，上海人民出版社，1999。
③ 《文渊阁四库全书》，史部，纪事本末类，绎史，卷八十七上，上海人民出版社，1999。
④ 朱蕾燕：《中国古代言谏制度之研究》，《青年文学家》2011 年第 6 期。

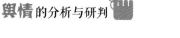

三 秦汉时期到唐宋：舆论传达机制逐步完备

随着社会和生产力的发展，舆论活动的形态和制度也在发生变化。秦汉以后的统治者都自觉或被迫建立某种反映、传播和控制舆论的方法和制度。自秦汉至唐宋，我国的舆论传达机制初步形成并逐步成熟，言谏制度是其典型。

秦统一中国后，皇权制度高度膨胀，"天下之事无小大皆决于上"①，然而为了巩固政权，秦朝在历史上第一次正式施行言谏制度，目的以"匡正君主，谏诤得失"。秦始皇设立中央监察机构御史府，设置数人至数十人不等的谏官并建立议事制度。其中，御史府之长御史大夫主要职能即是典正法度和举劾非法，凡遇立君、分封、宗庙、军事等国家大事，都要召集丞相、太尉、御史大夫、谏官等诸臣商议。谏官们言谏形式有议事、上书言事等，但秦朝谏官多为武将，他们发挥的言谏作用非常有限。

汉初尊黄老之术，对天灾常求教于能者，故汉代皇帝屡下诏书，求言求士。被招来的能者常常围绕灾异展开论说，继而针对时政发表意见，传达民众对统治者举措的意见，从而形成了特殊的言谏通道。汉代的言谏制度较秦代有一定的发展，谏官已在一定程度上行使职权。汉时的著名谏官有刘辅、王褒、匡衡、夏侯胜等人。这些谏官均敢直言，如刘辅就曾在永始元年（公元前16年）因反对立赵氏为皇后而下狱。汉代的舆情传播还有一点值得提及的是太学生的"清议运动"。时汉武帝对儒家学说十分推崇，建立了文官制度，形成较为完善的教育体系，招收了一批太学生研习儒学。这些聚集在帝都的太学生不仅致力于纯粹学理的研究，还形成了一种对时事评头论足的风尚，他们往往利用"乡校"和馆舍等舆情表达的"公共空间"来谈古论今、针砭时弊。久而久之，这种公众舆论的"清议运动"在全国蔓延并发展成为强大的政治势力，成为当时舆论营造的重要渠道。

魏晋南北朝时期是我国历史上著名的动荡期，不到400年的时间，三国鼎立、东晋十六国对峙、南北朝政权更迭不断，兼之门阀势力和寒族地主的斗争不断，使这一时期的舆论舆情情势复杂，各统治者对舆论的控制和引导的方法也不一致。从言谏制度来看，谏官开始有独立的机构，监督

① 《文渊阁四库全书》，经部，礼类，周礼之属，周礼集说，卷一，上海人民出版社，1999。

组织完全独立，谏官系统初步系统化和规范化。言谏官的职权多有提高，甚至可直接与皇帝讨论国政。然而，由于政权更替频繁，社会政治动荡，世族势力膨胀，使这一时期又是中国历史上民间舆论的低潮之一，公众批判进入历史低谷。与两汉时期信奉儒家积极进取的政治态度不同，"老庄的无为而治和放任自流逐渐占据主流"，① 忙于安身立命的知识分子对于政治和国家事务逐渐漠视，多陷于"辨析名理""标榜虚玄"的清谈。

隋代，言谏制度开始与皇权政治与相结合，使其发展到了相当完备的阶段。侍奉谏议机关门下省作为国家三大中枢机构之一，是言谏官的最高领导机关，此时，谏官的编制有所扩大，言谏的领导机关的封驳权进一步确立。"封，即封还中书省所下皇帝的诏敕；驳，即驳回尚书省报送皇帝的请示章奏。"② 隋文帝为扭转南北朝政治风气败坏的情况，注重言谏官的职能，使舆论监察制度在隋朝前期发挥了很好的作用。

唐代是中国古代言谏制度发展的成熟时期，封驳权发展到极致，言谏制度进入鼎盛阶段。唐太宗时代更是言谏制度发展的黄金时代，太宗李世民是历史上有名的"纳谏明君"。吴兢在《贞观政要》一书中，记载了唐太宗大量"求谏""纳谏"的"嘉言懿行"。《旧唐书·职官志》载："谏有五：一曰讽谏，二曰顺谏，三曰规谏，四曰致谏，五曰直谏。"③ 谏官依凭这五种言谏方式，可就军国大政，甚至皇帝的个人生活，提出意见或建议，权力相当大。值得一提的是，中国古代最早的报纸——即后人所称的"邸报"就出现于唐代，④ "邸报"是当时在封建官僚机构内部发行的政府官报。从此，舆论监督除了言谏、歌谣、书作等之外，出现了新的传播载体。这种载体发展到宋代，与官报相区别的民间小报兴盛起来，小报偶尔会出现揭露封建制度和统治者内部矛盾的文字，一定程度上代表了下层民众的意见，并一定程度上表征了他们批评制约和参与管理国家和社会事务的意愿。

宋承唐制，较唐代最大的进步是除了谏官之外，新设立御史一职。谏

① 王海、何洪亮：《中国古代舆情的历史考察——从林语堂〈中国新闻舆论史〉说起》，《湖北社会科学》2007年第2期。

② 程少华：《中国古代舆论监督历史探源》（上），《新闻研究导刊》2011年第4期。

③ 《文渊阁四库全书》，史部，正史类，旧唐书，卷四十三，上海人民出版社，1999。

④ 根据现有的研究成果，以方汉奇为代表的新闻史学家认为我国最早的报纸产生在唐朝，并以现存的唐代报纸"敦煌进奏院状"为证。本文采纳这一观点，见方汉奇《中国新闻事业简史》（第一章《中国古代的新闻传播事业》），人民大学出版社，1983。

官的主要职责是议论施政得失，约束皇帝，而御使则反映民间疾苦，同时监察百官。这时的谏院权限很大，他们通过收集到的舆论，可以上谏君主，参与官员的任免和国策的制定。而且他们拥有"言者无罪"的特赦权，这种豁免权一定程度上保证了舆论传达的通畅。对于以皇帝为中心的政治新闻的传达，宋代有邸报、小报、榜文三种最主要的新闻传播和社会舆论载体。对于民间舆论的上传，宋代也有了新的发展，设有"登闻鼓院"。下层百姓可以采用"示威游行""击鼓"和"拦轿"等方法鸣冤或反映舆情。

辽、金时期，既沿唐宋之制，又具有民族特色，他们更加注重对汉人官吏的监察。这一时期，"设左、右谏院，分隶中书、门下省，掌谏议，又另设审官院，掌封驳。"① 金代谏官系统由审官院、谏院、登闻鼓院等组成，而隋唐兴起的掌谏净的门下省不复存在。

四 元明清时期：舆情传达机制的鼎盛与式微

元明清时期，我国的封建专制制度发展到顶点，"封建监察制度逐步完备，并开始走向法制化"，② 不仅创立了地方监察行署制，建构起严密的监察网，而且设立了一些监察法规。同时，我国以讽谏、言谏为主体的舆论监督和舆情传达机制趋于完备，并在清末逐渐走向衰落。

元王朝是当时世界上疆域最为辽阔的大帝国，这是一个以骑兵武力为基石兴盛起来的王朝，其舆情信息传播与军事、行政行为联系紧密。窝阔台统治期间建立了"站赤"制度，元统一全国后全国遍设站赤，构成以大都为中心的稠密的交通网，以方便政令的传达和各类情况的反馈。但元王朝掌握全国政权不足 90 年，体制相当不完备，加之外来民族首次统治全中国，较之宋代，言禁更加严厉。谏官只掌管起居注之编录，并掌祭祀、记录奏章等，实际上其谏职被废弃。御史兼管监察和言谏，使监察权高度集中，也削弱了对皇帝的谏议监督。元王朝对民间舆论的控制更为严格，《元史·刑法志》中明确提及，严禁"讹言惑众""妄言时政""诽谤朝政"及"诸人臣口传圣旨行事者"③。在这种非常严厉的舆论政策下，元代

---

① 程少华：《中国古代舆论监督历史探源》（下），《新闻研究导刊》2011 年第 5 期。
② 周俊玲、王强：《浅议我国古代行政监督制度》，《华夏文化》2001 年第 2 期。
③ 《文渊阁四库全书》，史部，正史类，元史，卷一百二，上海人民出版社，1999。

类似宋代"小报"的民间印刷物生存非常困难。①

明代，皇帝自兼丞相，合国家元首与政府首脑为一，君主专制达到顶峰。当权者于六部之外，另设吏、户、礼、兵、刑、工六科，"掌侍从、规谏、补阙、拾遗、稽查六部百司之事。"② 具有封驳、言谏、弹劾等权责。除诏求直言外，明皇帝还利用设置登闻鼓院和派遣官员充采访使咨询各地政事利弊来掌握舆论和民情。③ 明太祖朱元璋曾下诏："朕代天理日总万机，岂能一一周徧，苟政事有失……将为天下害……卿等能各悉心封驳，则庶事自无不当。"④ 总体而言，明朝历代君王对舆论的态度，是比较开明的。然而到了明朝末年，宦官专权，给事中只能封驳奏章，言谏制度形同虚设。

清朝沿袭了明朝这种以六科给事中为监察兼谏职的官职设定方式。六科给事中掌侍从规谏、补阙、拾遗、稽查六部百司之事。"凡制敕宣行，大事复奏，小事署而颁之，有失，封还执。凡大事廷议，大臣廷推，大狱廷鞫，六科皆预焉。"⑤ 清代君主专制统治进一步强化，"六科给事中掌发科钞，稽查在京各衙门之政事。"但军国大事、重要奏折尽归军机处办理，六科给事中的职权大为削弱。雍正后，六科给事中归由都察御史考核，台谏完全合一。因此，时人讥笑道："吏科官，户科饭，兵科纸，工科炭，刑皂隶，礼科看。"⑥ 谏官的封驳权完全被废除，谏官制度走到了终点。及至光绪年间，戊戌变法领导人康有为在"公车上书"中首次提出在朝廷中设立"议郎"，其职责就是"上驳诏书，下大民词"，以供皇帝咨询。

对于报刊舆论，入关以后，清代统治者便批准报房继续出版京报，这些官报主要在官僚机构内部流通，为官员明悉朝政、维护治体服务。内容中规中矩，极少见到舆论监督性的文字。此外，清统治者颁布了大量法令，对报刊出版事业进行严格的限制。戊戌变法之前，清廷并没有关于报

① 方汉奇：《中国新闻事业简史》，人民大学出版社，1995，第21页。
② 《文渊阁四库全书》，史部，正史类，明史，卷七十四，上海人民出版社，1999。
③ 尹韵公：《中国明代新闻传播史》，重庆出版社，1990，第203～204页。
④ 《文渊阁四库全书》，子部，杂家类，杂说之属，春明梦余录，卷二十五，上海人民出版社，1999。
⑤ 顾炎武：《日知录》卷九。转引自程少华《中国古代舆论监督历史探源》（下），《新闻研究导刊》2011年第5期。
⑥ 邱永明：《中国监察制度史》，华东师范大学出版社，1992，第460页。

刊出版物的专门法令。作为限制报刊出版物的依据，只有《大清律例》中"凡造谶纬妖书妖言及传用惑众者皆斩"，"捏造言论，录报各处者，系官革职，军民杖一百，流亡千里。"① 值得一提的是，清末预备立宪时期，认识到了报刊在舆论引导中的重大作用，筹办了一批颇有影响的官报，形成一个遍及全国的官报体系，为清末的信息传达、舆情报送提供了渠道。

在近代以前的漫长岁月里，我国以"谏净"制度、少之又少的报纸舆论监督等为代表的中国古代舆论监督，为历朝历代的发展和中华文明的传承做出了很大贡献。"谏净"制度虽然承认批评朝廷和皇帝的必要性，但是君主专制下，谏议制度不可能对皇帝构成强制性监督。总的来看，在古代的中国，底层民众的话语空间狭窄，监督多存在于臣子与帝王、臣子与臣子之间，换言之，还是整个皇权内部的监督，底层舆论缺乏有效的传递机制和有效的整合手段，局限于某一时期和某些范围，舆论监督的有效与否完全受制于君主是否开明。随着君主集权的不断强化，报刊舆论的兴起，古代净谏为主体的舆论监督随之式微并逐渐衰败。

第二节　中国近代舆论与舆情思想变迁

鸦片战争后，中国社会逐步沦为半殖民地半封建社会，外国列强的坚船利炮轰开了中国的大门之后，我国舆论主权如同政治、经济、外交主权一样，严重丧失。承载近代舆论的主体——近代化报刊与半殖民地化相伴而生。清末的报纸仍是秉承"官报"的统治阶级传声筒的功能，加之清代文字狱十分严酷，因此，提塘报房出版的小报、民间报房出版的京报、辕门抄基本都是官报的翻版。此时，西方传教士的西方报纸打着宣传基督教文化的旗号迅速渗透，他们涌入中国并深入内地活动，办报活动也由华南沿海逐渐向内地转移，上海为其集中地，逐渐成为近代报刊的中心。这些传教士及其代表的幕后势力在相当长的一段时间内控制着中国的报刊舆论。此后不久，国人自办的报刊也开始兴盛起来。

中国近代的报刊和舆论崛起之势，在甲午战败后国内维新运动兴起的

---

① 转引自方汉奇《中国近代报刊史》，山西教育出版社，1981，第594页。

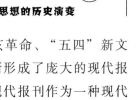

基础上逐渐形成。此后，中国的近代报刊，又在辛亥革命、"五四"新文化运动、抗日战争等变革与革命中，步步兴起，逐渐形成了庞大的现代报刊舆论体系。对于近现代中国的知识分子而言，近现代报刊作为一种现代社会的制度性设置，为新型知识分子提供了"言论报国"的空间。而这种借助报刊舆论实现救亡图存的行为和士大夫意识是构筑现代公共舆论的重要基石。所以整个近现代，中国的舆论发展史很大程度上都呈现在报刊舆论上。

一 清末到五四：报刊舆论和近现代舆论思想

近代中国是一个多灾多难、动荡不安的国家，在清末民初短短的几十年间，先后经历了以鸦片战争开始的对抗多国侵略的战争，太平天国、义和团等农民运动，自上而下的维新改革，推翻封建统治的辛亥革命，民初的军阀混战以及在欧风美雨强烈文化冲击下爆发的"五四"新文化运动。这一段时间，国家和民族受到前所未有的冲击，不断地在破坏和建设、传承和摈弃、守旧与立新之间寻找出路。五四运动在中国近代思想史上标志着新一代知识分子的成长与确立，具有思想解放与反传统的文化意义，它引领了整个思想文化的改革与转型。清末到五四期间的舆论发展形态是处于皇权专制和民主共和之间不断博弈的中国舆论思想的萌芽状况。

中国近现代舆论的发展，是以报刊舆论的兴起为典型代表的。内战与外战交织下的近代中国，救亡图存成为主要的政治使命。甲午战败，清政府与日本签订了丧权辱国的《马关条约》，随后美、英、法、德、俄等帝国主义为在中国攫取更多的权益而展开激烈争夺。中国处于空前的民族危亡的境地，甲午战败更是引发了朝野上下普遍的舆论探讨。国难当头，迫使一些爱国知识分子谋求救国之道，发起了救国图强的变法维新运动。创办报刊显然是宣传和鼓舞民众的有力武器，可当时的报刊资源多控制在外国人尤其是西方传教士手中。据统计，从鸦片战争到19世纪末，西方传教士及教会创办的中外文报刊多达170种，约占同时期中国报刊总数的95%，几乎垄断了当时中国的报刊业。鸦片战争后，由外国商人和社会团体为主创办的外文报刊，较之由教会和传教士创办的中文报刊，有了更大的发展。这些外文报刊，以英国势力最大，日本报刊数量最多，主要语言为日文、葡萄牙文、法文、德文和俄文等，影响较大的有《万国公报》

《中外新闻七日录》《教会新报》《字林西报》《上海新闻》《德文新报》《上海新报》等。这些外文报刊的兴盛，使中国近代知识分子深感报刊舆论主权丧失的痛楚。而国人自办近代报刊，自19世纪六七十年代发端，到19世纪末叶，数十年间，为数甚少。虽开中国近代报刊之先河，但因清政府的限制等原因，始终没有得到应有的发展。中国以维新派为代表的知识分子最先认识到重建舆论主权的时代使命，维新变法运动的开展更是掀起了创办近代报刊和形成报刊舆论的高潮。

在积极参与报刊活动的同时，国人的舆论观也在不断发生变化。早在1882年，《益闻报》① 便发表了一篇名为《舆论明证主宰说》的文章，公开提出将"舆论"取代绝对皇权的"天"，成为新的时代主宰。梁启超先生更是直接提出"然则欲为豪杰者如之何？曰：其始也，当为舆论之敌；其继也，当为舆论之母；其终也，当为舆论之仆。敌舆论者，破坏时代之事业也；母舆论者，过渡时代之事业也；仆舆论者，成立时代之事业也。"② 认为但凡有作为的豪杰，必定是善于运用舆论，引导舆论的人。

辛亥革命推翻清朝的专制统治，挽救民族危亡，争取国家的独立、民主和富强，结束了中国长达2000年之久的君主专制制度。辛亥革命在政治上、思想上给中国人民带来了不可低估的解放作用。以孙中山为代表的资产阶级革命派非常重视舆论的作用，曾在《民立报》的茶话会上说过"此次革命事业，数十年间屡仆屡起，而卒观成于今日者，实报纸鼓吹之力。报纸所以能居鼓吹之地位者，因能以一种之理想普及于人人心中"。于右任也曾说过："辛亥革命之成功，得力于民立报之宣传者为多"。③《中华民国临时约法》更是明文规定公民有言论著作刊行的自由。《暂行报律》风波中新闻舆论界的胜利，更是让民初的舆论氛围一时大为宽松。此时"新闻事业随着政治环境的转变，展现一片热闹气氛，全国报纸达到二百七十家。"④ 但不久后随着袁世凯的上台，持续的军阀派系混战使整个政治环境一片漆

① 西方传教士及教会创办的中外文报刊，1879年创刊于上海，初为半月刊，后改为周刊，主编李杕，后更名为《格致益闻汇报》《圣教杂志》。

② 夏晓虹：《二十世纪中国学术文化随笔大系·梁启超——学术文化随笔》，中国青年出版社，1996。此文原为《饮冰室自由书》之一则，载于《新民丛报》第1号1902年2月8日。

③ 钟明善：《于右任民主革命思想寻绎——纪念于右任诞辰130周年》，《西安交通大学学报》（社会科学版）2009年第2期。

④ 赖光临：《中国新闻传播史》，台北三民书局，1989，第127页。

黑，报界屡受压制，"癸丑报灾"更是迫害了一大批报人。从袁世凯到张宗昌时期，先后出现了五次中国报刊舆论的低潮期，舆论控制异常严厉。[①]

二 五四到抗战爆发：舆论的崛兴与低落

及至五四时期，社会思想的激荡和时局、政治的危机使得全社会对于社会舆论的关注达到了前所未有的高度。关于"德先生"和"赛先生"的讨论，关于"启蒙"和"国民舆论大觉醒"的讨论，各种社会思潮的流行与交锋使社会舆论问题成为人们关注的焦点。同时，关于舆论学的学理反思开始出现，一些具有西方知识背景的知识分子开展了对舆论学理的研究。这些研究从文体上看，以舆论为内容的文章开始采用白话文进行书写，文言文退出了舆论研究的历史舞台，行文中广泛吸收西方的词汇资源和语法结构，甚至引用西方的著作与文献。

此时，"知识界对舆论的关注达到了一个高潮期，他们对于言论出版自由、社会政治派别对舆论的操控、当局对社会舆论的反映及政策，以及社会健全舆论建设等问题发表了大量的研究和批评文章。"[②] 如《东方杂志》主编、近代著名科普出版家、翻译家杜亚泉先生就曾在1916年先后发表了《天意与民意》《言论失坠的原因》《舆论》《民意》等文章，反复强调当局须真正尊重舆论、尊重民意。此后不久，新文化运动的旗帜性刊物《新青年》也开始发表大量批评性文章以争取言论自由，抨击守旧舆论对新文化运动的压迫。

自1928年进入"训政阶段"的国民党，推行"党化新闻界"政策，"九·一八"之后更加强化对新闻舆论的控制。当局制定了一系列的新闻出版法令，控制全国舆论，还实行严厉的书报检查制度，任意删减与己意见不同的报纸内容。1919年至抗战爆发前期，这段时间虽然内外交困和政局变幻不定，却是近代中国一段相对和平的时期，这一时期为舆论问题的深度思考和审视提供了良好的环境。进入30年代之后，不同于五四时期，文化思想界出现了舆论悲观怀疑论。究其原因，是相对于"五四"新

---

① 见赖光临先生的1989年版《中国新闻传播史》（台北三民书局）第129页，"五个艰困时期"分别指民党失败时期、筹备帝制时期、安福专政时期、奉直争雄时期和张宗昌恐怖时期。

② 王颖吉：《论五四时期舆论研究的现代转型》，《当代传播》2009年第4期。

文化运动时期思想界在现代与传统的激越碰撞，30 年代的中国大部分知识分子基本上已经认同了现有体制的合法性，对于舆论的探讨范围多是集中在对现行体制的内部改造。

其至，"出于公共舆论可能导致混乱局面的恐惧感，部分知识分子觉得必须全面控制和操纵舆论，以服从国家利益的需要……"① 作为舆论生成和扩散亲历者的知识分子，经历了舆论一度成为袁世凯为代表的军阀政党斗争的工具的混乱时期，他们直观地认识到多元的舆论声调对内忧外患的国家和政治产生的负面影响，迫于对集权和安定的向往，他们多数反对多元化的报刊舆论局面的出现。1930 年《东北文化》发表了《悲舆论》上下两篇，文章通过梳理了从袁世凯时代以来军阀各派威胁利诱舆论和金钱收买舆论的行径，并将矛头直接指向新闻媒体，痛斥记者为名利操控舆论。"'东倒吃猪头，西倒吃羊头'，我不知道这些随风倒舵的舆论界，他到底吃的是些什么？真个嘴是两块皮，'翻手为云，覆手为雨'都由你。不知把舆论本身的价值，记者本身的人格，堕落到什么地方去了"。② 通篇几乎完全否认新闻媒介的舆论建构的功用。

随着日军侵华步骤加快，以及第二次世界大战爆发的国际环境，国民党加强一党专制的国内政治环境，舆论悲观怀疑论更加盛行，以往高唱言论自由的舆论自由观急速转向了舆论统制观。这一时期，知识分子迅速站在民族国家的利益立场，在思想与行动上，暂时放弃了舆论自由的理念，接受了舆论统制的政策，通过统一的国难言论号召全体中国人放下内部的矛盾与分歧，团结一致地站在抗日救亡的旗帜之下。舆论统制论调的压制性优势，为后来抗日战争时期的舆论思想与新闻政策作了理论上的铺垫与准备。

三 抗战到新中国成立：战时宣传与舆论统制

1937 年之后，持续八年的抗日战争和四年的解放战争将近代中国带入了漫长的战争状态，这种非常态的社会形态，直接导致我国的舆论思想的演进进入新阶段。

中国人民的抗日战争是一个长期的、艰苦的过程。在这个过程中，整

---

① 唐小兵：《现代中国公共舆论的自我理解》，《衡阳师范学院学报》2008 年第 4 期，第 74 页。
② 时事评论：《悲舆论》（上），《东北文化》1930 年第 139 期，第 6 页。转引自倪琳《近代中国舆论思想演迁》，上海大学博士学位论文，2010，第 79 页。

合中华民族所有阶层和派别的力量非常重要。卢沟桥事变后，国内政治局面是全民动员，团结抗战。在这一局势下，积极投身抗战宣传，唤醒全国民众共赴国难成为爱国知识分子最首要的工作。"一切文化人，只要他们赞成抗日，均应在抗日的目标下团结起来。"① 面对日寇的侵略，各阶层都在努力寻找国家和民族救亡图存的道路，新闻传媒界利用自身的传播优势，鼓吹抗战。抗日战争的全民性和艰难性，给公共知识分子尤其是新闻记者很大压力的同时也让他们对自身身份的认知发生了巨大的改变。有学者为舆论宣传者这样定位："在对内宣传方面，它是国民精神动员的发动机，胜利前途的指路牌。对政府领袖方面，它是一个很普遍的参政机关，又是一个经常的政治情报机关，和有力的策动机关。更替前方训育着广大的后备军，替后方推行着许多抗战的政令。故抗战中的新闻事业，已经离开了普通职业的意义，特殊地变为十足战时服务组织的意义了。"②

以新闻记者为代表的公共知识分子成了战争中的战士，舆论宣传则作为战争中有力的工具。处于半殖民地时期的中国，这时舆论宣传"必须跟随半殖民地的民族解放斗争而斗争，这斗争也正同半殖民地各阶层起来参加战斗一样的性质，一样的作用。它的一切，必须配合于民族解放斗争上面。"③ 抗战宣传的实践和全国抗战舆论的高涨，使得知识分子对于社会舆论问题的关注有极大提高，再次回归到五四"国民舆论大觉醒"的时期。

爱国知识分子一方面出版了大量的宣传抗战舆论的小册子，另一方面他们创办了一批专门反映国内外舆论状况的报刊，如《舆论》《舆论周报》《舆论导报》《中国舆论》《国际对华舆论》等，积极反应和引导抗战舆论。在这一特殊的历史背景下，基于对舆论引导和舆论生成实践的需要，关于战争时代舆论学的一些研究随之出现，一批涉及抗战宣传和舆论建设的研究著作相继产生。其实早在 1920 年，便有《舆论的建设》与《舆论之研究》两本舆论学基础著作产生。最终，作为专门学术研究领域的舆论学的学科框架在抗战时期得以形成。④ 其中，于 1941 年出版的叶明勋的

① 张闻天：《张闻天文集》（第 3 卷），中共党史出版社，1994，第 57 页。
② 任毕明：《战时新闻学》，汉口光明书局，1938，第 18 页。
③ 任毕明：《战时新闻学》，汉口光明书局，1938，第 8 页。
④ 王颖吉：《中国现代舆论学历史谱系的重建——一个专业化现代学术研究领域的形成史素描（1919～1949）》，《贵州社会科学》2009 年第 11 期。

《舆论的形成》，是目前所能见到的中国最早的以社会舆论为研究对象的学位论文，也是目前所知的我国最早出版的舆论学专著。这部专著说明中国现代舆论学产生于 20 世纪三四十年。其他，如徐宝璜的《舆论之研究》、胡政之《中国为什么没有舆论》、潘君建《报纸评论和社会舆论》、管翼贤《新闻学集成》之《舆论篇》、张友渔《报纸与舆论之构成》等都是我国早期有关舆论学的代表性作品。

然而，随着抗日战争的结束，中华民族的民族危机得到解除，暂时搁置的国共两党斗争成为主要矛盾。国民党早在 1945 年 9 月就发布的《管理收复区报纸通讯社杂志电影广播事业暂行办法》，使其很快掌控了原沦陷区的所有舆论工具。为控制舆论，国民党继续推行严厉的新闻审查制度，实行原稿送审制度和战时新闻检查制度，并且利用暗杀等手段迫害进步知识分子。1946 年的"较场口事件""下关事件""李闻惨案"便是其中具有代表性的迫害事件。对于国民党专制的舆论控制手段，知识界和新闻界发动了出版物不接受新闻审查制度的"拒检运动"。此外，随着国共两党军事冲突的加剧，国统区新闻界围绕和平民主还是内战独裁问题展开了激烈论证。两党利用手中的报刊、广播等舆论工具参与论战。

抗战胜利到新中国成立前这个时期，国共两党的党派矛盾很快成为思想文化界的舆论中心议题。知识界与思想界对舆论的讨论比较集中于"民主政治"与"舆论"的关系这个命题，而曾经在抗战期间盛行的"舆论统制"论调逐渐消退，知识界与思想界再次充满了对民主与自由的渴望与向往。将民主与舆论放在一起讨论得比较早的是新闻界。在 1945 年，《自由导报周报》便发表社论《民主舆论的中立和独立：我们有权利中立》，态度明确地指出该报的宗旨为："超然于党派利益之上，中立于党派畛域之间"，① 认为在一个民主尚待实现，党派斗争尚存的国家，报纸应做到绝对中立。而民主舆论是否被党派所影响的判断标准，便是新闻界的中立或具备独立的报格。

值得一提的是，当时舆情调查也开始在我国发展起来。在新中国成立之前，曾进行过三次比较有影响的舆情调查：一是 1936 年底到 1937 年初

---

① 熊剑英：《民主舆论的中立和独立：我们有权利中立》，《自由导报周刊》1945 年第 4 期，第 8 页。

由当时上海民治新闻专科学校校长顾执中先生主持的"上海报纸和上海读者调查";二是重庆《新华日报》于1938年2月进行的读者意见的征询活动,该报于1938年2月17日和19日连续两次刊登读者意见调查表,广泛征集读者对报纸内容的评价、意见以及改进方法;三是1942年10月10日《大公报》主持的关于中国民众对抗战前途问题的舆情调查,调查共收到读者答卷1230份,这是旧中国所进行的一次社会影响最大的舆情调查。[①]我国也成为世界上最早进行舆情调查的国家之一。

纵观近代中国舆论思想的演进过程,每一次舆论思想上的波动与转型都与中国政治时局变动保持着较为紧密的联系,舆论思想演变的历史折射着中国国内环境与国际环境的变迁历史。近代中国有识人士在考虑舆论问题时,首先考虑舆论是否有助于国家与民族、是否有助于政治的立场与利益等功能性价值。一旦国家与民族陷入救亡图存的战争环境,关涉"救亡""保国"等命题就会掩盖一切,原有的舆论思想随之被怀疑与否定,舆论概念的歧义重生与舆论思想更加错综复杂。

第三节 新中国成立以来舆论舆情的演变

1949年新中国成立以来,我国的舆论形态在短短60多年间出现多种形态,它们以时间维度为主线,遵从当时的社会政治经济历史大背景,有进步、有停滞、有倒退,在某些时间段舆论甚至成为政治事件的附庸和工具。改革开放以后,我国的舆论观、媒体舆论观逐渐步入正轨,走上良性发展道路。本节大致将新中国成立以来的舆论形态分为三个时期,逐一考察。

一 新中国成立至1978年的十一届三中全会

新中国成立初期,中国共产党针对党内已经出现或者可能出现的个别领导者因威信提高,产生骄傲情绪,在党内党外拒绝批评,以及压制批评意见的情况,刊发了《关于在报纸刊物上展开批评和自我批评的决定》一

---

① 刘毅:《网络舆情概论》,天津人民出版社,2007,第44页。

文。全文 1800 余字，这是我国新闻史上，以中共中央的名义公开发布的第一个关于新闻舆论监督的专门文件。该文从政权建设和党的建设的高度，提倡"下对上"的公开批评，认为报刊舆论监督具有重要意义，并对报刊批评报道提出了明确要求，决定"在一切公开的场合，在人民群众中，特别在报刊上展开对于我们工作中一切错误和缺点的批评与自我批评"。① 从而形成了当代中国新闻媒体开展舆论监督的第一个高潮。据有关资料统计，从 1949 年至 1956 年，《人民日报》发表的舆论监督类稿件超过 4 万篇。这是新中国最早的对于舆论监督的方式和内容的设定。从文件内容来看，当时对舆论的不同态势是允许甚至支持的。此后，中共中央政治局又通过了《关于改进报纸工作的决议》，认为报纸开展批评和自我批评是"衡量报纸党性、衡量党内民主生活和党委领导强弱的尺度"，重申了报刊舆论监督的重要性。

但是，这种相对宽松的舆论氛围，是建立在正确处理内部矛盾的基础上。实际上，当时我党执掌的新政权刚刚建立，巩固新生的政权是最为重要的大事。所以，这个时期引导舆论的大众传媒主要还是承担着政治宣传和社会动员的功能。报刊的政治导向功能远大于舆论监督的功能。毛泽东同志多次撰文提及报刊的舆论导向功能，早在 1944 年 3 月 22 日，毛泽东在陕甘宁边区文化教育工作座谈会上便提出报纸是"反映政治、军事、经济又指导政治、军事、经济的一个武器"。② 1957 年 7 月，毛泽东又在上海干部会议的讲话中指出："报纸，这是属于意识形态范围的。"③ 1962 年 9 月在中共八届十中全会上提出"凡是要推翻一个政权，总要先造舆论，总要先做意识形态方面的工作。革命的阶级是这样，反革命的阶级也是这样"，④ 这些讲话充分揭示出当时报纸舆论的本质。

党的八届十中全会发出了"千万不要忘记阶级斗争"的号召，并告诫全党："阶级斗争，不可避免地要反映到党内来。"在此次会议以后，阶级斗争再次成为我国社会生活中的中心话语。"文革"时期，新闻媒介成为

---

① 中共中央：《关于在报纸刊物上展开批评和自我批评的决定》，见中国社会科学院新闻研究所编《中国共产党新闻工作文件汇编》（中），新华出版社，1980。
② 毛泽东：《毛泽东新闻工作文选》，新华出版社，1983，第 113 页。
③ 毛泽东：《毛泽东选集》第五卷，人民出版社，1977，第 444 页。
④ 毛泽东：《毛泽东文稿》第 10 册，人民出版社，1996，第 194 页。

"无产阶级全面专政"的工具，新闻舆论沦为阶级斗争的宣传利器，充当了"大鸣大放"的马前卒。在新中国成立后的舆论形态演变过程中，这段时间的舆论形态属典型的反例。"从舆论监督的话语演变和意义建构的角度来看，十年'文革'是舆论监督的一个'断裂'时期。"[①] 新闻媒体成为政治批判运动的工具，党内党外已无批评与自我批评可言，也不可能放开新闻媒体实施舆论监督。

以阶级斗争为中心话语，以阶级阵线为区分舆论的界线，是当时的普遍逻辑。领袖的观点甚至片言只语都可以成为一种主导性的舆论，大众传媒大张旗鼓不失时机地进行宣传，公众不假思索地奉领袖话语为经典。领袖的言论经由大众传媒和人际传播的渠道，由此而成为众口一词式的舆论。这样一种自上而下生成的舆论，在很多情况下是被制造出来的，而不是自然而然形成的。制造舆论采用了发动和开展政治运动的方式。从阶级斗争的需要出发，对一些划成敌对分子的群体进行大规模的政治批判和斗争，利用大众传媒和社会公众的舆论力量加以口诛笔伐，甚至人身攻击。绝对意义地掌握舆论的话语权，不给被批判者以申辩的机会，剥夺了他们表达意见的正当权利。

经由大众传媒传播最高领袖的一系列言论，由强势新闻舆论，逐渐形成影响广泛的社会公众舆论。自1967年，每逢元旦和重大时日，"两报一刊"的社论直接传达党的"最高司令部"的"最新指示"，成为全国舆论的最高纲领。大众传媒对这些话语进行大规模的轮番报道，社会公众根据媒体报道无限放大领袖话语的绝对性和权威性，导致当时的舆论形态严重畸形。同时"四人帮"通过各种舆论渠道，进行各种所谓的批判，控制媒体，为其所用，肆意操纵舆论。林彪反党集团和"四人帮"凭借政治强权，操纵大众传媒传播其所需的、旨在篡党夺权的舆论。对这种专制反动的舆论控制手法，公众一直没有放弃抵制，从某种意义上说，1976年发生的大规模的"天安门事件"，就是公众群起抵制"四人帮"操纵舆论的大规模行动，是民间社会舆情的大爆发。

自新中国成立到1978年前，大众传媒舆论因传媒报刊发展的停滞不前

---

① 徐晓波：《舆论监督在国家政治话语中的演变与意义建构》，《中国地质大学学报》（社会科学版）2010年第1期（总第37期）。

而陷入沉寂。很长一段时间，大众传媒蜕变成了掌控者手中的舆论工具、专政工具，用来对付另一部分社会成员。在此时期，社论、短评、编者按语运用的频率最高，在阶级斗争思想引领下的媒体舆论对社会进程起到了一种逆推作用。党报社论的政治宣传力、社会动员力最强。官方舆论与媒体舆论相一致，共同钳制民间舆论。官方舆论、媒体舆论与民间舆论相背离，使民意得不到充分、真实的表达。然而，"客观地考量，这段时期的新闻舆论在为社会结构的改造、奠定符合国家政权的国民政治心态等方面起到了巨大的作用。"① 这一点是毋庸置疑的。

二 十一届三中全会至社会主义市场经济的确立

1978 年 12 月举行的十一届三中全会及此后，我国历经了解放思想、拨乱反正、改革开放等一系列重大变革，从以阶级斗争为核心转移到以经济建设为中心，民主和法制建设步入了正轨。舆论形态和舆论运行状况也逐步趋于正常化。广播电视媒体逐步兴起，与纸质媒介一起成为新闻舆论信息传播的主要平台。大众媒体逐渐获得一定传播自主权，传播媒介的多元化，信息传播速度的加快，以及图像和声音的同步传播，都改变着我国信息传播的状态。大众媒体的兴起，使得舆论形态常常通过新闻舆论监督体现出来。

改革开放初期最有影响力的重大舆论监督事件，当属"渤海 2 号"翻沉事故中新闻媒体营造的相关舆论。1979 年 11 月 25 日，石油部海洋石油勘探局"渤海 2 号"钻井船在渤海湾迁移井位拖航作业途中翻沉。1980 年 7 月 22 日，《人民日报》和《工人日报》同时在第一版头条位置报道了"渤海 2 号"翻沉事故的消息，当天中央人民广播电台在"各地新闻与报纸摘要"节目中也作了详细的介绍。消息发布后，广大群众积极参与到对这一事件的探讨中，其中若干有代表性的意见又经报纸和电台加以刊载、广播，传播到群众中去，迅速形成了舆论高潮。舆论在大众媒介的引导下，不仅声势越来越大，而且理性色彩也越来越浓。8 月 25 日，国务院作出了关于处理"渤海 2 号"事故的决定。这不仅充分表现了舆论对于国家施政的积极影响作用，而且反过来又成为大众媒介进一步引导舆论的依

① 曾丽红：《新中国报纸新闻评论角色和功能的嬗变》，《新闻爱好者》2011 年第 6 期。

据。这以后，各新闻单位立即大量报道了国务院的决定在各条战线上引起的强烈反响。《人民日报》先后发表了《深刻的教训》和《尊重科学、尊重群众、搞好生产》的社论。这对于流行多年的极左思想来说，树立了崭新的价值标准和行为规范，为清除当时的极左遗毒，端正各级干部的领导作风发挥了积极作用。1981年1月，中共中央发布了《关于当前报刊新闻广播宣传方针的决定》，指出："各地党委要善于运用报刊开展批评，推动工作……对不正之风，要坚持进行批评斗争，要反对的是对三中全会以来党的路线、方针、政策进行抵制或另搞一套，阳奉阴违这样一种不正之风……"① 对报刊、广播、电视等大众媒体如何正确开展批评做了相对详细的规定。

　　然而，"舆论监督"的概念直到1987年党的十三大才正式提出。报告指出："要提高领导机关的开放程度，重大情况让人民知道，重大问题经人民讨论；要通过各种现代化宣传工具，增进对政务与党务活动的报道，发挥舆论监督的作用，支持群众批评工作中的缺点错误，反对官僚主义，同各类不正之风做斗争。"② 这次大会确立了"重大情况让人民知道，重大问题经人民讨论"的重要理念。这一理念对于推动民主政治建设和推进舆论监督功不可没，它是公众舆论体现正确导向和自觉意识的重要途径，这也证明当时党和政府努力从体制和机制上确保导向正确的舆论占据主导地位。这次大会，在党的正式文件中第一次出现了"舆论监督"的概念，且界定了"舆论监督"的内涵和所指，报告认为"舆论监督"不仅应当包括一般的负面新闻和负面人物的批评报道，还应该包括对党政事务相关活动的监督和报道，特别是对社会重大变动、重大事件的报道。十三大以后，舆论监督成为我国社会监督体系中的一个重要构成部分，媒体舆论监督进入新中国成立后的第二次高潮。从十三大到十八大，"舆论监督"连续六届出现在党的代表大会的政治报告中，可见中国政府对大众监督的重视，新闻舆论监督成为政治权力与社会控制手段的延伸。媒体在进行新闻舆论引导时应该开展新闻舆论监督，发挥后者的特殊舆论引导作用。因此，在这一时期出现了一批在全国颇有影响的批评报道。

---

① 转引自丁淦林《中国新闻事业史》，武汉大学出版社，2000，第370页。
② 赵紫阳：《沿着有中国特色的社会主义道路前进》，1987年11月25日。

显然，宽松的政治氛围对舆论形态产生了重大影响，上述舆论形态的显著转变是基于政治民主之上。此外，80 年代之后的中国经济运行模式发生了重大改变，尤其是市场经济体制的确立，一方面是政治民主的因素继续对舆论形态发挥影响作用；另一方面是市场因素的介入使得舆论工作包括舆论引导的难度遽然增加。

　　我党于 1984 年召开的十二届三中全会上提出发展有计划的商品经济，1992 年十四大提出发展社会主义市场经济。市场经济的基本特征是资源商品化、经济关系货币化、市场价格自由化和经济系统开放化。这种开放的相对自主的经济运行模式导致我国社会阶层的结构和利益分配格局逐步发生变化，使我国社会的舆论形态也随之巨变，在中国政治经济、社会体制控制下的新闻媒体，已不仅是代表政党意识形态和国家机器的喉舌，而且是政治权力与经济诉求共同建构出来的复合体，媒体由单一的舆论工具转变为身兼舆论工具和经营主体双重身份的复合体。在服从政治领导的同时，作为经营主体也要遵循市场规律，"既然是经营主体，那就必然在经济利益方面有所追求，这种对于经济利益考虑所作出的行为，会对社会舆论形态和舆论格局构成一定程度的影响。"[1] 经营主体的确立，使大众媒体的舆论监督出现多元复杂的局面。一些主导舆论监督品牌应运而生，这个阶段电视的影响力特别突出，中央电视台 1994 年创办的"焦点访谈"和 1996 年诞生的"新闻调查"栏目，在政府和民众中具有广泛影响。"焦点访谈"还因长期关注舆论监督类话题而被称为"焦青天"。

　　此外，舆论学研究的不断深入和相关学科的快速发展也是促进我国舆论舆情发展的重要原因。进入 20 世纪 80 年代末期，西方传播学及相关的信息理论引入我国，传播学的相关研究成果被译成中文广为传播，各新闻院校也开始关注传播学相关知识的传授。"议程设置""培养理论""知沟""两级传播"等传播学基础理论成为我国信息传播分析解读过程中的基础理论和基本框架。它们使新闻界更加重视信息传播过程，重视媒体受众在传播中的意义，为舆论学的发展提供了更为广阔的思路和理论基础。

---

　　① 丁柏铨：《对新中国建立以来舆论形态的历史考察》，《当代传播》2011 年第 1 期。

三 21世纪以来舆论的发展和网络舆论的兴盛

21世纪以来，我国的舆论形态出现了新的发展趋势。从国际局势来看，随着全球一体化以及中国对外开放力度的不断加大，我国和其他国家尤其是西方发达国家的贸易往来、文化交流、人员互动更加密切，而传播技术的迅猛发展使信息传播呈现全球一体化的趋向。地球上任何区间的事件经过大众传媒密集传播到其他地区，使公众舆论的形成表现出前所未有的新势态。我国的国内舆论与国际舆论的关联度日增，前者受后者的影响十分明显。发出中国声音和争取与中国的国际地位相称的话语权，成为我国媒体对外传播的重要目标。

从国内环境看，21世纪以来，我国的GDP快速增长，工业化、城市化以及与之同步的社会转型，催生了工业化国家在转型期间遇到的诸多问题，如腐败蔓延、地区发展失衡、民族问题频发、道德制衡和道德力量缺失等。中国正在从一个传统的社会向现代化的社会过渡，大量贪污腐败现象随之出现，如何制约绝对权力，遏制腐败，更加需要媒体的舆论监督。2005年中共中央办公厅专门印发《关于进一步加强和改进舆论监督工作的意见》，明确表示"支持新闻媒体正确开展舆论监督"。中央《建立健全惩治和预防腐败体系2008～2012年工作规划》中明确提出："加强和改进舆论监督要认真贯彻落实《关于进一步加强和改进舆论监督工作的意见》，重视和支持新闻媒体正确开展舆论监督……新闻媒体要坚持科学监督、依法监督和建设性监督，遵守职业道德，把握正确导向，注重社会效果。"

随着互联网、手机等新媒体的发展，传播技术革命正促成一种新形态的信息传播方式。新媒体对信息和观念的传播发生了深度影响。在新媒体环境中，"每个人都可以成为信息的生产者和传播者，不再仅仅依靠大众传媒，社会公众拥有了更多的知情权、话语权，借助网络等新媒体自主设置公共议题，并迅速形成公众舆论，一定程度改变了由政府完全掌控的信息传播格局。"[1] 据第32次《中国互联网络发展状况统计报告》显示，截至2013年12月，我国网民规模达6.18亿人，全年共计新增网民5358万

---

[1] 何溢诚：《论具有中国特色舆论场之构建》，《新闻大学》2013年第3期。

人。互联网普及率为 6.18%，较 2012 年底提升 3.7%，我国手机网民规模达 5 亿人，较 2012 年底增加 8009 万人，网民中使用手机上网的人群占比提升至 81.0%。我国网民数量已处于高位，网民增长和普及率进入了相对平稳的时期。而早在 2008 年，就有学者指出，互联网已成为社会舆论的重要发源地，网络新媒体正成为舆论新格局的重要组成部分。[①]

同时，在网络环境中，公众获得了比现实环境中更大的话语权，表达意见相对更为自由、方便。网络舆情已成为社会舆情的重要构成，大多数社会舆情都会通过网络平台表现出来。借助于网络问政、网络舆论监督，某些复杂尖锐的社会问题得到关注并最终解决。2010 年 6 月发布的《中国互联网状况》白皮书表示，中国政府十分重视互联网的监督作用，要求各级政府及时调查解决网络平台反映的问题，积极向公众反馈处理结果。互联网大大拓展了舆论监督的空间。网络以其公开、透明、快捷、影响面广的特点，使之越来越成为反腐败的新平台。不断壮大的民间网络监督队伍，使网络成为网民表达反腐败诉求的重要渠道。同时网络也成为纪检监察部门获取线索的重要途径。中纪委、监察部、国家预防腐败局、中央纪检监察机构、最高人民法院、最高人民检察院等均开设了网站举报平台。2008 年 8 月，国内首个网络反腐文件《关于建立网络反腐倡廉工作机制的暂行办法》出台，该文件由湖南省株洲市纪委监察发布，要求利用网络平台，听取网民对党风廉政建设和反腐败工作的意见、建议，接受、处理和反馈网民的信访举报及有关损害经济发展环境方面的投诉等。

网络反腐，是互联网时代的一种群众监督新形式，既有民间自发的网络反腐行动，也有政府利用网络的特点，开展网络举报等电子政务。网络反腐作为民间反腐的一种进化手段，有监督力度大、信息整合快等优点。网络新兴技术，解决了传统举报耗时长、资费高、隐蔽性差等问题。近年来，绝大多数有影响的反腐败舆论监督事件都是由网络发端，最终取得实质性进展。十几年来，网络反腐事件层出不穷，如 2001 年广西南丹县特大透水事故，县委书记万瑞忠被处以死刑。2008 年，江西新余、浙江温州、广东肇庆三起公款旅游"出国门"，一大批官员被查办。2009 年相继曝光

---

① 祝华新、单学刚、胡江春：《2008 年中国互联网舆情分析报告》，http://www.china.com.cn/aboutchina/zhuanti/09zgshxs/content_ 17100922. htm, 2009 - 01 - 13。

的昆明晋宁县看守所服刑人员"躲猫猫"身亡事件；冒名顶替上大学的"罗彩霞"事件；重庆高考生篡改民族身份骗取加分事件，等等。这些事件使一大批官员被事后问责。微博兴盛后，网络反腐更是日渐兴盛。截至2013年6月底，我国微博用户规模为3.31亿人，较2012年底增长了2216万人，网民中的微博用户比例达到56.0%。微博成为网络反腐的主力军。微博反腐已经成为一支不容忽视的社会监督力量，在微博平台上甚至出现了职业的反腐人、反腐团体。微博反腐成员有的以人名、行业或反腐地域命名，如"反腐联盟杜春艳""反腐民兵崔利占""地产反腐""医药反腐""福州反腐反贪"等，有的以反腐组织的形式命名，如"反腐三剑客""反腐老干部""反腐倡廉青年""反腐联盟"等。

与中国改革开放同步、与社会主义市场经济发展同步，网络媒体发展到今天，逐渐改变了对资讯的理解和门户单一的表现形态。网络媒体已经不再是纸质媒体的网络版，它们逐渐形成了自己的新闻生产模式，并将自己定位为主流媒体。代表性的有搜狐新闻中心2013年10月的改版，这次改版重新诠释了对资讯的理解，传统的海量取胜的观念将被淘汰，取而代之的将是现代资讯所具有的新速度、新角度、新高度、新深度、新态度、新逻辑。主流门户网站凭借网络技术的优势，对新闻生产、信息传播提出新的、更高层次的运转模式。它改变了门户的单一的表现形态。音频、视频、图文将综合使用在新闻产品中。而将门户的新闻产品与移动终端打通，则使搜狐新闻最终实现全媒体的概念。网络媒体的逐步升级，彰显了多元媒体时代它谋求主角地位的雄心。因此，在具体的新闻工作和舆论引导过程中，必须十分重视网络的"思想文化信息的集散地和社会舆论的放大器"的作用，致力于加强主流媒体建设和新媒体建设，以形成舆论引导的新格局。

本章小结：舆论的道德力量是社会契约的重要类型，它对社会行为起着重要的规范作用。中华民族从漫长的初民时代开始，逐渐发展形成独有特色的舆论环境，从原始社会开始，氏族部落成员开始对公共事务发表意见，这一舆论表达模式影响着这个社会的历史发展。奴隶社会是一个以血缘关系为个人的主要社会关系的社会，在此基础上形成的宗法制造就了奴隶制社会舆论的形成，决定了奴隶社会舆论活动的基本特点。此后，"在漫长的封建社会，封建统治阶级根据传统礼教编制了主流社会舆论，同时采取各种方式来压制、阻碍、引导舆论的产生和流传。"① 但是，由于缺乏必要的政治的保护，舆论批判运动总是遭遇各种势力的镇压。在动荡不定的现代政治环境中，中国现代舆论前行的步伐极为艰难，舆论压制的事件常有发生。一方面认为公共舆论是政府行为非常重要的补充和监督。另一方面认为当公共舆论没有反映理性建构的价值时，应该被政府严格地规训在一定范围之内。② 当代中国社会是一个多元社会，社会结构不断分化，不同利益群体不断形成。这种利益的多元性形式表现在政治和社会层面上，就是代表着不同利益群体的各种舆论的存在。从目前我国情况来看，官员腐败、贫富悬殊、分配不公等问题逐渐成为社会舆论关注的焦点，成为社会舆情集中的场域。而网络往往起到了放大舆论热点、引爆公共事件的作用。由网民设置的议程遂成为媒体议程、进而成为政府议程的事情已经屡见不鲜。公民的知情权、参与权、表达权和监督权，在网络环境中得到了充分体现。

① 骆正林：《中国古代社会舆论活动的主要类型和特征》，《洛阳师范学院学报》2008 年第 27 期。
② 唐小兵：《现代中国公共舆论的自我理解》，《衡阳师范学院学报》2008 年第 4 期，第 74 页。

第二章 大众传播与舆论

从人类历史来看，先后出现了口头传播、文字传播、印刷传播和电子传播几种样式，但是不管哪种传播形式，都和社会舆论息息相关。从传播对舆论的影响来看，传播形式的变迁扩展了舆论存在的时空范围。相对于口头传播来说，文字传播不仅拓展了舆论传播的范围，也延长了舆论存在的时间。如果说报纸能让舆论传播至一个城市（少数全国性报纸等能影响到较大区域），那么，电视则把舆论带到全国；互联网的出现，则让舆论打破国与国之间的界限。从舆论对传播的影响来看，由于舆论主体受到自身条件和社会条件的影响、制约，会选择性地接收、理解、传递所获得的信息，使舆论的内容发生一定程度的变化。

第一节 媒介环境与舆论氛围

一 拟态环境与媒介化社会

1922 年，李普曼在他的《公众舆论》一书中，最早论述了拟态环境（Pseudo-environment）的问题，其后，不少学者又对这一问题进行了描述。拟态环境有几个特点：并非现实环境"镜子式"的摹写，不是"真"的客观环境，它或多或少与现实环境存在着偏离；也并非与现实环境完全割裂，而是以现实环境为原始基础。李普曼认为，在大众传播极为发达的现代社会，人们的行为与三种意义上的"现实"发生着密切联系：一是实际存在着的不以人的意志为转移的"客观现实"，二是传播媒介经过有选择地加工后提示的"象征性现实"（即拟态环境），三是存在于人们意识中的"关于外部世界的图像"，即"主观现实"。

随着大众传播媒介的发展，现代社会越来越依赖媒体提供的信息。人们不像过去那样事必躬亲，现代社会，由于人们实际的活动空间、面临的复杂情况和精力限制等，亲自参与观察的机会少了，依靠"新闻供给机构"了解身外世界成为主要渠道。大众传播媒介通过对新闻和信息的选择、加工和报道，对所呈现的信息加以模式化，然后向人们传递，这为人们提供了一个带有特定倾向性、反应新闻媒体等意识形态的环境。拟态环境是一种"象征性的环境"，是渗透着一系列价值观的客观事实的再现。大众传播形成的拟态环境，不仅对人的行为和心理有所影响，也通过制约人的认知和行为，对客观现实产生影响。

面对"不可触、不可见、不可思议"（out of reach, out of sight, out of mind）[1] 的现实环境，需要建构一个可供感受的间接环境，大众传播媒介的发展正好满足了这个需求。这个经过过滤与选择的"世界"不仅存在，而且对社会产生的影响越来越大，其重要的表现形式就是今天的媒介化社会的形成。

媒介化社会打破了传统社会运行的逻辑方式，突破了时空对人类的限制。它以媒介为坐标点，呈现社会现实，发挥对社会的影响，支配人们认知社会的内容与方式，把人类由直接体验的王国直接带进间接感受的社会。

首先，媒介化社会的形成与传播技术的发展息息相关。从口口相传到印刷品传播，再到电子媒介，人类社会媒介的发展无不体现着人类的智慧。从人类媒介技术发展史和传播史来看，可以简单地归结为一句话：技术再造传媒，媒介推动社会。[2]

---

① 李彬：《传播学引论》，新华出版社，1998，第 149 页。
② 杨芳芳：《浅论媒介技术与社会发展》，《理论月刊》2006 年第 6 期，第 84 页。

语言的诞生是人类传播的第一次革命，人类自从有了语言，就有了传播。人类传播的第二次革命是文字的诞生，文字克服了口头语言传播的时空限制，让信息得以保存并可传至远方。人类第三次传播革命是印刷术的发明，特别是 1450 年前后德国美因茨人古腾堡发明了铅活字印刷，使文字得到大面积传播。伴随着人们文化水平的提升，城市化和交通的发展，报纸逐渐成为人们日常生活的一部分。1650 年在莱比锡创办的报纸《新到新闻》成为最早的日报。从此，人类和大众媒介结下了不解之缘。19 世纪 30 年代，以美国《太阳报》等为代表的商业化报纸以低廉的价格、大众化的路线，让更多普通公众结识了报纸。1922 年，广播的诞生，降低了报纸传播对文字的要求，广播对传播活动的卷入程度要求低、口语化，加上两次世界大战刺激下的对于战争信息的需求，都让这一传播模式深入人心。1936 年，电视以其视听双通道的感官享受，渐渐在大众传播中成为垄断性传播方式。电视本身技术的发展，也为这一传播方式提供了较强的竞争实力，黑白电视、彩色电视、卫星电视、数字电视、互联网电视，不论哪种电视内容的载体，都以技术进步为人类提供了丰富的视觉盛宴。20 世纪 60 年代互联网诞生，互联网集中了丰富的内容、多样的传播样式、互动的传播内容，成为发展最快的大众传播媒体。

传播技术的进步并不是一种传播样式取代另一种，而是一种叠加关系，后一种媒介拥有前一种媒介的特征并具有新的特点。以互联网为例，互联网不仅具有报纸报道的平台与报道内容，也是广播、电视的平台，同时具有这些传统媒体的传播方式、传播渠道和传播内容，而且，互联网还具有自己的传播特点，比如能够互动、信息海量等特点。

其次，媒介化社会的来临和媒介融合的发展趋势联系紧密。媒介融合的概念出现在 20 世纪 80 年代的美国，是把报纸、杂志、广播、电视、网络等媒介融合在一起，利用一个传播平台进行传递，用美国新闻学会媒介研究中心主任 Andrew Nachison 的说法是"印刷的、音频的、视频的、互动性数字媒体组织之间的战略的、操作的、文化的联盟"。[1] 比如在美国，以博客等为平台的电视台已有一些规模，不仅博客可以成为大众传播的重要

———————————

① 资料来源：http：//baike. baidu. com/view/1107247. htm。

消息的来源，而且每一个博客都是一个独立的媒体。① 从媒介化社会的角度来看，媒介融合不仅是媒介生产、所有权、结构、新闻呈现方式的融合，而且更是整个社会使用媒介方式的变革。

传统媒体时代，公众对报纸、广播、电视等的使用，基本是被动的、无法选择的。随着媒介技术的发展，公众对媒介的使用方式也发生了变化。比如随着网络技术的发展，公众可以自己上传制作的类似刊物、报纸的内容，或者把自己的图片、语音短片、视频发布出去。从表面看，这只是网民个人爱好的表达，实际上，这不仅代表着传播权力的更迭，从社会意义上也体现了当下传播格局的多元，以及对过去线性的、高度集权的传播模式的颠覆。

最后，媒介化社会的发展和当前社会发展关系密切。随着全球化时代的来临，"地球村"已经成为现实的存在，人们对信息的需求比以往任何时候都强烈。公众渴望获得尽量多的和自身生存、发展相关的信息。信息的有效流动也是社会政治、经济、文化发展不可或缺的基本要求。这里有一个互动的关系，也即社会的发展离不开信息的支持，而信息获取也因社会发展变得更为方便。

从我国当前的实际情况来看，公众也需要更多的信息。在社会转型期，各种社会矛盾、社会变化、突发事件较以往来得更快、更突然，为了了解自己身边发生的事，或者和自己息息相关的事，公众会积极地使用大众媒介。比如汶川地震，通过媒体不间断的滚动信息，公众知道了灾难发生的具体情况，了解了救灾的进程，知晓了哪些人、哪些地方需要救援。再比如近两年发生的宁波 PX 事件、昆明 PX，公众通过媒体了解到项目的危害性，并通过大众媒介实时呈现自己的诉求。可以说，没有大众媒介，这些事件的影响要小得多；没有大众媒介，事件也不会得到这么快速的解决。对媒介的依赖，成为个人与个人、个人与社会、社会与社会之间的联系纽带。

二　大众传播媒介对舆论的引导

美国学者麦克利德（J. McLeod）等认为，大众传播媒介和舆论之间存

---

① 孟建、赵元珂：《媒介融合：黏聚并造就新型的媒介化社会》，《国际新闻界》2006 年第 7
期，第 25 页。

在三个方面的关系，即作为（1）渠道或联系者，（2）变动的代言人，（3）认识方法发挥作用。① 麦克利德的言论多是就传媒之于舆论的作用而言，如果就舆论之于大众传媒来说，大众传媒和舆论之间的关系至少包括两个方面：为大众传媒提供报道素材，影响大众传媒的报道。

1. 大众传媒与政府组织

对于大众传媒来说，总是希望"摆脱外界干涉，摆脱来自政府、广告商甚至公众的干涉；新闻媒介为实现'公众的知晓权'服务；新闻媒介探究真理，反映真理；新闻媒介客观公正地报道事实"。② 但是，世界上没有哪一家媒体可以做到完全不受外界影响。就大众传媒与政府组织的关系来说，大众传媒在政府引导舆论中起着关键作用。

从政府的角度来看，对传媒报道政府信息可以有几种选择，这包括封锁信息、被动公开信息、主动公开信息等几种方式。而这几种方式的选择，对媒体报道及其后的舆论生产都会产生直接的影响。

从我国的传媒体制来看，新闻媒体是"事业单位，企业化管理"，这赋予了传媒以较为特殊的身份特征。一方面，媒体沿袭了一段时间以来以宣传为主要功能的特征，是党和政府的宣传工具。这导致了传媒规制方面人为痕迹较为明显，而法律法规的规制相对缺乏。另一方面，企业化管理的商业属性，又要求传媒注重经济效益，这和全球发展趋势有所相同。在19世纪下半叶，哲学与艺术退到了后台，所有的注意力都对准了科学与技术……除技术外，物质和商业的东西成为所有思想和行为的中心。道德、文化和精神等价值观已经退到以金钱来衡量实际成就和职业的成功。③ 快速发展的传媒业也不例外，随着文化体制改革的推进，在盘活了文化产业活力的同时，也为媒介公共性带来了挑战，特别是以市场为导向的经营理念，让从业者与管理者过度关注经济效益。此外，以现代企业为运行方式的传媒企业，往往拥有严格的绩效评价方式，这让从业者在提高了工作效率的同时，也囿于效率的制约，往往忙碌于完成"积分"，而忽视了没有

---

① Glasser, T. & Shalmon, C. (Eds) Public Opinion and Communication of Consent. the Guilford Press New York London 1995：73. 转引自陈力丹《试论大众传媒与舆论的互动》。

② 〔美〕阿特休尔：《权力的媒介》，黄煜，裴志康译，华夏出版社，1989，第133页。

③ 〔德〕M. G. 登霍夫：《资本主义文明化?》，赵强，孙宁译，新华出版社，2000，第16页。

经济效益的人文关怀。这两个方面最终都导致政府在其中起着较大作用。商业价值方面，除了政府提供税收减免、财政补贴之外，在媒体获得信息方面，也可进行控制。而媒体只有有了相应的信息，才能为公众所接受。

基于上述分析，政府控制信息就有了理由和便利的条件。比如2003年"非典"事件，信息就没有按照发生、发展的实际状况及时地传送到公众身边。但是，媒介技术的进步，传统的封闭式信息管制模式逐渐失去了存在的可能，被动信息公开成为舆情信息来源的又一方式。

改革开放以来，随着我国政治体制改革的深入，政府与传媒之间的关系也发生了微妙的变化，以管理为主的系统模式，逐渐让位于引导、服务模式，这和近些年提出的"服务型政府"建设有关。服务型政府的建设意味着政府要阳光执政，建设透明政府；意味着政府要满足公众的知情权、参与权、表达权、监督权。因此，传媒的获取信息就应该更为方便和积极。但是，一些政府仍然以传统的执政思维对待媒体，对于公共事件缺乏主动呈现信息的勇气。比如2012~2013年以来曝光的"房叔""房姐"等事件，政府没有利用手中的资源掌握官员信息，最后由网络媒体曝光后，相关部门才被动发布信息。

近几年互联网的快速发展要求政府主动发布信息，与其阻断信息，不如主动疏导。比如，最近几年地方政府，包括一些县、乡等基层组织都建立了新闻发言人制度，有的还设立了网络新闻发言人，这是很好的举措。从政府新闻发布的角度来看，除了媒介对新闻的建构和受众依据既有框架进行解读之外，还存在着传播主体（政府）主动对所发布信息的选择、组合、强调和排除。这类主动"框架"传播信息的做法符合传播主体的利益并能令传播主体在传播活动中占得先机。①

2. 大众传媒在政府舆论引导中起着关键作用

如果说新媒体时代存在两个舆论场②（官方舆论场和民间舆论场）的话，那么大众传播媒介则是政府组织引导舆论的重要渠道。报纸、杂志、广播、电视、通讯社等主流媒体，能较好地传达政府的方针政策、社会主

① 孟建、李晓虎：《中国政府新闻发布制度的理论探析》，《现代传播》2007年第3期。
② 赵向南：《打通两个舆论场》，人民网，http：//theory.people.com.cn/n/2012/1016/c49150 - 19275937.html。

义核心价值观等。

从信息的角度来看，大众传媒提供的信息具有消除不确定性、降低人们焦虑的作用。人们只有通过获取信息或者和提供确定信息的人（或渠道）相接触，才能消除这种认知上的不确定性、降低情感上的焦虑。[①] 大众传媒作为信息提供者，具有影响面积大、公信力高的特征。政府通过积极的信息传递，可以消除公众质疑，维护社会稳定，提升政府的执政能力。比如 2011 年日本"3·11"地震发生后，公众因为一些流言产生了抢购食盐的风波。政府通过大众传媒积极的发布信息，一方面确保食盐供应充足，另一方面从科学的角度来论证不需要囤积食盐。没过多久，抢盐风波就得以平息。

大众传媒的公共性，也使政府在其舆论引导中，占据合法性位置。一些事件经过在大众传媒的理性探讨后，得到公众的认可。大众传媒虽然带有一定的意识形态性，但是，通过报道不同方面的意见和声音，呈现不同角度的观点和看法，使公众全面了解事件，从而取得公众对政府行为的认同。

3. 大众传媒也带来一定的舆论风险

传统的大众媒体一般是呈线性传播，传播的终点是单一的受众。而到了互联网时代，大众传播具有了指数式、病毒式的传播特征，传播的终点是受众的受众。这种传播方式可能带来一定的舆论风险。

未来学家托夫勒认为，当今人类社会是权力结构发生深刻转型的时期，人类社会正处在"权力转移期"。特别是互联网媒体的发展，通过不同的传播平台，现实生活中的弱势群体，借助媒介的虚拟性力量最终完成对现实不公的裁决，让其变为虚拟社会中的强者，并最终变为现实社会的受益者；同时，现实社会中的强势群体，在巨大的新媒体——很多时候还拥有其他力量——作用下，最终变成虚拟社会也是现实社会的弱者。强弱身份的改变，大多带来积极的正能量，但有时在网络狂欢的背景下，也会带来负面效果。比如在网络的虚拟平台上，群体极化现象可能就比现实社

---

① Jakub Samochowiec, Arnd Florack. Intercultural contact under uncertainty: "the impact of predictability and anxiety on the willingness to interact with a member from an unknown cultural group". International journal of Intercultural relations. 34 (2010) 5 - 7 - 515.

会中严重：1）不需要"讨论"，网民进行决策往往是根据舆论领袖的意见或自己的感性认识。2）这种"决策"的结果也是不一定的，除了主导意见外，还存在一些反对意见。3）美国心理学家萨拉·凯拉尔研究发现，网络中的群体极化现象更加突出，大约是现实生活中面对面传播时的两倍多。①

其主要负面影响表现在以下方面。

一是全球化带来区域舆论风险。随着传播媒介的发展，国际传播障碍逐渐消失，彼国他处的信息转眼间就可以传遍全世界。这种因传播机制全球化附加因政治、经济、文化因素而产生的风险的可能性更大，因为国与国之间、事件与事件之间、人与人之间因媒介的联系而成为一个整体，整体内部的任何风险都有可能很快传递到有机体的每个细胞。2010年12月17日，在突尼斯南部地区西迪布济德，一名拥有大学学历的26岁街头小贩被城市警察驱赶，后点火自焚，因伤势严重不治身亡。这一事件引起了突尼斯的全国革命，也启动了中东革命的序幕。这之后，埃及、也门、阿尔及利亚、苏丹、摩洛哥等国家先后发生革命。"茉莉花革命"不仅影响了中东、非洲，还波及世界其他地方。很显然，大众传媒在其中起到了推波助澜的作用。

二是全球传播秩序的混乱导致舆论危局。1980年，联合国教科文组织（United Nations Educational, Scientific and Cultural Organization）第21次大会讨论了国际新闻报道中的不平衡与不公平现象，并呼吁建立新的国际大众传播秩序。30多年过去了，这一状况仍然没有得到有效改观，信息的流动仍然是从西到东，从北到南。发达国家的语言，特别是英语占互联网传播总量的90%以上，其他发展中国家和不发达国家，在国际互联网上发表意见并被关注所占比重极少。传播秩序的不平等带来了话语权、价值观的弱势，发达国家以其强大的政治、经济实力和技术优势，传递着本国的文化、理念、价值观，而发展中国家和不发达国家或地区的声音则难以被听到。

三是国际舆论的复杂性。世界上不同国家、民族因利益不同、价值观

---

① 〔美〕帕特·华莱士：《互联网心理学》，谢影，苟建新译，中国轻工业出版社，2001，第88页。

相异，产生冲突在所难免。从传播的角度来看，大众传媒所负载的信息肯定带有一定的意识形态性，大多是对本国、本民族价值观和文化认同的基础上进行传播的，这就造成众声喧哗的国际舆论传播格局。在这种复杂多变的国际舆论生态体系中，不同的观点和内容肯定会对其他国家的舆论产生影响，这对本国政府进行舆情引导，增加了难度。

第二节　大众传媒舆论引导的依据

一　舆论引导的理论依据

1. 议程设置

议程设置是大众传播的重要社会功能之一。1963 年，伯纳德·科恩（Bernard Cohen）提出了对"议程设置"最有影响力的表述："在多数时间，报界在告诉它的读者该怎样想时可能并不成功；但它在告诉它的读者该想些什么时，却是惊人地成功。"1968 年，美国北卡罗来纳州的两位研究人员马尔科姆·麦肯姆斯（Maxwell Mocombs）和唐纳德·肖（Donald Shaw）对李普曼早期的关于拟态环境的思想进行了实证性研究，并于 1972 年在《舆论季刊》上发表了论文《大众传播的议程设置功能》。他们认为，大众媒介注意某些问题而忽略另一些问题的做法本身就可以影响公众舆论，而人们一般倾向于了解大众媒介注意的那些问题，并采用大众媒介为这些问题所确定的后先次序来确定自己对这些问题的关注程度。这个理论分为两个方面：一方面是议题从媒介议程向公众议程的传播过程，另一方面是公众在头脑中形成这些议题时新闻媒介所起的作用。

通过议程设置，大众传媒能较好地引导和强调当前公众关注的问题及其舆论走向。政府组织根据媒体的这一特性主动设置议程，积极有效地传递信息，从而实现政府议程、媒介议程和公众议程的有机统一。特别是处于社会转型期，社会问题滋生，矛盾较多，人们怀疑情绪较为严重，利用信息传递事件发展规律，及时发布消息，主动设置议程，可以避免流言的滋生与传递。比如 2008 年 3 月 14 日，一群不法分子在西藏自治区拉萨市的主要路段实施打砸抢烧，焚烧过往车辆，追打路过的群众，冲击商场、政府机关等。当天，不法分子纵火 300 多处，拉萨市的 908 户商铺、7 所学校、120 间民房、5 座医院受损，砸毁金融网点 10 个，至少 20 处建筑物被烧成废墟，84 辆汽车被毁。有 18 名无辜群众被烧死或砍死，受伤群众达 382 人，其中重伤 58 人。拉萨市造成直接财产损失达 24468.789 万元。"3·14"事件发生后的几天内，由于新闻发布的滞后，致使我们失去了舆论的引导权，西方媒体乘虚而入，大量被事后证实是虚假的新闻，一时扰乱了境内外视听。

当然，政府设置议程的前提和基础是信息务必准确、及时，如果仍然采用过去传统宣传的思维方式，认为重复传播就可以达到既定效果，势必会回到过去的老路上去。长期来看，也势必将导致媒介公信力和国家公信力的降低。

2. 信息公开理论

从本质上说，信息公开是舆论引导的基础和前提，只有通过信息公开，让公众了解到及时、正确的信息，舆论引导才有可能。这里把信息公开作为舆论引导的理论基础，是考虑到信息化时代，不仅改变和影响着人们的生活，而且也带来了政府结构与职能、观念与行为的深刻变化。[①] 信息公开制度产生和发展的逻辑基础是公民享有知情权，因为知情权是创造、开发、利用、分配信息资源的基础性权利。随着信息社会的发展和技术的进步，公众对知情权的要求也日益高涨，政府组织只有通过实实在在的信息传递，进行信息公开，才能符合现代社会发展的趋势。[②]

对于政府来说，其主要是公共利益的"委托者"。政府必须以实现公共利益为运行根本，将可以公开的信息一律公开，这样才能满足公众的知情权，也才能为舆论引导奠定基础。

但是一些地方政府，没有遵循信息公开的基本要求，对于公众应知的信息遮遮掩掩，这容易导致怀疑情绪的进一步蔓延。2012 年 11 月 2 日的一则信息显示，中国政法大学的研究人员向国家的 42 个部委申请公开人均

① 谭宗泽、杨解君：《政府信息公开的理论基础》，《江海学刊》2010 年第 4 期，第 129 页。
② 孙旭培：《新闻传播法学》，复旦大学出版社，2008，第 115 页。

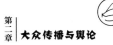
"三公"经费支出，除 9 家公开了这一信息外，其他 33 家以各种理由拒绝。[①] 不管拒绝的理由有多充分，这种信息封锁，给公众的感觉是政府信息不透明，从而使政府在舆论引导上处于被动局面。

3. 大众传媒与公共人的衰落

作为和哈贝马斯、阿伦特齐名的三大公共生活领域的研究者，理查德·桑内特认为，公共领域是由一群差异较大的人构成的社会生活领域，随着大城市的兴起，公共生活发生了巨大的变化。一个社会具有分享共同经验的人群，社会才能更加进步。古希腊罗马时期，男性公民除了必需的日常生活，大多聚会在广场进行讨论，从而塑造了公共人的角色。而今天，人们更加关注自己的私人领域、私人感受。特别是媒介的发展，人们交流的方式发生了重大变化，过去面对面的经验分享，变成了带有公众性和私密性色彩的双重表达，公众参与公共生活的能力和方式，发生了巨大的本质变化。

（1）儒家礼仪的张力与现代城市的发展。中国古代有着辉煌的经济、文化、社会发展史，但是古代中国又是一个以农业为主的国家，城市化的发展水平一直比较低，即使秦朝最大的城市咸阳，据说也至多是第一个人口达到百万的城市。其后又出现不少历史上著名的大都市，但是从人口数量上不仅无法和今天相媲美，整体的城市化水平也不高。新中国成立后到改革开放初期，我国城市化水平也并不是特别高，1949 ~ 1984 年城市化水平由 10.6% 仅上升至 23%，年增加约为 0.35%，直到 1984 年以后才明显加速。[②] 根据中国科学院的研究报告，2011 年中国内地的城市化率已经达到了 51.3%，[③] 全国有一半人口居住在城市里。

在传统社会，人与人之间的关系，更多是依靠亲情、友情、宗族、血缘等关系来维持，中国的传统社会是一个熟人社会。同时，中国社会又深

---

① "18 部委拒绝公开人均办公经费，央行称属国家秘密"，http://news.ahwang.cn/china/2012/1102/1211023.shtml。

② 刘乃全、刘学华、赵立岗：《中国城市体系规模结构演变：1985 ~ 2008》，《山东经济》2011 年第 3 期，第 6 页。

③ 中国科学院报告："中国内地城市化率已突破 50%"，http://www.chinanews.com/gn/2012/10-31/4290659.shtml。

受儒家文化的影响，不仅具有德国社会学家滕尼斯所言的"礼俗社会"特征，还带有儒家文化的重情、重礼的传统。但是现代社会是城市化社会，城市人口急剧膨胀，人们的闲暇时间大为减少，成年人必须在规定的时间内出现在工作场所，空旷巨大的城市空间，并非为了人们的聚集而设计。城市化社会是文明社会，整个社会受到一定规则的制约，每个人都要变成文明人，在公共领域必须受到注视和审查，否则，就会被认为是野蛮或者粗鲁，慢慢地，人群变成了文明的、克制的观察者。用桑内特的话说，人们形成了这样的观念：人们没有权利找陌生人说话，每个人都有一个作为公共权利的无形盾牌，也就是每个人都有不被打扰的权利，大城市中的日常行为确实变得越来越和他人无关。①

现代城市的发展，导致一系列不同于过去事物的出现。以现代社会的建筑为例。巨大的写字楼能容纳成千上万人，但是即使是邻居，因为所属单位不同，鲜有交流的机会。哪怕是同一间办公室，工作场所也大多被分割成一个个小的空间，这种看似远离了单门独屋的巨大空间设计，并非形成一个便于讨论的公共空间，而只对提高工作效率有用。因为如果人们整天暴露在别人的眼光中，他们就不太可能闲聊，而更偏向于对自我事件的关注。如果每个人都互相监视，社会交往就会减少，沉默变成了彼此防备的唯一形式。② 尤其是现代社会，随着越来越多的陌生人在城市中聚集，看似建立了公共空间，实则进一步削弱了已有的公共领域。

（2）传媒入侵生活与公共人的衰落。美国社会学家欧文·戈夫曼的"戏剧理论"认为，现代社会逐渐变成了舞台，每个在前台的人都是演员，观众只有一个，那就是上帝。那么，在公共领域人们必须时刻小心地演出，以免在城市中的陌生人面前丢丑，只有回到家里，在亲人的私密空间，人们才会卸下面具，进行真实的生活。所以，现代社会人们宁愿失去交往的机会，也不想在公共场所"表演"，因为在公共场合不再是自我情感的真实呈现（representation），而只能是自我情感的表述（presentation）。③

于是，私密性的生活开始流行并得到社会的广泛接受。新媒介的出

---

① 〔美〕理查德·桑内特：《公共人的衰落》，李继宏译，上海译文出版社，2008，第2页。
② 〔美〕理查德·桑内特：《公共人的衰落》，李继宏译，上海译文出版社，2008，第17页。
③ 〔美〕理查德·桑内特：《公共人的衰落》，李继宏译，上海译文出版社，2008，第46~47页。

现正好弥补了私密生活的空虚，它们既能形成一个相对私密的空间，又能通过媒介的中介作用窥见社会其他成员的"表演"，还能打发因公共领域交往缺席而剩余的大量时间。也许这些场景我们都再熟悉不过：不管是公交站牌、地铁上还是等待召开的会议，人们不再彼此交谈，而只和自己的"物"交流；即使同一个房间，我们也懒得见面说话，而是通过网络或者电话进行联系。我们宁愿封闭在自己的私密空间里，通过媒介进行交流，也不愿面对面进行互动的探讨。其实今天，在保护隐私和尊重个体价值，或者尊重所谓的个性的盾牌下，我们逐渐隔离了人与人之间的关系，我们只注重自我的感受，把私密空间看做自己必须维护的权利，人们好像除了自己的兴趣就没有了"感觉"，公共原则、社会道德等都成了远离自己的虚幻王国。人与人之间的关系变成了遍地行走，自说自话的陌生人。大众传媒如章鱼般将本可以走出屋子和走向广场的人牢牢抓住，让他们看到的更多，而交往的更少。电子媒体单向的信息流通扼制了观众的反应，人们沉迷于对人格的探险，且满足于此，遗忘了去侦探背后的真实，遗忘了被政治家泪水遮蔽的政治内容。我们常指责电视新闻的"八卦"与"花边"，不知这正是其本质，也是"亲密性专制"的有力需求和得力帮手。①

　　大众传媒的发展，使公共人的角色逐渐沦落。过去拥有服饰、语言等标记的等级制使人们与自我保持一定的距离，从而有更多精力关注公共生活，讨论公共事件。传媒的兴起与发展，让服饰、语言甚至公众事件变成了私人独享的空间，人们通过媒体模仿不同阶层人的穿戴、语言，使人们在公共领域难以从表面上区分开来，人们不再为自己是某个阶层而负有责任，也无法因公共事件找到阶层相近的人进行讨论。传媒带来了信息，制造了共同性，也赶走了传统社会中的公共人。

　　（3）沉默的大多数还是众声喧哗的时代？以桑内特的理论来看，现代社会导致的结果是沉默的大多数，人们不再为公共事件而讨论，公共领域也逐渐消失。但是，桑内特理论是20世纪70年代产生的，那时候网络还没有发展起来，那么今天发达的互联网或者互联网的表现形式——比如微博，这类媒体是不是意味着公共领域已重新建立起来，公共人重新兴

---

　　① http://book.douban.com/review/2957054/.

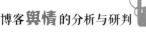

起呢？

互联网的匿名性确实使人们交流、表达的愿望加强了，在互联网的公共空间中，人们谈论自身以外的事件，从而具有了公共人的特征，特别对公共事件的关注和积极参与，使桑内特 30 年前的预言似乎化为乌有。但是以互联网为代表的"公共人"的兴起，有别于传统社会，重新提醒了对舆论引导的应有重视。

互联网的交往本质上是一种陌生人之间的交往，大多是在对方不知道底细的情况下进行的交流，这和传统社会并不相同。且互联网情绪的表达多于理性的思考，这是互联网公共性和私密性叠加效应的结果。互联网也许是个悖论，一方面，提供了人们的沟通交流的便利性，另一方面，制造了人与人之间更加孤独的状态。人们用着各种聊天工具，仿佛和每个人都有联系，仿佛又从没有联系，我们联系的可能是一群心不在焉，没有个性，或者忙于工作的符号，我们很难弄清楚，和我交流的人到底真正交流了没有？有没有交流的愿望？而且，即使交流了，我们也仅和兴趣相投的人联系，不同的意见很难进入自己继续交往的范围。比如 2012 年 11 月中国社会科学院的一个研究员称，中国的计划生育政策仍然不能改变。这在互联网上引起巨大反响，基本都是批评的声音，因为老龄化社会的到来，表明应该考虑计划生育政策了，这时候有这种"不合时宜"的声音出现，仿佛被批评是正常的。我们不论这个观点的对错，但是，互联网上不容许有不同声音，没有人耐心的听取不同声音的现实才是重要的。从这个事件中，我们发现互联网和传统社会的公共领域大不相同。

基于互联网平台的博客书写相对较为理性，但是作为个人书写行为，仍然体现出较为个人化的特征。微博的发展也显示了博客的特征。微博来源于博客，是个人日志的书写，这本来就是私密性的行为，但是，微博受到关注、转发、讨论、传播的，恰恰大多又是公共事件，这种公共性与私密性的叠加，也为微博是否具有公共性，微博作者是否是公共人提出了疑问。同时，和传统社会不同，传统社会公共人的衰落导致个人感情的进一步滋生，而微博平台上既有个人情绪的宣泄，也有公共同情的诞生；微博可能加深了不安情绪的传递，也可能释放了社会的紧张情绪，这还需要进一步研究。

4. 新闻功能理论

从新闻传播的功能来看，舆论引导也是大众传播媒介的使命之一。一是大众传播媒介传播信息，沟通情况。大众媒介通过新闻的形式，把新近发生的事实向公众通报、说明、阐释。二是大众传媒报道和引导舆论形成合力。舆论的形成，大致有两个来源，一个是公众对某一问题、事件长期形成的一种态度和意见，另一个是通过有目的的引导而形成。过去政府存在不肯说、不尽快说、不说真话、事后说等舆论引导问题，所以，常陷入流言滋生的被动局面。舆论引导并非一定是负面的和意识形态性的，有时它是告知真相，传递事实的手段。"流言止于公开"，通过公开的信息传递，能将舆论凝聚起来，从而为社会发展贡献力量。三是联系社会，化解矛盾。从新闻传播的功能来说，新闻信息有很大一部分是危机事件的信息，通过对危机信息的传递，政府组织能有效地释疑、解惑，让公众产生安全感。

二 舆论引导的现实依据

1. 配合服务型政府建设的现实选择

从舆论引导心态上，从政府本位走向社会本位。过去，大众传媒作为政府组织的组成部分，具有机关事业单位的身份，记者采访等同于机关干部调研。所以，新闻报道带有较强的行政性，而不考虑受众的接受能力与接受方式，舆论引导更是比较呆板。20世纪80年代新闻传媒体制改革后，过去的单一的"喉舌"功能逐渐让位于新闻专业主义，媒体通过积极的舆论引导，不仅体现社会主义事业的价值追求、政府意志，而且顾及公众的接受方式和接受心理。从目前来看，随着服务型政府建设的推进，大众传媒需要进一步走出政府本位的心态，用贴近实际、贴近生活、贴近群众的方式进行舆论引导。

在舆论引导的管理方式上，从直接管理向规范管理过渡。过去对大众传媒的舆论引导，政府组织基本是行政命令式的。这种舆论引导具有权威性、效率高的特点，但是也容易产生简单、片面的引导结局。从服务型政府建设的要求来看，大众传媒进行舆论引导需要政府制定规则，只做"裁判员"，不做"运动员"。

从舆论引导的功能看，需要从注重形式迈向注重效率。网络化时代，信息铺天盖地，过去信息稀缺的年代已经一去不复返，现在舆论引导的关键是，如何能使公众注意到传播的信息，并进行选择性理解和选择性接受。单纯地进行舆论引导已经显得不足，必须对舆论引导的效果进行监测，实现舆论引导的绩效。

2. 重塑传媒公信力的选择

在一个时期，传媒的功能有所异化，这使公众对传媒的公信力产生了怀疑。大众传媒进行舆论引导，并非是舆论控制，而是配合政府把舆论引向正确、健康的方向。通过积极的信息披露，大众传媒必须在政府和公众之间搭建一座桥梁，这样才能让政府满意、公众满意。

随着公众媒介素养的提高，单纯的宣传式新闻报道，难以获得公众认可，反倒降低传媒的传播力。从舆论引导的角度来看，大众传媒要提高自身的公信力，首先必须注重信息来源的准确性，对信息应该多方求证，既要配合政府的新闻发布，又要核实信息。同时积极配合文化体制改革，优化新闻单位运行方式，以客观、公正的态度予以报道。

3. 公众参与的进一步发展

最早提出"公众参与"概念的是"二战"前后的一些西方学者。[1] 公众参与包括参与主体（公民）、参与领域和参与渠道，大众传媒进行舆论引导必须有公众的参与，如果没有公众的积极参与，舆论引导便成为没有对象的无意义传播。近年来，随着互联网等媒介的发展，公众参与的渠道逐渐畅通，公众参与热情空前高涨。通过公众参与，可以提升舆论引导的效果。

在舆论引导中，公众参与的发展有几个作用：一是体现公众对政府组织的监督。对于政府组织来讲，"监督的越严，我们越敬业"。[2] 公众通过发达的媒介渠道，积极介入社会管理。二是体现社会对政府权力的约束。

---

[1] 王锡锌：《公众参与和中国新公共运动的兴起》，中国法制出版社，2008，第151页。
[2] 〔英〕克里斯托弗·胡德等：《监管政府：节俭、优质与廉政体制设置》，陈伟译，生活·读书·新知三联书店，2009，第2页。

公众参与强调公众和社会的普遍参与，公众参与的指向是"治理"，这种治理更多是通过参与、施压、反馈、协商，达到间接参与的目的，并最终完成社会治理。在这一过程，需要大众传媒、政府组织、公众积极的沟通与协调，尤其是大众传媒，必须发挥好中介作用。

第三节　大众传播与舆论引导效果

一　舆论引导的基本方式

作为大众传播效果研究的一个重要概念，说服是基于态度改变为目的。态度由三部分组成：认知、情感、行为。认知是对态度对象的了解，情感是情绪反应，行为是引发的实际行动。因此，致力于态度改变的说服活动，需要从这三个方面入手。而从传播学角度看，要想达到说服的效果，要注意以下几个方面。

1. 传播渠道的选择。大众传媒要想进行舆论引导，从而导致舆论对象态度的改变，首先要注意传播渠道的选择。一般而言，传播渠道包括大众传播渠道、组织传播渠道、人际传播渠道等。大众传播渠道包括报纸、杂志、广播、电视、互联网等，人际传播渠道包括手机、电话等。这些传播渠道无法说谁权威和谁更可信，而应选择适合传播内容的传播渠道。比如，从传播对象看，如果舆论对象是中老年人群、机关单位工作人员则可选择报纸；如果是中老年人群、妇女则主选电视；如果是青少年和上班族、白领可以选择以网络为主。

此外，每种传播渠道之间，也应有所区分，主流媒体的影响力和公信力通常大于一般报纸，中央新闻媒体强于地方媒体。比如中央电视台的信息比一般地方电视台的信息要权威，新华社报道新闻也比一般地方都市报刊登的新闻要严肃。国外媒体同样如此，对同一则新闻读者可能信任《泰晤士报》的报道，而不屑《太阳报》的新闻。比如在互联网上，不同的传播方式，传播的效果也不一样。一项研究显示，网上报纸、网上新闻杂志、网上政治信息的可信度分别为 14.7%、14.3%、22.4%。而因为信任对媒体产生依赖的情况是，报纸、新闻杂志、网上报纸、网上新闻杂志、网络政治信息的依赖性分别为：0.64、0.48、0.16、0.19、0.24。①

2. 传播者权威性和知名度的选择。从人的因素来看，传播者的选择也很重要。这主要是传播者的威信。"威"是知名度，"信"是"可信度"。传播者的威信越高，劝服的力量就越大，效果自然也就越佳。② 知名记者和普通记者的传播效果不同，威望高的主持人和普通主持人也不一样。

此外，传播者传播的动机，也是说服的重要影响因素。用阿伦森的话说就是"假如一个人说服别人而自己得不到什么好处（甚至会失去什么），人们就会信任他，他也会因此而更有影响力。"③ 这要求传播者进行舆论引导时，要讲求传播技巧，特别是要以客观公正的态度，这样才能达到传播的效果。

3. 传播技巧的选择。大众传媒在舆论引导过程中需要讲求传媒技巧的运用。这里主要介绍四种常见的传播技巧。

一是"一面提示"与"两面提示"。任何事物都有正反两方面的因素，一般来说，我们都会向说服对象传播对自己有利的观点和材料，这就是"一面提示"；另外，我们在传递对己有利的观点和材料时，也以某种方式呈现对立的观点和材料，这就是"两面提示"。从过去的传播情况看，我们喜欢用正面强调的方式，认为在熟悉中存在舒适。④ 这来自于罗伯特·扎伊翁次做的实验：对一些汉字呈现不同的次数，在这一过程中，让被试者猜测每个汉字的感情色彩，结果发现，出现的次数越多，越可能被被试者认为是褒义。就传播效果来说，一面提示与两面提示各有优劣。一面提示对于文化水平较低，信息接触量较少的受众有效果。但是，随着知识的普及与传播媒介的发展，这种传播方式逐渐暴露出它的弊端，两面提示显得更为客观。

二是"明示结论"与"寓观点于材料之中"。两者各有所长。明示结论的特点是，观点鲜明，读者易于理解传者的意图和立场，但是也容易显

---

① 〔美〕托马斯·J. 约翰逊、芭芭拉·K. 凯：《互联网与传统媒介信息可信度的比较》，《国际新闻界》1999 年第 5 期，第 58～59 页。

② 李彬：《传播学引论》，新华出版社，1993，第 193 页。

③ http://wenku.baidu.com/view/9f5bca25af45b307e871973d.html.

④ 转引自吴国庆、陈丽玫《态度改变：说服策略研究的回顾与展望》，《社会心理科学》2008 年第 6 期，第 9 页。

得生硬，甚至引起传播对象的反感；寓观点于材料之中则有趣、生动，让传播对象在不知不觉中接受传播者的观点，但是也容易使文章主题显得隐晦、模糊，增加理解的难度，有时也让传播意图难以实现，因此，在舆论引导过程中要有选择地使用，在较为复杂的舆论内容情况下，最好直接下结论。在面对的传播对象文化水平和理解水平都不高的情况下，最好用明示结论的方法；而对于简单的舆论内容和面对文化水平较高的传播对象时，尽量使用寓观点于材料之中的方式，让传播对象自己得出结论。

三是"诉诸理性"与"诉诸情感"。诉诸理性是利用翔实的信息、周密的逻辑推理，对舆论引导的内容进行传播；诉诸情感则主要利用情感的力量来打动人。一般来说，运用情感的元素较能达到传播的目的，尤其是在"西方是情理二分的，中国是情理合一的；西方是重理的，中国是重情的"的背景下，利用情感的力量达到传播目的是舆论引导中的重要做法。当然，能"动之以情，晓之以理"则更为理想。

四是警钟效果。警钟效果是利用恐惧诉求的方式，唤起人们的危机意识和紧张心理，从而促使人们的态度和行为向一定方向发生转变。在舆论引导过程中，需要陈述事物之间的利害关系，尽量造成一种紧张感，以促使人们采取行动。当然，这种紧张关系不一定是负面的，同时，警钟的恐惧效应也要适当，如果不当，给人产生一种不适感，会使传播效果大打折扣甚至起到负面作用。

二 舆论引导的隐性效果

从舆论传播的效果看，可以分为两个方面：显性效果和隐性效果。显性效果是看得见说得出的效果，从时间上看一般是短期内可以预见的；隐性效果是短期内不明显的，也不容易被表象识别的效果。

1. 隐性效果的发现。1977年伊莱休·卡茨（E. Katz）首先对过去40多年的传播效果研究进行了归纳，他认为媒介传播效果大致分为三个阶段，第一是媒介万能阶段，受众像中弹即倒的靶子，传播媒介具有强大的功能。第二是媒介效果有限阶段，因为人们失望地发现传播媒介极难改变一般人的态度和行为。[①] 第三阶段是人们从长期效果来看，媒介的效果

① 邵培仁：《传播学》，高等教育出版社，2008，第333页。

"相当强"，比如在美国的反对越南战争、妇女解放运动、水门事件等重大事件中。其实，这就强调了传媒在社会建构中起到的作用是长期的和带有隐性的功能。

2. 舆论引导的隐性效果。从大众传媒的舆论引导来看，也可以划分为显性效果和隐性效果。舆论引导的隐性效果在短时期内不一定显现，但是却起着重要作用。传播学理论上有个涵化理论，在某种程度上可看做对舆论引导隐性效果的注释。

涵化理论（Cultivation Theory）又称培养理论、教养理论、涵化假设等。1967年，由美国学者格伯纳及其同事在对电视媒介内容的研究中提出。这一理论认为，电视等媒体为社会各阶层提供了一套相同的"隐性课程"，提供了一套对生活、世界、生命解释的框架，在维护社会稳定的同时，形成对受众潜移默化的长期影响。该理论内容集中在三个方面：一是电视观众有关社会现实的观念，更接近于电视所表述的符号现实，而非客观现实；二是电视反映了占主导地位的文化和社会价值观念；三是这一倾向在收看电视时间较多的人中，要比在收看电视时间较少的人中更为明显。即人们看电视的时间越多，他们对社会现实的观念就越能反映他们所收看的电视内容。[①]

当然，涵化理论只能部分反应传播的隐性效果。从舆论引导的隐性效果来说，大致指向几个方面。

一是短期的舆论导向，不一定就代表着舆论引导的成功。随着社会的发展，一时一地的观点与意见会发生变化，而且，随着信息公开的逐渐实行，公众也会越来越多地了解历史，发现事实真相。所以，一些短期的个案的舆论引导要着眼长期，要有历史意识，不能简单、随意地处理。有段时间，我国的大众传媒出于宣传的考虑，把一些负面新闻压下来，这在一定时间内达到了舆论宣传的目的。但是从20世纪80年代后，负面新闻却出现了爆发期，在某种程度上也引发了一定的社会危机，因为负面新闻的突然爆发等于在一定程度上颠覆了人们的价值观，让人难以适从。同时，这一时期也引发了媒介公信力问题，甚至到现在仍有不少影响。

二是从舆论的隐性功能来看，舆论引导必须坚持实事求是。从表面来

---

① 张国良：《传播学原理》，复旦大学出版社，2009，第251页。

看，舆论引导带有主观性，是"有意为之"。但是，大众传媒的舆论引导必须符合新闻传播的规律，即必须客观、真实地传递信息。失去了这个最基本的要求，舆论引导难以获得成功，即使获得短时间的效果，也难在长时间内得到认可。坚持实事求是，不仅要求政府组织公布事件发生的时间、地点、参与人员、事件进展等要素，更要求大众媒体能客观公正地进行分析。比如就群体性事件来说，参与者往往认为，事件的根源是政府组织，是制度的偏离或者是执政者的失误。事实上，每件事情都有多个因素促成，不可能解决了政府和制度等要素，就解决了所有问题。媒体应该客观、公正地呈现这些观点，不唯官，也不简单地迎合民众意见。

三是进行舆论引导，需要注意对不同舆论平台的使用。社会的发展和媒介技术的进步，出现了多元舆论的局面。不同的群体，可以通过不同的舆论平台，表达自己的意见。传媒应该积极拓展自己的舆论引导空间，争取通过不同的舆论渠道，达到引导舆论的目的。比如《人民日报》就是很好的舆论引导平台，不仅通过纸质的版本进行传播，也需要开通不同的渠道来传递信息、观点、意见、态度。通过人民网平台，以及在新华网、新浪网等的微博平台，能指数式的扩展自己的舆论引导能力。这在舆论引导的空间和舆论引导的时间上，都具有可持续的发展性。

三 "舆论领袖"与舆论引导

1. "舆论领袖"。舆论领袖又称意见领袖（Opinion Leader），是指那些"较多或首先接触大众媒介并将自己再加工后的信息传播给其他人的人"。[1] 1940 年美国总统大选期间，拉扎斯菲尔德等人在俄亥俄州伊里县开展一项"投票行为研究"时意外发现，"选民决定选谁主要受到人际传播的影响而不是大众传播的影响"。[2] 由此，在《人民的选择》一书中提出了"意见领袖"和"二次传播"的理论假设，即大众传播不是直接流向一般大众，而是"大众传播→意见领袖→一般受众"的两级传播过程。

舆论领袖一般消息比较灵通，他们愿意花时间在寻找消息上，而且，其传递的信息一般也比较新，数量也比较多。其次，舆论领袖的分析能力

---

[1] 马兰等：《点击传播》，经济管理出版社，2003，第 152 页。
[2] 马兰等：《点击传播》，经济管理出版社，2003，第 152 页。

比一般的受众强。舆论领袖可以通过纷繁复杂的表现，一针见血地分析出事物表象下面的本质，并且这些分析能力可以得到一般受众的支持。此外，舆论领袖一般在一个领域内，具有相当的发言权，通常扮演着其他受众信息来源和领导者的角色。舆论领袖具有相当的名人效应和粉丝效应。

2. 舆论领袖影响舆论的走向。根据"二次传播"理论，舆论领袖的存在，对于舆论的生成、发展、导向都起到重要作用，进行舆论引导，舆论领袖的作用不可小觑。

首先，舆论领袖生产舆论议题，特别是焦点议题。舆论的产生有诸多的因素，但是，舆论要产生，必须有起因，有线索，有产生的途径。舆论领袖往往通过自身强大的影响力、拥有的传播渠道，决定着舆论的生成。特别到了网络时代，舆论领袖更具有多元性和自发性，在网络上甚至达到一呼百应的效果。比如2008年抵制家乐福事件，一开始是零星的，不成规模，后来多个舆论领袖的加入，使抵制范围迅速扩展开来。

其次，舆论领袖引领社会重大事件的话语走向。舆论领袖在一些重要事件中，拥有发言权。一些重大事件发生后，舆论领袖的意见非常重要，他往往决定着这一事件的话语走向，甚至最终影响事件如何解决。比如2003年的刘涌案，随着不同舆论领袖的讨论，形成了一场甚至超越司法的媒体审判。且不论刘涌罪该如何，舆论领袖所起的作用可见一斑。

特别是我国当前处于社会转型期，不少事情还处于摸着石头过河的实验阶段，舆论导向非常重要。不论是利用西方的话语体系还是从我国实际出发的话语论证，都对舆论的走向起着重要作用，所以，舆论领袖的存在显得非常重要，事实上，在很多问题的解决上，都深受舆论领袖的影响。

再次，设定重要话题框架。整个世界每天生产的话语不计其数，发生的事件也难以计数，这些事件有哪些可以走进公众视野，哪些值得大家的评论与关注，与舆论领袖息息相关。有些话题虽然有人关注了，评论了，但是因为影响有限，所以难以成为公共话题。但是舆论领袖通过强大的影响力，可以使一个话题成为公共话题，一些事件成为公共事件。比如通过于建嵘等人的关注，"随手拍"解救儿童成为公共事件。2012年重阳节前后，于建嵘又发起的"随手拍"向父母表达爱心，也得到了众多人的响应。

最后，引领公众进行反思。舆论领袖一般都有较高素养，知识面广，获得的信息完整，通过推动事件的解决，舆论领袖会给大众提供一些可供思考的问题，这些思考对以后事件的解决以及类似事件的走向，起着重要的参考作用。甚至通过对一些重大公共事件的思考与传播，推动一批法律法规的产生，并进一步影响社会的话语和社会的道德走向等。

　　本章小结： 由大众传媒形成的拟态环境和媒介化社会，为舆论的形成提供了新的空间。对于政府组织来说，大众传媒可以起到引导舆论的作用，同时，也可能带来一定的舆论风险，这就存在着利用大众传媒进行舆论引导的技巧使用问题。从理论上说，议程设置、信息公开及新闻的功能等要求政府组织进行舆论引导；从现实来看，服务型政府的建设和现实的公众参与也为大众传媒引导舆论提出了时代命题。大众传媒可以通过说服的方式，来改变公众的认知、情感、态度和行为，也可以采用一定的传播技巧，进行舆论引导，同时，要特别注意舆论领袖的作用。

人类社会的发展基本上是沿着农业社会、工业社会、信息社会的路径演进的，每种社会形态的变迁都会给整个社会带来巨大的变革。在信息时代，各种智能化的综合网络遍布社会的各个角落，固定电话、移动终端、电视、计算机等无处不在。尤其是计算机互联网的发展，对整个社会及人类的心理与行为方式产生了巨大影响。

近代以来，中国不像西方发达国家那样伴随着工业革命完成了国家现代化，作为发展中国家的中国必须经历文化和社会变迁的阵痛，才能达到政治的民主化、经济的工业化、社会生活的城市化、知识的科学化等目标。以2003年孙志刚事件为起点，互联网在推进社会的进程中发挥了巨大作用，利用网络话语的活跃及其对主流媒体和社会舆论的影响，通过网站、网络社区、博客等每时每刻生成的公共话语，使网络成为显示中国社会问题的晴雨表。①

信息社会的来临可以理解为就是一种社会转型，在相关联的层面上理解社会转型，则是以互联网为代表的信息时代的来临，这导致了整个社会结构的变化。即各种政治的、经济的、文化的和社会的活动因社会结构的变化而产生变化，并又对社会结构产生影响，甚至改变原来的社

---

① 胡泳：《众声喧哗：网络时代的个人表达与公共讨论》，广西师范大学出版社，2008。

会结构。① 中国自 1978 年开始改革开放至今，30 多年来社会结构已经发生翻天覆地的变化，特别是蕴含其中的社会关系（尤其是利益关系）发生了深刻变化。对于政府组织来说，社会结构变化的外在表征体现在社会舆论上，而利益关系的变迁也是从争取舆论话语权开始，所以，政府组织对于舆情信息的收集、分析、研判、处理有着至关重要的影响。

第一节　转型期社会结构发生重大变化

"社会转型"是社会系统内在结构的变迁，它意味着人们的生产方式、生活方式、心理结构、价值观念等各方面发生了深刻的革命性变革。② 中国当前的社会转型主要集中在三个方面，即在经济领域由非市场经济模式转向市场经济模式；在政治领域由集权政治制度转向现代民主政治制度；在文化领域由封闭、单一、僵化的传统文化转向开放的、多元的、批判性的现代文化。③ 从媒体的角度来看，社会转型不仅造就传媒环境的变化，也深受传媒发展的影响。大众传媒在培育和引导与时代同步的现代生活态度和信仰方面能够起到很重要的作用，而这些态度和信仰则被视为重大社会变革所必备的条件。④ 以互联网为代表的新媒介时代的到来，契合着社会转型的频率，发挥着推进社会结构改变的深层作用。

一　社会转型导致利益分化与公众心理转变

自 1978 年以来，中国社会发生了巨大的变化。这种变化不仅仅是改革开放制度的提出，更是因为这一政策为整个社会结构的变化提供了制度空间，是政治、经济、社会、文化变化的前提和基础。随着全球化、网络化、信息化时代的来临，原本高度黏合、权威化的政治结构和强调计划的经济运作方式受到了猛烈冲击。

① 陈光金：《改革开放以来中国社会结构的现代化转型》，http://wenku.baidu.com/view/119e5438376baf1ffc4fad56.html。
② 郭德宏：《中国现代社会转型研究评述》，《安徽史学》2003 年第 1 期，第 87~91 页。
③ 郑保卫：《论社会转型与媒体责任》，《东岳论丛》2011 年第 1 期，第 87 页。
④ 邓正来：《全球化时代的发展传播学》，《传播与社会学刊》2009 年第 10 期。

尤其是20世纪60年代诞生的互联网，改变了过去由少数人把持的传播渠道，使信息得以畅通无阻地传递。互联网使信息生产与传递的障碍几乎都消失了，与此同时，催化着社会各阶层之间的交叉融合。① 网络新媒介催生的舆论场，聚集着众多的异质性群体，他们互相交流，在旨趣相同的场域中表达自己的利益诉求，并努力争取这些切身利益。

利益是社会生活的主旋律，是一切个体行为的动因，它支配着人类的一切社会活动，是维系一个社会本质的必然要素。媒介技术等因素导致的社会结构的变化，使原有的利益格局发生了变化，不同的社会成员要求现有的利益格局进行重组。就目前来看，社会转型期引致的利益分化现象呈现以下特点。

1. 利益分化速度加快，舆论呈现复杂多样

1978年安徽凤阳小岗村自发土地承包拉开了经济利益分化的序幕，这之后包括国有企业改革、农民工进城务工、农村土地出现新的运转方式、城市征地等，利益主体开始不断分化为不相同的群体。与此同时，政治体制改革的推进，使很多体制内群体变为体制外工人，他们有的走上经济发展的新道路，收入远高于以前；有的则成为生活难以为继的贫困者。

不仅制度变迁影响到民众的政治经济生活，政治经济的基础性作用也受文化与社会的影响。文化体制改革在客观上放宽了舆论生成的渠道，前述的利益群体通过不同的渠道表达自己的诉求，这使得舆论呈现复杂、多样的特点。利益受损或处于社会边缘的群体，因通过大众媒体获得或了解到消费的快感，并将自己与西方中产阶级的生活方式相接轨，② 他们不满于自己与社会的现状；而部分已获利益的群体，因某种主客观的原因亦对社会其他既得利益者怀有不满，同时对社会道德失范、政府行为颇有微词，从而形成一种新的舆论批评局面。

此外，过去宣传方式上媒体作为党的喉舌，远离了新闻专业主义的要求，客观、真实的新闻本质要求，被传统宣传思维宰制。当真相一幕幕呈

---

① 周笑：《从电视到视频媒体：新支点下的全面再造》，《视听界》2010年第4期。
② 赵月枝：《有钱的、下岗的、犯法的：解读20世纪90年代中国的小报故事》，《开放时代》2010年第7期。

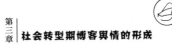

现时，受众对当时的新闻报道也产生怀疑，很多正面的消息被认为是负面的，或者被进行负面的解读，导致政府和媒体公信力下降，公众对国家和媒体的认同度不高。

2010 年 12 月 25 日上午 9 时 45 分，一辆工程车与浙江省乐清县寨桥村主任钱云会发生碰撞，并导致钱云会死亡，由于钱曾多次因土地纠纷带领村民上访，所以，就有网友爆料钱云会被"有些人故意害死的"，此事引起了猫扑、新浪、搜狐等多家商业网站网友的大讨论，猫扑论坛的帖子点击量达 30 余万，回复 6000 多条。"钱云会事件"的现场冲突和网友提出的"疑点"，客观上表明公众希望证实这是官方的又一次"阴谋"，2011 年 2 月，法院经过调查认为，这确实是一起普通的交通肇事案。在这一事件过程中，公众多根据自己的经验预先做了议题，使舆论与事实之间产生巨大错位。

2. 利益主体多元化，舆论话语权争夺激烈

改革开放之前，我国的经济体制和政治体制格局都较为固化，整个社会的分化程度低，社会的利益群体组成也较单一，基本由"两个阶级一个阶层"（工人阶级、农民阶级和知识分子阶层）的社会结构构成。1978 年后一些新的群体和新的社会阶层逐渐形成，根据《2002 年：中国社会形势分析与预测》一书分析，中国出现了十大阶层：国家与社会管理者阶层、经理人员阶层、私营企业主阶层、专业技术人员阶层、办事人员阶层、个体工商户阶层、商业服务业员工阶层、产业工人阶层、农业劳动者阶层、城乡无业失业半失业者阶层。[①] 各个阶层间因政治地位、经济状况、文化水平、生活方式等不同，利益认同方式也开始多元化。

不同利益认同方式的主体都是社会的有机组成部分，他们表达自己的要求也是正常与合理的。但是传统的利益表达渠道相对窄化，一方面，由于传媒渠道为国家控制，由政治和文化精英把持，对舆论的解读通常是自上而下的，很难走进寻常百姓家；另一方面，传统媒体的容量毕竟有限，

---

① 光明网，http://www.gmw.cn/02sz/2002 - 04/10/03 - 4F40B91530A7CD2048256BC9000F63FD.htm。

不同利益主体发声的概率无法趋同。

网络媒体的出现为不同利益主体表达诉求提供了便捷的渠道。网络技术是基于西方天赋人权的思想，嵌入了西方的民主化思维的底蕴，它尊重个人价值，崇尚多元与个性，把人类带入了一个以"双向的去中心化的交流"为主要特征的时代。[①] 它的海量信息与匿名、较少管制等特点，使不同的利益主体总能找到属于自己的舞台。特别是 2009 年诞生的微博平台，通过关注、评论、转发、@等功能，具有相同、相近价值取向的主体纷纷形成小团体，在互联网上表达自己的诉求。从 2012 年以来进行的"方韩之争""左右论战"等可见一斑。

3. 利益实现方式多样化，网络舆论监督力度加大

经济体制改革之前，我国实行的是单一的公有制经济制度，公众的利益获取方式主要是工资发放和大锅饭式的工分制。改革开放后，以按劳分配为主体的多种分配制度替代了原先单一的分配制度，各种利益主体在经济制度调整中实现了利益分化和利益重组。拥有不同技术、特殊素质、不同财富、专门性才能等的群体，改善了自己的社会地位。此外，社会转型期制度的稳定性和适应性面临巨大挑战，社会上出现了一些财大气粗的"暴发户"，这让其他利益主体充满猜测和幻想，从而导致各种利益主体之间相互碰撞与矛盾激化。

不平等的利益实现方式加上"权力寻租"及官员腐败往往导致一般公众心理失衡，通过积极的舆论监督，通常能让这些利益获取途径现出原形。而公务人员作为公众人物和政策制定者、实施者，更是被这种心理推上风口浪尖。近几年发生的"天价烟"事件、公务员出国考察的费用清单事件、中石化吊灯事件，以及 2012 年下半年发生的微笑局长杨达才事件，等等，都是由网络曝光，并通过网民积极的评论、转发、传播，最终使事件得以揭露。与制度及公务人员息息相关的国有企业、利益部门的收入分配方式也引起网民的极大兴趣，烟草、石化、电力等垄断部门，也被公众通过网络运用评论、博客、图片、段子等样式广泛展开讨论。

---

① 〔美〕马克·波斯特：《第二媒介时代》，南京大学出版社，2000。

4. 利益冲突尖锐化，舆论话语平台集中到网络

利益的矛盾冲突在人类任何的发展阶段都存在，在制度整体化和公有制经济情况下，利益冲突并不明显。社会转型期伴随着社会结构的分化重组、经济社会生活的急遽变化、制度面临变革、文化道德新旧交替等，很多社会问题包括利益冲突走向公开化和常态化，在一项"我国各个社会群体之间是否存在利益冲突"的调查中，有4.8%的人认为"有严重冲突"，有18.2%的人认为"有较大冲突"，有44.9%的人认为"有一点冲突"。[1]近10多年来，群体性冲突事件也呈高发态势。据人民网报道，1999年为3.2万起，2008年超过了6万起，2009年以来，每年都超过了10万起。中国社会科学院发布的2013年《社会蓝皮书》也指出，"近年来，每年因各种社会矛盾而发生的群体性事件多达数万起甚至十余万起"。[2] 这些冲突与群体性事件都和政治、经济、社会转型相关，可以说，在社会转型期，各个群体的利益分化已经导致了利益冲突的尖锐化和矛盾冲突的复杂化。

中国的社会生活网络正在以惊人的速度向前推进，以前看做虚拟的网络空间，现在已经变成每时每刻有人参与的真实社会。[3] 1997年中国的网民只有60多万人，而2013年6月底中国互联网络中心公布的数据显示，中国已有网民5.91亿人，手机网民4.64亿人。另据美国咨询公司麦肯锡发布的报告显示，中国60个大中城市的居民70%的业余时间在上网，小型城镇居民的这一比例为50%。[4] 网络化时代真正来临了，可以说，现在人们的日常生活、工作、思想、学习等都离不开网络。

中国是个传统的集权国家，个人思想和感情的表达通常都受到制约，对国家、社会的态度，通常是知识分子借助道义的力量进行评议，通过"匹夫抗愤，处士横议"来迫使握有政治权力和影响政治权力的人

① 朱力：《中国社会风险分析——群体性事件的社会冲突性质》，《学海》2009年第1期，第72页。
② 常红：《社会蓝皮书：每年各种群体性事件多达数万起》，http：//society.people.com.cn/n/2012/1218/c1008-19933666.html。
③ 刘少杰：《网络化时代的权力结构变迁》，《江淮论坛》2011年第5期，第15页。
④ 刘少杰：《网络化时代的权力结构变迁》，《江淮论坛》2011年第5期，第15页。

物群，多一点谦卑，少一点骄傲。而网络化时代的到来，使每个公民都能成为传统社会中的横议之士，自由地发表自己对政治、社会问题的看法。在监督工具十分便利的情况下，一旦出现与民众切身利益密切相关的问题和事件，网络监督的火爆便可想而知。所以，就目前来看，网络已经成为某种意义上的社会舆论平台，时刻生产与表达着公众内心的真实想法。

二　网络舆论生成的外部环境发生了变化

网络技术的发展和每次技术进步一样，都对人类的行为、心理产生巨大影响。对于政治而言，即使独立性与权威性都很强的政府，也已经开始受到媒体，尤其是新媒体舆论的影响。[①] 新媒体带来的全球化，深刻地改变着经济结构，强烈要求经济发展的转轨。

1. 技术发展：网络舆论产生的物质条件

人类一直致力于自身传播能力的开拓，从口头传播到文字、印刷，再到电子媒介传播，虽然造成传播线索的遗失以及因媒介时间在电子媒介网络中形成的即时的时间纪律，导致人们的认知片段化、记忆短暂化与行动随意化倾向，[②] 但是媒介技术的进步更多为人类社会的发展做出贡献。按照哈罗德·英尼斯（Harold Innis, 1951）的表述，一种新媒介的长处，将导致一种新文明的产生。马歇尔·麦克卢汉（Marshall Mcluhan, 1964）也曾睿智地指出："媒介即讯息"，每一种媒介里都嵌入了意识形态偏向，也就是用一种方式而不是另一种方式构建世界的倾向。[③]

互联网诞生半个多世纪以来，特别是伴随着博客、微博、社交网站、论坛等传播渠道的产生，网络行为的社会效应已被多次验证，网络舆论产生的社会建构力和社会破坏力也多次被人们看到。据人民网舆情监测室2013 年 12 月统计，新浪已有 66830 个党政机构和 33321 个公务人员微博，

---

① Susan L. Shirk, "Changing Media, Changing Foreign Policy in China", Japanese Journal of Political Science 8, no. 1 (2007): 43 – 70.

② 卞冬磊：《再论媒介时间：电子媒介时间观之存在、影响与反思》，《新闻与传播研究》2010 年第 1 期，第 50 页。

③ 周海英：《从媒介环境学看新媒体对社会的影响》，《兰州学刊》2009 年第 6 期，第 165 页。

利用博客、微博等现代传播工具，已经成为政府执政与舆情处理的必备素养。

技术发展带来的变革数不胜数，对于一般公众来说，它提供了一个巨大的表达平台，并且，借助这个平台，缓缓改变人的社会存在状态，慢慢更新人与人之间的社会关系状态，并由此带动整个社会共同体的变化。① 对于整个社会来说，最醒目的莫过于导致权力结构的变迁。② 这种被卡斯特称之为"精神或心灵权力"的网络信息权，正是由公众构成，也反应公众最基本的心声。

2. 网络政治：网络舆论产生的核心地带

网络信息的海量、匿名性、超时空、即时性等特征，使传统政治逐渐过渡到互联网政治，其对当今社会政治生活发挥着独特的作用。网络的诞生与发展深刻影响与改变着传统的政治运作模式，网络共同体产生的舆论，不仅仅停留在虚拟空间中，而是对现实的政治运行产生巨大压力，对有着几千年文化传统的中国政治产生革命性的冲击。正如马歇尔·麦克卢汉认为的那样，信息的即索即得创造着更深层次的民主，③ 互联网政治从根本上要求政府组织改变执政方式、转变执政思维，体现出具有网络民意的执政行为。

网络舆论对政治影响最大的因素是网络共同体。网络共同体是互联网上基于某种价值观和信仰、观点、利益具有相同或相近特征的群体，他们通过互联网结合在一起，或松散，或紧密；或认识，或陌生；或遥远，或紧邻。他们通过短时间内聚集起的舆论力量，对政府组织产生压力，看似具有超强的力量，但也有可能一夜消散。可以说，网络共同体的存在，是考察网络舆情最主要的单元，是网络舆论产生的主要源头。

网络共同体主要指向网络政治，从现实来看，社会问题很多终极指向的是制度，另外，网络的特征显示其也是政治参与的最好载体。人民网舆情监测室秘书长祝华新表示，在一系列突发事件上，网民作为政治参与的

---

① 黄旦：《新闻传播学》，浙江大学出版社，1997，第 4 页。

② 刘少杰：《网络化时代的权力结构变迁》，《江淮论坛》2011 年第 5 期，第 16 页。

③ 金枝：《虚拟生存》，天津人民出版社，1997，第 246 页。

主体，显示出巨大的舆论能量。① 从现实来看，网络政治体现出的复杂性、非动员、倾向于问题揭露与现实批判等特征，进一步强化了网络在政治生活中的地位。

3. 网络文化：网络舆论产生的活力来源

当下，宽松的网络环境使得网络文化异常繁荣，一些非主流或反主流的网络文化渐渐汇聚成流，表达情绪、传播观点，一点一滴地改变着网络意识，推动着网络舆论压力向现实社会压力的转化。② 网络自由、崇尚技术的文化特征，推动着网络舆论的发展。

自由主义是西方文化的本质特征。西方文化崇尚个性，信奉个体自由神圣不可侵犯，所以，基于西方思维的互联网便体现出这一特征；而中国文化传统是集体主义至上，一切为集体着想，这便和互联网体现的本质特征相冲突。但是，互联网使全球成为"地球村"，西方社会以其发达的经济、文化实力，对发展中国家和不发达国家或地区发挥着主导性影响。因此，网络上的自由主义举着人性、公共利益、个体解放等旗帜，发表言论与见解。可以说这也是当前互联网舆情之所以火热的原因。以 2009 年为例，中国社会科学院社会学研究所、社会科学文献出版社联合发布《2010年社会蓝皮书》指出，2009 年度影响力较大的社会热点事件有 30% 是由网络爆料而引发公众关注的。目前，我国约 80% 网站提供电子公告服务，有上百万个论坛，2.2 亿个博客用户。据抽样统计，每天人们通过论坛、新闻评论、博客等渠道发表的言论达 300 多万条，超过 60% 的中国网民经常在网上发表言论，就各种话题进行讨论，充分表达思想观点和利益诉求。③

网络技术也是引致网络舆情产生的重要推手。从政府组织的角度来说，"政治不是以实现实践的目的为导向，而是以解决技术问题为导向"。④ 纵观网络舆情产生的源头，有一部分是由于通过网络挖掘等技术，发现内在规律，或者通过翻越互联网管理屏障，获取或真或假的信

---

① 李培林等：《2010 年社会蓝皮书》，社会科学文献出版社，2009。

② 杨文华：《网络文化的意识形态渗透及其应对》，《中国青年研究》2010 年第 10 期，第 81 页。

③ 国务院新闻办公室：《中国互联网白皮书》，摘自新华网，2010 年 3 月 13 日。

④ 〔德〕哈贝马斯：《作为"意识形态"的技术与科学》，译林出版社，1990，第 60 页。

息导致的。网络技术已经成为政府组织获取网络舆情、规制网络舆情的重要工具。

三 网络媒体的发展及其舆论功能

黑格尔认为，无论哪个时代，公共舆论总是一种巨大的力量。[①] 网络技术的发展、政治规制的暂缺与网络文化的活跃，为网络舆情的产生确定了外部环境，而网络舆情的兴起与发展，也有其内部因素。

1. 网络媒体的兴起与舆情发展

1987 年 9 月，中国学术网（CANET）在北京计算机应用技术研究所内正式建成中国第一个国际互联网电子邮件节点，并于 9 月 14 日发出中国第一封电子邮件："Across the Great Wall we can reach every corner in the world（越过长城，走向世界）"。早期互联网多用于大学校园与科研机构，直到1994 年 4 月，中国才全功能接入互联网，成为全球第 77 个连接互联网的国家。经过近 20 年的发展，中国人已经很难想象没有互联网的日子如何度过了。

网络开始具有舆论功能始于互联网接入，随着互联网的普及而逐渐加深，包括网民抵制家乐福、汶川地震、瓮安骚乱、三聚氰胺毒奶粉、拍虎英雄周正龙、天价烟、林嘉祥事件、我爸是李刚、"7·23"动车事故、药家鑫案、微笑局长等，推动着网络舆论功能的发展。据中国社会科学院蓝皮书《中国新媒体发展报告（2011）》统计，中国近七成的事件是由网络舆论推动政府解决。

据一项研究统计，近年来网络舆论事件也逐年增加，2003 年有 9 起，2007 年有 17 起，2008 年有 58 起。[②] 就网络而言，舆论事件增加的原因和政治民主化进程、网民数量和网络传播技术进步有关。与传统媒体时代舆情相比，网络舆论参与者更主动，影响的范围更大，促使事件得以解决的力度也更大。像杭州 70 码事件、躲猫猫事件、微笑局长事件等都是在网络的穷追猛打下，最终促使问题得以解决。

---

① 〔德〕黑格尔：《法哲学原理》，商务印书馆，1961，第 332 页。
② 余秀才：《网络舆论传播的行为与动因》，华中科技大学硕博论文，2010。

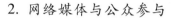

2. 网络媒体与公众参与

网络舆论一个鲜明的特色是公众的自发参与，网络舆论的形成与发展，依靠公众参与来完成。从政治的单维视角出发，公众是政治参与的主体，而且，"经济结构的多元化催生了社会利益结构的分化，独立、多元化的利益产生了独立多元的权利诉求，而以管制为基本特征的传统政府体制显然不能适应社会公众的权利和利益诉求……公民越来越强烈地要求参与公共事务决策、参与行政执法、监督政府行为。"① 但是，从目前来看，公众参与的机制与路径仍不明晰。

公众通过网络平台积极参与社会事务，体现了公众素质的提升与网络促进社会发展的深层内涵。首先，网络平台为公众提供了丰富的信息，网络打破了过去由社会精英把持信息渠道的局面，一视同仁地把信息推送至茅屋和宫殿前，那些肯花时间、勤奋的人甚至还能获得更多的信息，而与身份无关。与传统媒体相比，网络具有海量的信息，不受版面、频道、时间的限制。其次，网络参与促进政治民主化。网络的广泛渗透和网民的挖掘能力，解决了很多不公正、不讲程序正义、作风不正的事件。通过网友分析对比，分析出微笑局长杨达才的手表品牌、价格，以及衣服、眼镜的品牌、价格，最终揪出了又一贪腐官员。此外，网络公众参与也有利于建立公众社会主体精神。网络公众参与使公众便捷地介入社会管理，提升其参与兴趣与责任意识。

3. 网络舆情的特点与功能

网络媒体产生的舆情和传统媒体时代的舆情特点并不相同。从性质上看，网络舆论有积极作用和消极作用两种。② 积极的方面主要体现在公众通过网络积极跟踪事件发展，提供事件相关信息，促使事件得以解决。比如 2003 年孙志刚事件，在传统媒体和网络媒体共同作用下，最终国务院废止了 1982 年 5 月以来实施的《城市流浪人员乞讨收容遣送办法》。这类事件还包括 2007 年厦门 PX 事件，2009 年番禺垃圾焚烧事件，2011 年

---

① 杨成虎：《公众网络参与若干问题探析》，《云南社会科学》2010 年第 3 期，第 25 页。
② 刘建明：《舆论传播》，清华大学出版社，2001，第 249 页。

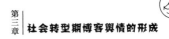

"7·23"动车事故、上海染色馒头事件、微博打拐等。但是，网络舆情也有其负面的因素，这类舆论对社会不能产生正能量，有时却会破坏社会既有的良好秩序与社会氛围。比如2008年上海杨佳袭击警察案件，杨佳刺杀6名警察没有被谴责，却有人称其为英雄、"沪上刀客"等。

（1）网络舆论的特点

第一，网络舆论主体的草根性。由于网络覆盖非常广泛，所以，网民来自社会的各个阶层、有着不同的身份背景、从事不同的职业。并非说社会精英不参与网络舆论的生产，而是说网络舆论的主体是草根阶层。他们用粗俗、直白乃至过激的语言，直截了当地表达自己的态度、利益及权利诉求。

第二，网络舆论具有快速、高效的特点。传统社会舆论生产具有周期长、形成范围小、影响范围小等特点，互联网出现后，打破了舆论产生的渠道与范围，能快速地催生一批热点事件、热点问题。由于网络舆论影响特别大，各个部门都很重视，所以，也容易促使事件的解决。

第三，网络舆论具有自我生产、自我传递的特点。网络舆论的产生基本上不受其他力量的控制，不需要像传统媒体那样专门设置议程。网络舆论的产生总是和大多数网民最关心的问题相联系，反映公众的知情渴求和公正有效解决问题的良好愿望。因此，网民也会积极传播这些舆论，扩大舆论影响的范围。

第四，网络舆论更具有交互性，更真实透明。Web2.0时代，传统的传播者和接受者的概念已经被颠覆，每个人既是传播者又是接受者。互联网上每个人都是记者、播音员，同时又是读者、观众和听众。他们通过积极的线上沟通和线下活动，进一步扩散网络形成的舆论话题。同时，网络舆论诞生的自发性也使舆论主题具有很高的真实性，通过积极的搜索、核对、纠偏，网络舆论所呈现的事实最终促使事件得以解决。

第五，网络舆论主题范围广泛，参与人员更具专业化。由于互联网的巨大容量和参与者的多样性，所以，舆论的主题聚焦在方方面面，从收入分配、住房、医疗、教育等国计民生的大事，到街坊邻居关系、个人工作、家庭生活等，无所不包。同时，由于互联网更多体现按兴趣聚类的特点，所以，舆论反映出的问题更具有专业性。例如针对"微笑局长"杨达才的舆论显示，不少手表鉴定、眼镜行家参与其中。

（2）网络舆论的功能

舆论是社会生活的监督器或晴雨表，只要社会矛盾系统和社会实践系统的某些环节和方面出现失常或失调现象，影响到人们的价值系统，就一定会在舆论中得到反映。[①] 马克思也指出，舆论是一种"普遍的、隐蔽的和强制的力量"。网络舆论继承和发展了传统舆论的特长，同时又具有自己独特的功能。

第一，搭建公众表达平台。社会的发展总会聚集起这样那样的情绪，在社会转型时期，社会问题发生的频率更高，通过网络平台可以表达社会公众集聚起来的不满，疏导情绪，解决问题。在网络中，无论你的身份、地位、贫富程度如何，只要法律允许，你都可以把想法表达出来，而且，其匿名的特征，让这种表达更为真实、直接。

第二，推进政治运行更为规范的催化器。网络舆论可以很好地监督国家公务人员及其执行制度的有效性，国家每项政策的施行，必须体现公众的意志。国家公务人员有时也会出现懈怠情绪、负面情绪，通过网络舆论监督的方式，让他们能更为积极主动地为公众服务。

第三，拓展知情权，推进公民意识建设。公民意识是公民个人对自己所在国家中地位的自我认识，即公民自觉地以宪法和法律规定的基本权利和义务为核心内容，以自己在国家政治生活和社会生活中的主体地位为思想来源，把国家主人的责任感、使命感和权利观、义务观融为一体的自我认识。[②] 在很长时间中，我国公众的公民意识都没有得到很好的强调与教育，直到"文化大革命"结束特别是党的十一届三中全会后的改革开放时期，公民意识教育才逐步得以恢复。[③] 网络舆论通过信息传递、观点讨论、问题解决等一系列程序，让亲身参与其中的公众进行一次精神洗礼，在观照舆论旋涡中事件及人物命运的同时，警醒自己，建立具有现代公民意识的当代主人翁。

第四，网络舆论的负面作用。这主要表现在网络舆论有时被别有用心的人操纵，成为假信息、网络谣言的滋生地；可能会成为分化社会已有凝聚力的危害源，导致整个社会的紧张与失序；网络舆论有时会成为社会既

① 徐向红：《基础舆论学》，中国国际广播出版社，1991。
② 纪政文：《当代中国社会主义公民意识探析》，《东岳论丛》2009 年第 3 期，第 151 页。
③ 赵黎明：《我国公民意识教育的三个维度》，《中国青年研究》2009 年第 1 期，第 38 页。

有不满情绪的导火索，引致社会失控，影响国家和民众安全；甚至网络舆论成为少数利益集团的舆论场，导致网络话语的失衡。①

第二节 网络舆情的生成与舆论格局的嬗变

保罗·莱文森明确指出，因特网是一切媒介的媒介，因特网摆出了这样一副姿态：它要把过去一切的媒介"解放"出来，当做手段来使用，要把一切媒介变成内容，要把这一切变成自己的内容。② 网络强大的整合能力，使网络舆论不仅突破了传统媒体对社会舆论的相对可控状态，也改变了舆论已有的形态和格局。

一 网络舆论的定义

专门的网络舆论研究出现得比较迟，直到 2003 年"网络舆论"这一概念才为人们所熟悉。③ 学界认同的观点，网络舆论基本是舆论借助互联网为载体而表现出来的形式。比如"网络舆论就是在互联网上传播的、公众对某一焦点所表现出来的、有一定影响力的、带倾向性的意见或言论。"④ "网络舆论是公众对于公共事务通过信息网络公开表达的具有影响力的意见。"⑤ 谢梅、刘昊把网络舆论的内涵确定为在网络媒体上形成和传播的公众关于各种社会现象、问题所表达的信念、态度、意见和情绪表现的总和，具有相对的一致性、影响力和持续性，对社会发展及有关事态的进程产生影响，也就是说只要满足传播形式上以网络媒体为载体，内容上是公众发表的集合性意见这两个条件就是网络舆论。⑥

也有部分研究者注意到，网络舆论不能简单使用"网络"＋"舆论"

---

① 王天意：《网络舆论的功能及社会效应》，《海南广播电视大学学报》2006 年第 3 期，第 73～74 页。
② 〔美〕保罗·莱文森：《数字麦克卢汉——信息化新纪元指南》，何道宽译，社会科学文献出版社，2001，第 7 页。
③ 桑丽：《网络舆论研究》，中共中央党校硕博论文，2011，第 29 页。
④ 谭伟：《网络舆论的概念及特征》，《湖南社会科学》2003 年第 5 期。
⑤ 邓新民：《网络舆论与网络舆论的引导》，《探索》2003 年第 5 期。
⑥ 谢梅、刘昊：《网络传播环境中的舆论传播分析》，《西南民族大学学报》2006 年第 8 期。

的公式，比如有学者认为，网络舆论分为广义和狭义两个方面，广义的网络舆论是通过互联网表达的社会舆论。它包含了所有的社会舆论形式，有未经过任何过滤的公众舆论，有新闻媒体舆论，还有各种利益集团制造的舆论假象，同时还有官方舆论。而狭义的网络舆论，特指网民在互联网上表达的舆论。[①] 这里突出了网络的特征，即"未经过任何过滤的"，甚至还包括"各种利益集团制造的舆论假象"等。

网络舆论不能简单地理解为只是社会舆论借助网络平台的表达。纵观2003年以来10年间的网络舆论事件，和过去所有的舆论事件相比，其影响可以说前所未有。这种网络舆论导致的结果甚至使政策改弦易张，颠覆传统中国理念，使社会结构发生巨大变化。所以，网络舆论的含义应该强调其不同于过去舆论的特征，特别是互联网赋予它的含义。要言之，网络舆论就是公众通过互联网自发、快速形成的能产生巨大社会影响的关于社会公共事务的态度、信念、情绪的汇总。它具有三个方面的特征：首先是自发的。和传统的舆论比起来，网络舆论是自下而上的、体现了公众的积极参与意识，而传统媒体时代的舆论，多是由社会精英设置或者选择、过滤的。其次是快速形成。网络舆论和传统媒体舆论相比，形成得快，传统媒体通常有一个周期，网络媒体通常几小时内就能形成影响巨大的舆论潮。最后就是影响巨大。传统媒体时代的舆论，通常局限于一个地方。网络舆论不管在影响范围与影响程度上，都比传统媒体舆论要强势得多。

网络舆论和社会舆论不同。社会舆论基本上是借助口口相传的方式，而网络舆论通过网络传递后，再进行口头传播，并产生循环往复的效果，可以说网络舆论成指数式传递。网络舆论和社会舆论的存在样式也不一样，社会舆论通常是口头的、借助声音传播，而网络舆论多是文字的。社会舆论传之不远，留之不久；网络舆论无远弗届，长久保存。

网络舆论和传统媒体舆论也不同。传统媒体舆论主要是新闻从业人员，通过把关、过滤呈现社会舆论，网络舆论是由网民自我设定议程；传统媒体舆论带有意识形态的特征，网络舆论则是草根性质的。传统媒体舆论不仅呈现社会舆论，新闻从业人员而且会通过不同的新闻样式进行舆论引导，而网络舆论因海量的信息，舆论引导的作用较难奏效。

---

① 邹军：《虚拟世界的民间表达》，复旦大学硕博论文，2008。

二　网络舆论的生成模式

网络舆论的生成和传统媒体时代舆论生成模式一样，因不同的社会环境、公众心理以及舆论客体的差异，很难有一个标准化的形成公式。[①] 社会转型引致的收入分配问题、医疗、教育、住房、社会建设、贪腐，甚至社会生活和个体生活的方方面面都能促使网络舆论的形成。我们试图通过分析，管窥网络舆论形成的点点滴滴。

1. 社会舆论的生成模式。社会舆论通常是沿着个体→个体，然后每个个体再进行信息传递的指数式生成方式，这种方式通常简单、实用，由自发产生、发展、高潮与消亡的自然过程组成。

2. 传统媒体时代的舆论生成模式。媒体诞生后，其影响逐渐超出地域、阶层等的障碍，使舆论得以呈现，并被政府组织所知晓，最终促使事件得以解决。

传统媒体舆论的生成常有两个步骤，首先是在自发状态下，公众就某个事件进行讨论，从而产生某一主题的舆论。媒体根据自身的兴趣、事件的重要性、利益、政府纪律、从业人员背景等选择是否在媒体上呈现这一舆论。然后是政府组织通过媒体或其他渠道了解到舆情状况，并最终决定如何处理舆情（见图 3 - 1）。

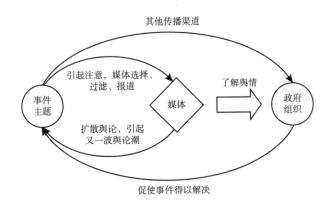

图 3 - 1　传统媒体时代的舆论生成模式

---

① 陈力丹：《舆论学——舆论导向研究》，中国广播电视出版社，1999，第 5 页。

3. 网络舆情生成模式。网络舆论产生影响的近 10 年来，没有任何人可以忽视它的存在。通过对网络舆论生成模式的分析，我们可以更清晰地认识网络舆论，对于政府组织来说，也能借此引导和处理网络舆论。

第一阶段，公众因社会背景、自身经历和当前状况，对社会传播的自己感兴趣的话题或者媒体报道的事件进行讨论，有些话题是大多数人关心的，所以舆论逐渐统一起来，并产生持续性影响；有的话题只关涉少部分人的利益，逐渐消失在公众的日常谈论中。这其中有很大一部分网民，把话题延伸至互联网，通过网络各种渠道，比如博客、E-mail、BBS、论坛、跟帖等形式形成讨论，达成一个有倾向性的意见，这些意见又反作用于公众，并在网络和社会中同时传播，形成累积、放大效应。

第二阶段，传统媒体介入报道，并对事件做进一步的解读，同时，有可能利用已有的新闻线索，进一步核实与采访，用新闻专业主义的方式，进行报道与呈现，并影响到传统媒体的部分受众。这一过程中传统媒体会从网络媒体上搜索信息，获得背景资料，并进一步在网上传播，进行互动。

第三阶段，政府组织或者舆论牵涉主体通过网络、传统媒体和公众获取信息、意见，并通过政府组织的内部程序，决定如何来处置这些舆论，并给公众一个满意的答复。

当然，这个顺序只是人为地予以呈现，并没有严格的时间和条理性。网络舆论的生产往往是迅疾而出人预料的，传统媒体和网络媒体、人际传播，快速地成倍地放大舆论内容，给事件当事人或组织以强大的压力，并利用舆论的威力，促使事件得以解决（见图 3-2）。

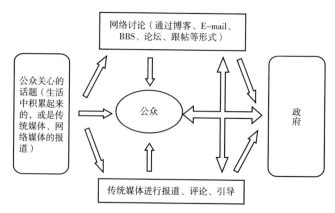

图 3-2 网络舆情生成模式

三 网络舆论的载体

网络传播技术的日新月异，有力地推动了网络舆论载体的多样化。网络技术日益智能化、个性化、快捷、高效、廉价。从目前来看，网络舆论的载体包括新闻网站、微博、博客、社交网站、BBS、论坛、个人空间、手机终端等。

1. 微博。微博诞生的4年里，极大地改变了中国的舆论生态和政治生活环境，至2013年6月，5.91亿网民中有3.31亿开通了微博，其影响可见一斑。据统计，现在开通微博频道的包括新浪、腾讯、搜狐、网易几大门户网站，以及人民网、新华网、中央电视台等新闻媒体网站，另外，像天涯、百度i贴吧、Google+等也都有微博的性质。微博以140个字的快捷、简明，随时随地地和网民们分享身边发生的事，在带给用户以愉悦的享受的同时，也给政府组织的管理带来较大困难。没有责任的自由不是真正的自由，没有义务的权利也不是真正的权利，因此，对于微博舆论的管理与引导，要尽快制定办法，依法管理。

2. 博客。微博诞生后，仿佛一下吸走了博客已有的上亿作者，但是经过一段时间的适应后，博客不但没有被冷落，相反发展得更为理性，更为成熟。在各类网络应用中，博客/个人空间的使用率，仍有65.5%，高于微博40.2%的使用率。① 微博具有社会化媒体平台的性质，同时也具有一定的私人性，而博客更多的是一种私人化的信息空间，这对于一些不喜欢网络喧嚣的知识分子和专业人士来说，不少人认真思考，仍然在辛勤地耕耘着博客。同时，博客不受字数限制，较能充分地表达作者的想法。对于受众来说，什么样的渠道也许不是最关键的，重要的是传递的内容与观点。以2012年年初发生的"方韩之战"为例，方舟子不仅有博客，而且运用微博的外部链接和长微博的形式予以再现，而韩寒只开通了博客，但是这丝毫没有阻碍受众的信息获取与参与，公众经由外部链接等，由微博平台进入博客空间，在封闭的、线性的、静态的博客中完成阅读，再回到微博平台进行评论、转发、分享等意义再生产。从"方韩之战"来看，博

① 祝华新等：《当前我国网络舆论载体和传播方式的新变化》，《理论导报》2012年第1期，第4页。

客充当了一个浓缩了的理性与深度的严肃的信息空间,而微博则更多地扮演了一个兵戈相见的舆论生产平台。①

3. 微信。2011 年 1 月腾讯退出了即时通讯软件微信,其具有的零资费、跨平台、拍照发给好友、发手机图片、移动即时通信等功能大受欢迎。诞生两年后,2013 年 1 月用户突破 3 亿,成为拥有巨大用户群体的沟通社区。比起其他传播模式,微信传播的主体与传播对象更加精准,传播的效果更易控制。微信的传播手段和传播方式也更为便利,只要拥有一部智能手机,就可以做到随时随地的传播。而微信传播的一个重要特征是传播的私密性,私密性不仅改变了大众传播的内容,对整个传播的结构也产生了巨大影响。同时,多元化的传播手段也为舆情搜集与引导带来困难,私密性的图片、语音、文字与传统的媒体相比,更难以掌握。

4. 社交网站。社交网站(Social Networking Service)可以把人们现实生活中的社交圈搬到网络上,人们可以以真实的身份在网络上与现实中的朋友进行沟通和交流,并通过网络不断开拓社交圈子,发展人脉,即"社交关系的网络化"。② 从传播学的角度来看,社交网站具有传播者身份真实、传播渠道和方式多样化、传播话题集中、以点对点式的人际传播为主、传播效果好等特征。现有国内的社交网站包括人人网、开心网、QQ 空间、朋友网、豆瓣网等。

5. 移动终端。随着手机网民的增多,手机舆情成为政府组织管理的难点与重点。移动终端的两个特点是其他渠道难以取代的,一是随时随地使用,比起其他渠道受制于条件要求,移动终端可以随时随地的进行现场直播,3 亿多手机网民织成了一张几乎密不透风的信息网,发生在任何地方的信息,几乎都不会被遗漏;二是不受控制,相对于传统媒体,网络媒体受到的限制较少,但是,通过关键词设置、人为把关、软件监控等,还是能监测到网民发出的信息,目前来看,手机信息控制较难,它不仅可以通过网站发出信息,还可以通过语音、短信、多媒体等发出内容。

---

① 刘涛:《"方韩事件"中的外部链接与长微博现象分析》,《现代传播》2012 年第 4 期,第 47~48 页。
② 胡颖:《传播学视域下的 SNS 特征分析》,《青年记者》2012 年第 1 期,第 65 页。

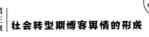

第三节 博客及博客舆论的形成模式

一 博客及相关概念

博客（Blog）即"网络博客"。是英文名字 Web blog 的音译，中文意思是"网络日志"，后被缩写为 blog，简称"博客"。博客按载体来分有博客、微博、个人空间，具体是指一种表达个人思想、网络链接或信息的网络页面，所发信息按照时间顺序排列，并且不断更新的出版方式。博客现象开始于 1998 年，美国的麦特·德拉吉（Matt Drudge）主持个人博客网站"德拉吉报道"（http：//www.drudgereport.com），以"每个公民都可以成为记者"的理念，掀开了全球网络"博客"的风潮。我国从 2002 年第一个中文博客网（www.blogchina.com）出现以来，博客在短短的 10 年间高速发展。它的出现使得网络使用者不再需要专业的建站知识就可以拥有自己的主页，并通过博客的发布与人交流。对于网民而言，拥有自己的博客成为一种时尚，越来越多的大众开始在网上注册博客书写网络日记。对网站而言，开发博客平台成为吸引点击率的重要筹码，各大门户网站都相继开发了博客平台。博客现已成为继 E‐mail（电子邮件）、BBS（电子公告系统）、QQ、MSN 等即时聊天工具之后的又一个网络传播的利器。① 截至 2012 年 12 月底，我国博客/个人空间用户数量为 3.72 亿，较 2011 年底增长 5435 万户，增长率为 14.6%。作为最早的 Web2.0 应用形态，博客也呈现出传统的信息传播特征，一些名人博客受到关注，是意见领袖们传送信息的重要渠道。②

按《舆论学》的观点，舆论乃舆人之论，即百姓的意见。所谓舆情，根据美国舆情学奠基人沃尔特·李普曼在其著作《舆情学》中所写的"舆情基本上就是对一些事实从道义上加以解释和经过整理的一种看法"。③ 国

---

① 左琳：《个人媒体时代的曙光——对博客的传播学分析》，《前沿》2006 年第 3 期，第 85 页。
② 中国互联网络信息中心（CNNIC）：《第 29 次中国互联网络发展状况统计报告》，http：//www.cnnic.cn/research/bgxz/tjbg/201201/t20120116_ 23668. html。
③ A. Rungsawang，N. Angkawattanawit. "Learnable topicspecific web crawler". Computer Applications，2005，（7）.

内学者大多认为，舆情是指在一定的社会空间内，围绕中介性社会事项的发生、发展和变化，作为主体的大众对作为客体的国家管理者产生和持有的社会政治态度。① 舆情作为大众的意愿，在本质上始终贯穿了大众与国家管理者之间不断变动的相互利益关系。近年来，学术界对舆情的理论分析，大多集中在概念、信息收集与分析机制、应用对策等方面，而对于舆情产生、发展和变化的众多现象和内在规律的理论研究和阐释并不多。

网络舆情是互联网发展到一定阶段的产物，是社会舆情的重要组成部分，不仅反映了某些社会群体或阶层的社会政治态度，也是社情民意的一个重要表现窗口。② 有学者对网络舆情的概念做如下归结：网络舆情是由于各种事件的刺激而产生的通过互联网传播的人们对于该事件的所有认知、态度、情感和行为倾向的集合。③ 据此，我们试图给博客舆情做以下定义：通过互联网表达和传播的，博客对自己关心或与自身利益紧密相关的各种公共事务所持有的多种情绪、态度和意见等汇集而成的信息潮。随着博客网站规模的不断扩大、博客服务项目的多样化发展、国内门户网站的介入以及国外风险资金的大量投入，博客舆情越来越成为网络舆情的热点和亮点。国内学术界对于博客舆情的研究还处于起步阶段，特别是博客舆情的传播社会学分析还不多见。

二　博客舆情的特征

1. 自媒体性。基于 Web2.0 技术的博客使得网民集记者、编辑、主持人为一体，这样博客就具备了个人媒体和出版功能。从传播学的角度看，博客传播融合了人际传播、组织传播和大众传播多种类型，带来的是一种全新的传播模式。正如皮科·德拉·米兰多拉在《论人的尊严》中所说的，上帝创造了人，并把他放在世界的中心。在网络世界里，网民处于世界的中心，并拥有现实媒体世界所无法比拟的自由性。博客平台的出现，使普通民众大规模介入公共信息传播，"公民记者"时代已经到来，打破了传统媒体控制的"舆论一律"的格局。博客舆情兼具公众话语与个人话语的传播形态，体现的是公共领域与私人领域的交叉信息。

---

① 王来华：《舆情变动规律初论》，《学术交流》2005 年第 12 期，第 155 页。

② 曾润喜：《网络舆情信息资源共享研究》，《情报杂志》2009 年第 8 期。

③ 〔意〕皮科·德拉·米兰多拉：《论人的尊严》，北京大学出版社，2010。

2. 自组织性。Web2.0虽然强调个人中心化，但这种个体传播并非截然孤立，而是相互渗透的，发挥着自组织的力量。博客群、博客圈往往汇集了有共同话题的成员，形成聚合型讨论区。在博客个体间的交流互动中，信息不仅得到放大传播，而且形成了以信息传播为中介的特定范围内的网民群体组织。博客舆情已明显呈现出自组织结构。博客有"关注"群和"粉丝"群，使传播信息在特定的组织渠道上流动。一个微小的事件可能在组织内引发大规模的舆论波动，一个小的细节可能会引起重大过程的变化。

3. 互动性。博客舆情是在网络互动的环境中产生。博客言论的跟帖量越高，越易形成舆情热点。在微博的传播功能中，突出了"转发"和"评论"功能，使热点事件形成舆论叠加效应。博客舆论传播摆脱了传统舆论的传播在时间、空间上的限制，一个热点事件话题产生后，网民与传统媒体互动跟进，无限延长的"转发"和"评论"链条，使得博客舆论能够在非常短的时间产生雪崩式的爆发性效应，从而把舆论推向高潮。

4. 二元性。从博客舆情的载体来看，博客向精深化方向发展，微博向短、平、快方向发展。相比微博的碎片化写作方式，博客舆情有较强的理论色彩。博客已经逐渐形成了稳定的形式及受众群体。当微博的火热吸引众人眼球时，博客却回归了其作为个人空间的本色。在博客中，超短篇幅的博文和哗众取宠的"标题党"少了，理性思维多了，博客在平静中实现着去杂存精，信息深度日益提高。① 从传播主体来看，博客向精英化发展，而微博更趋向于草根化。

三　博客舆情的功能

1. 舆论监督。博客时代公民新闻的影响力逐渐显现，而微博平台更是把公民新闻实践推向深入。② 散布在民间的"公民记者"通过博客平台可以随时随地曝光发现的问题。据《2011年中国微博年度报告》统计，在2011年影响较大的舆情热点事件中，微博首次曝光的比例为22%。"博客议事"打破了现实世界"金字塔"形状的等级制，网络所获得的监督权造

---

① 祝华新、单学刚、胡江春：《2011年中国互联网舆情分析报告》，http：//yuqing.people.com.cn/GB/16698341.html。

② 彭兰：《记者微博：专业媒体与社会化媒体的碰撞》，《江淮论坛》2012年第2期。

成了客观世界"组织结构也相应地呈现出由集权化到分权化、由等级化到扁平化的转变"的客观结果。① 在推动权力结构由"大教堂模式"向"大集市模式"的转变中,"博客议事"起到权力转移的作用。扁平的权力结构产生了更多的监督权,更多的监督权必然带来更大的威慑力,提高违法乱纪的成本,增强社会的自我约束程度。②

2. 政治参与。公民意识的崛起是我国政治现代化的重要标志,也是公民有序政治参与的重要条件。③ 人们在网络上不再被动地获得信息和服务,而是积极主动地"上传"——参与。博客议题开始出现从娱乐和生活领域逐步向政治领域转变,充分体现了公民意识的崛起、提高和升华的过程。在提高政治参与度的同时,博客正在培育参与型政治文化。近年来网络热点事件频发,博客作者在参与公共事件时表现得更加积极主动。如 2006 年的"徐工并购案存在价格欺骗事件";2007 年的"故宫星巴克事件";2009 年的"央视谷歌新闻涉嫌造假"事件;2009 年韩寒对上海出租车司机"钓鱼执法"事件的转发评论等均显示了博客舆情的重要力量和评判功能。

3. 社会动员。随着网民的组织化程度的提高,深度追究真相的欲望增强,博客舆情与现实空间不断融合,舆论越来越强地作用于现实。随着网络的普及,相当多的网民已经不再是孤立的个体,他们在网上结成各种虚拟的社群,同声相应,同气相求。④ 2011 年的"微博打拐"事件,由于建嵘教授在微博上发起,迅速引发大量网友共同参与,逐渐发展成为一场全体社会力量的整合,其中包括网友个人、明星、专家学者、人大代表、政协委员、民间团体、资深媒体、公安部门等,形成了强大的传播力量。

四 博客舆论的形成

全球历史最悠久的新闻机构法新社将"德拉吉报道(drudge report)"的创始人马特·德拉吉(Matt Drudge)列为 20 世纪最具推动力和影响力的十大人物之一。因为他于 1998 年通过其个人主页率先爆出克林顿和莱温

---

① 黄少华、翟本瑞:《网络社会学》,中国社会科学出版社,2006。
② 胡晓、余文武:《微博客时代基础网民的心理趋向与策略选择》,《求索》2011 年第 3 期。
③ 王国华等:《解码网络舆情》,华中科技大学出版社,2011。
④ 单学刚、郭晶:《网络舆情:自媒体的"蝴蝶效应"》,《网络传播》2011 年第 8 期。

斯基的性丑闻事件，正是这一事件，让人们首次感受到博客的力量。2003
年的伊拉克战争，带着硝烟气味的博客日志让博客真正走向了世界。10 年
来，博客在中国已经经历了萌芽、发展、红火、日渐平稳，到现在走向成
熟、理性的过程。单就博客产生的舆情来看，它不同于其他产生舆论的
渠道。

首先，从信源上来看，每个博客作者都是一个信源。和传统媒体和社
会舆论相比，博客舆论产生的声音经过深思熟虑，是有案可稽的书面材
料，同时，博客传播的对象也具有主动性，可以和博主讨论、协商，抑或
反驳。同时，网络媒体信息的丰富性，让网络舆情更深刻、更理性，也更
有文化色彩。

对于写在网络上的博客来说，博客主是显性的，最起码有个固定的代
号，甚至通过积极的核对能确定博客主的身份，博客主具有很强的主体
性。传统媒体舆论带有较强的意识形态和单位利益特征，而社会舆论则不
强调个体，只传递信息和意见、观点，一般难以成为意见领袖。

其次，在传播过程中，博客舆论较少受到把关和过滤，通常是由博客
主对博客受众的直接传播模式，只要经历简单的编码和解码过程就可以完
成。而传统媒体舆论，受制于多方面的影响。此外，博客舆论由于是文
字、声音、图像等多媒体形式，网页又具有保存功能，所以，一般不会失
真；而社会舆论在传递过程中，容易减少信息线索，产生冗余信息。

最后，从传播效果上说，博客舆论影响的对象，大多对博客主有事先
的认同，否则不会关注博客主的信息。这又加深传播对象与传播者之间的
互动与认同，从而构建起一个网络的意见、态度共同体，并最终形成力
量，影响事件的进程。

五　博客改变舆论传播格局

在所有的网络舆论传播渠道中，博客的兴起与发展对整个社会的舆论
生态的影响起着关键作用。博客内容与书写方式在不断变化，博客形态也
不断由博客、播客、微博客、轻博客不断演化，博客诞生 10 年来，已经深
刻地改变了舆论传播的格局。

1. 博客成为个人与社会交流的关键途径。博客舆论的产生，从表面看
是每个个体态度和意见的汇总，是网民心声的表现。实际上，博客舆论体

现出的思想、观念、价值观，则是个体与个体之间产生联系的纽带，人们的博客写作或阅读活动，其实质都不是人与内容的关系，而是人与人的关系，① 是人与社会交流的平台。特别随着微博客等博客样式的产生，博客化生存的说法甚至都不为过。博客为网络舆论的发展，为公众进行社会参与、政治参与、自我表达提供了一条便捷的通道。

黑龙江宝马案、邓玉娇案、钓鱼执法、"我爸是李刚"事件等，这些网络舆论的形成不仅是个案，而且是公众对社会上某种现象的不满与表达。从过去的口口相传到今天的博客化生存，博客已经完全改变了既有的舆论生成、演变机制，改变了公众与社会的交流方式、表述方式，重新塑造出一种新型的舆论局面。

2. 通过赋权方式，博客确认公民身份。现代社会在自由、民主、平等等基本理念基础上，在政治和社会资源上要求"分权"，以博客平台为表达渠道的网络舆论正是分权要求的具体化。博客主在博客使用过程和交流中，发展出积极的自我能力意识，对周围的社会政治环境的批判性、分析性的理解和认识意识。② 像"躲猫猫"事件、"邓玉娇案""我爸是李刚"事件、"宜黄强拆"事件、"局长日记"事件等，都是公民对政府行为的监督。公民在这种现象背后隐藏某一社会不公规律的现实面前，完成了赋权即身份置换的过程。即现实生活中的弱势群体借助新媒介的虚拟性力量最终完成对现实不公的裁决，让其变为虚拟社会中的强者，并最终变为现实社会的受益者；同时，现实社会中的强势群体，在巨大的新媒体——很多时候还拥有其他力量——作用下，成为真理、正义的阶下囚，并最终变成虚拟社会也是现实社会的弱者。③

3. 博客的发展对社会管理提出了新挑战。博客舆论作为新兴的舆论生态，除了个人化书写、观点碰撞、价值观交流等特性外，其对公众参与、公众生活方式的变迁、舆论监督等都带来巨大影响。

博客的书写带有私密性，也正是在这种私密性外衣的温暖下，博客的

---

① 彭兰：《传播者、受众、渠道：博客传播的深层机制》，《上海师范大学学报》（哲学社会科学版）2007 年第 6 期，第 88 页。
② 陈浩、吴世文：《新媒体事件中网络社群的自我赋权》，《新闻与传播》2009 年第 3 期。
③ 焦德武：《新媒介：现代化进程中社会解放力的路径选择》，《中华文化论坛》2011 年第 5 期，第 167 页。

公共性才显得难以管理。一方面，博客舆论代表了法律赋予的言论自由；另一方面，网络传播的特性使博客内容的监管也较为困难。用文森特·莫斯可（Vincent Mosco）的话来说，传播是一种相当特殊的、十分强大的商品，因为它除了能生产剩余价值外（由此看来，它与其他任何商品相同），还制造了符号和形象，其意义能够塑造人们的意识。[①] 博客舆论的存在不仅具有"价值理性"，而且具有"工具理性"。这种形式上和内容上的重要性、能缓慢改变人的意识的叙述方式，给政府组织的社会管理铺就了一条漫长的管理之路。

第四节 博客舆情的传播范式

博客是以个人为中心的传播方式，其内容发表与传统媒体相比门槛较低、约束较少，任何人都可以出版自己的作品，这将彻底改变、打破传统媒体层层严格把关的出版模式，直接导致博客舆情具有独特的传播范式。

一 博客舆情的传播个人化和交互性

在网络传播中，博客可以对网络信息进行加工、处理、修改、放大和重组，成为信息的操作者，享受个人化的信息服务。同时，博客可以通过网站、网页设置的诸多栏目对博客舆情进行及时反馈，与网站和其他用户共同探讨和发表意见。从传播学看，大多数博客既是传者，又是受众。博客舆情作为一个载体承担了信息发布和信息回馈的双重作用，网络是其流通的渠道。博客在发布个人博客时是传者，看别人的博客并评论时则是接受者，博客舆情中的传者和受者是可以互换角色的。就博客舆情的传者来说，博客是一种"零进入门槛"的网上个人出版方式，个人发表博客具有"零编辑、零技术、零体制、零成本、零形式"等特征。[②] 只要熟悉了互联网技术的人，基本上都能够快速掌握博客的使用，这为大众发布信息开拓了渠道，意味着官方话语、精英话语实现了向平民阶层话语和大众话语的

① 〔加拿大〕文森特·莫斯可：《传播政治经济学》，胡正荣译，华夏出版社，2000，第24页。
② 蔡铭泽：《新闻传播学》（第3版），暨南大学出版社，2010，第75页。

转移。就博客舆情的受众而言，一方面，博客舆情的传播常指向两部分受众，小部分是定向的受众，即传者希望信息达到的人，大部分是非定向的受众，即在互联网上偶然接触该博客的人，因而其受众对象大部分具有随意性；另一方面，由于博客舆情传播的反馈渠道畅通，受众有很强的主动性，可以进行传播和评论，导致传统传播学中的传者和受众的关系完全消失，大多数博客既是传者也是受众。就博客舆情的内容而言，当前的博客舆情无所不包，有新闻博客、知识博客、文化博客、科技博客、美食博客等。这些舆情的载体目前多为文字、图画。就博客舆情的传播渠道来说，博客舆情突破了传统媒体的单向传播，开辟了一种"集制作者、销售者、消费者于一体的系统"。① 博客舆情抛开了"把关人"的角色，强化了交互主体性的特征，实现了人际传播、组织传播、大众传播的兼容。

二 博客舆情传播的非线性

传统媒体是线性传播，体现出一种时间流程的不可逆转性和空间界面的不可交替性。博客舆情的传播突破了时间与空间的二维限制，以超链接的阅读方式，使得网络中的信息处于相互通融状况，从而为传者、受众提供了广阔的选择和探索自由。美国作家马尔科姆·格拉德威尔在《引爆点》一书中指出，一波流行潮的爆发，起因于三项条件，他称之为个别人物法则、附着力因素法则、环境威力法则，其中任何一项条件的变化都可能引爆一场流行。个别人物法则即通常所说的"意见领袖"，很多流行起源于意见领袖掀起的口头信息传播的浪潮，网络中的知名博客即是如此。同时，个别人物法则在网络上还可以引申为"中心节点"，几大门户和著名网络社区这些"长尾的头"是创造流行的发源地。附着力因素法则是指事物本身的吸引力，但不完全取决于事物的内在质量。附着力因素法则指出，简单改变事物的结构和形式，就有可能大大增强事物的附着力，使之更易流行。网络中的附着力原则与注意力是相通的，但网络中的附着力与表现形式关系密切，如图片的质量、下载的手段和难易程度。在"意见领袖"和"中心节点"的引导下，各种圈子、社区、群构成的"小世界"传播环境对传播流行有潜移默化的影响。在网络上，任何细微的因素都可能

---

① 郭庆光：《传播学教程》，中国人民大学出版社，1999，第64页。

成为传播流行的引爆点。① 而博客舆情的传播将个别人物法则、附着力因素法则、环境威力法则发挥到极致，一些关系国家民族利益的事件、自然灾难事件、与弱势群体相关的事件、反映社会道德困惑的事件、反映当今社会主要矛盾的事件的发生以及与国计民生相关的政策、法规出台，经博客传播后，如得到意见领袖或"名博"的评论、转播，往往从一个点发散到更多的点，并且由于意见领袖和网站在传播手段上的运用，可以在一定程度上使大众参差不齐的意见趋向一致，最终产生一致性的舆情。随着博客舆情与社会现实、传统媒体的信息互动，会以不同的方式发展和消失。或持续高涨，发展成为舆论导向；或迅速萎缩，慢慢淡化逐步消落；或波浪式发展，多次反复波动。

三　博客舆情的传播自由性和非理性

由于博客舆情传播中传和受双方角色交互性改变，传统媒介中的"把关人"嬗变为"信息服务者"。他们在传统媒体时代所承担的信息筛选和议程设置角色被削弱，而信息服务功能得到加强。博客舆情的传播突破了传统媒体依靠单一符号或以某一符号为主要载体的局限性，真正实现了多种符号交融，博客可以自由选择信息符号的传递方式。从当前看，博客舆情的传者、受众都可以选择匿名，导致部分博客在网上的表现与在现实生活中的表现大相径庭，如：当部分博客在网上自我表达时，会较少顾及社会规范的约束，将平日鲜有机会当众暴露的"本性"表现出来，可能引发许多不负责任的不良言论，也可能使得博客舆情的倾向被无限夸大，使很多人无法分辨现实与虚拟的区别。博客舆情的传播从技术层面上打破了信息垄断的可能，"把关人"的权利被分享，更多的人有了发布和接收信息的权利，并且随着网络的延伸，可供选择的路径呈几何级数增长，当信息在某一路径上传输受阻时，可以马上选择别的路径，同样可以到达目的地。博客舆情传播过程中"把关人"的缺位，较容易出现类似隐私披露、谩骂与虚假信息发布等问题。博客舆情兼具公众话语与个人话语的传播形态。在博客舆情中，博客们以公众化的形式发表私人的内容，博客舆情体现的是公共领域与私人领域的交叉信息，其公共领域的信息经外部媒体的

---

① 毕宏音：《影响民众舆情的中介性社会事项》，《广西社会科学》2004 年第 11 期，第 157 页。

过滤而有选择地被放大。2005 年 8 月，一名游客自驾游途经四川一座羌寨时，被路边一个穿羌族服装、清纯美丽的女孩所吸引。他为这个不知名的女孩拍了一组照片，并以名为"单车川藏自驾游之惊见天仙妹妹"的主题把照片贴到天涯网站的论坛上。这组"天仙 MM"照片，瞬间风靡网络，一些网站帖子点击率每天超过 10 万次。3 个月后，"天仙 MM"红遍网络并成为索爱电器品牌的形象代言人。4 年后，"天仙 MM"从虚拟走入现实，进入娱乐圈，拍电视剧、拍电影、拍广告，开始了新的传奇。

另外，博客舆情的传播还具有信息容量巨大化。由于电脑巨大的信息储存量和万维网、联网数据库、邮件目录群、新闻讨论组和电子邮件等多种采集途径的同时使用，使得网络媒体拥有超常规信息容量。一个只有 9G 的硬盘可以储存 45 亿个汉字的信息量，而一份对开 100 版的报纸一天最多只能提供 50 万字的信息。[①] 随着互联网的信息储量每时每刻都在呈几何级数增长，云计算技术将逐步推广，博客舆情的信息容量将会越来越多，由此产生的社会效应也将越来越大。而博客舆情的传播范式是大众传播模式的一种。德国社会传播学家马莱兹克在 1963 年出版的《大众传播心理学》一书中提出了社会系统传播模式。首先，它把大众传播看做是一个由各种社会因素相互作用的社会系统，从而揭示了社会传播的多重性、广泛性和综合性的特点。其次，在社会传播系统中，它以传播者、信息和接收者为集结点，展示了影响和制约三者以及三者之间的各种因素，具有简洁明了的特点。最后，它全面揭示了社会传播各个环节及其相互之间内在因素与外部环境的相互联系、循环互动的精美结构，具有科学性和艺术性。[②] 而博客舆情中的传播者、受众作为博客的集合体，他们之间不断地进行着二级传播、三级传播或多级传播，并将传播效果反馈给传播者。传播者和受众的多层次性、传播系统的多要素性和传播过程的循环性，不仅较全面地反映了大众传播的特点，而且也揭示了社会系统传播的某些特性。

---

① Jaap Van Ginneken， (2003) *Collective Behavior and Public Opinion*, Published by Lawrence Eribaum Associate, Inc., p. 18.

② 日本传播学者藤竹晓在 1968 年提出了"拟态环境的环境化"问题，并指出：人们依赖信息环境但却无从辨认其真伪，因此信息环境在指导人们生活的同时，也可能误导甚至欺骗人类。其实这是对美国学者李普曼"拟态环境"理论的发展。

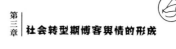

　　本章小结：当前的社会转型导致整个社会的利益格局发生重大变化，舆论生成的方式更加多元，舆论话语权的争夺也更为激烈。舆论话语通过互联网等平台，对政府进行舆论监督。同时，随着互联网技术与移动终端技术的发展，网络政治、网络文化等发生了深刻的变革。作为舆论的重要载体，通过网络表现出来的舆论具有了新的特点，网络舆论主体具有草根性，网络舆论具有快速、高效的特征，网络舆论同时具有自我生产、自我传递的特点，更具有交互性和真实性，同时，网络舆论主题的范围也更加广泛，参与的人员也更具专业化知识。而作为互联网的特殊形态，博客成为互联网舆论的重要通道。博客在个人与社会交流、通过赋权确认公民身份、挑战新的社会管理模式等方面，深刻地改变着当前的舆论格局。博客呈现出的舆论具有自媒体性、自组织性、互动性、二元性等特点，其在舆论监督、政治参与和社会动员方面都起到重要作用。

第
四
章　博客舆情的发展趋势

　　伴随着我国社会转型加快、改革向纵深推进以及国际环境的影响，尤其是新媒体的迅猛发展，改变了网络舆论传播的生态环境，博客、微博等已是网络中重要的舆论阵地。而网络舆情已成为社会舆情的重要组成部分，博客的迅速发展更加强化了这种作用。在传播信息的快速化、便捷化以及网络蝴蝶效应的多重作用之下，诸多社会问题通过博客、微博演变成博客和微博舆情，甚至成为舆论导向。博客舆情已渗透到网民社会生活的各个层面，在产生传播效果的同时也显示出广泛的社会效应。

第一节　博客舆情的新形态：微博

　　基于 Web2.0 的微博客（microblog）是博客（blog）的衍生品。微博允许用户发表 140 个字符的短文本，同时也可以上传图片、音频、视频等其他媒介样式。①微博具有关注（follow）、评论（review）、转发（retweet）等功能，通过浏览、转发、评论等方式，用户可以关注他们感兴趣的人或话题，参与话题讨论。微博用户可以通过电脑、手机、即时通信工具等随

---

　　① Tiansheng XU, Liu SUN, Yiping YANG, Hui MA. *Development Stage and Monetization Model of Micro-blog in China*. Fourth International Conference on Machine Vision（ICMV 2011）：achine Vision, Image Processing, and Pattern Analysis.

时发布内容，大大降低了传播的门槛。微博不仅影响着人们思考、交流和行为方式，也成为网民私人叙事和公共参与的新型手段；从对社会的影响来说，微博的影响力体现在对社会话语空间的释放，个人对信息的获取和发布变得轻而易举，推动了信息的自由流通，进一步消弭了前互联网社会话语权和信息传播权的中心化状态。[①]

这种公私交错与话语空间的存在，让微博成为舆情的集散地；每时每刻生成的公共话语，使微博成为中国社会问题的晴雨表。[②] 据人民网舆情监测室统计，2011 年备选"年度 20 件热点事件"的 33 个案例中，新媒体实现议程设置、影响话题走向的比重超过传统媒体一成；在新媒体中，微博爆料数量是论坛、博客的两倍。[③] 微博，作为福柯认为的现代社会权力弥散的一个标志，为公众提供表达意愿与取向的场所，也成为政府组织判定社会舆情的通道。

参照刘毅[④]的观点，微博舆情是个人或者各种社会群体、组织通过微博的渠道，对自己关心或与自身利益紧密相关的各种公共事务所表达的多种情绪、态度和意见交错的总和。在当下中国，微博舆情的特殊性在于，微博不仅仅如网络或传统大众传媒只是舆情表现的载体和渠道，不仅仅是传播样式的更新，而且还在发展中契合了中国现代化的进程。近代以来，中国不像西方国家伴随工业革命完成了国家现代化，作为发展中国家的中国要在此时完成现代化进程，必须经历文化与社会的变迁，这种变迁带来的问题与剧痛远比工业革命时期西方社会面临的问题与剧痛程度更深，问题更严重。从这个角度来看，转型期的中国需要一个发泄口，一个疏导社会积垢、建立社会新伦理的渠道，微博的出现恰逢其时。

微博为现代化进程中的中国提供了法国学者皮埃尔·布尔迪厄所说的舆情"场域"，是社会中各个利益主体之间存在的客观关系的网络，或一个构型。正是这些关系的存在和他们强加于占据特定位置的行动者或机构上的决定性因素，这些主体根据各自的权力（或资本），使微博关系得以

① 喻国明：《微博：影响力的产生机制与作用空间》，《中关村》2010 年第 4 期，第 91 页。
② 胡泳：《众声喧哗：网络时代的个人表达与公共讨论》，广西师范大学出版社，2008。
③ 刘鹏飞、周培源：《2011 年网络舆情走势与社会舆论格局》，《新闻记者》2012 年第 1 期，第 5 页。
④ 刘毅：《略论网络舆情的概念、特点、表达与传播》，《理论界》2007 年第 1 期，第 11 页。

界定与建构。①

微博舆情实质上成为作为国家代理人的政府、作为社会主体构成的公众和受到国家管制又代言公众的媒体的角力场的反应。通过微博舆情的表达，政府组织可以了解公众的价值取向和思维、行为的方向，更好地为管理国家服务；公众实现知情权、参与权、表达权、监督权的赋权并建构自己新的认识世界的思维模式；媒体通过舆情把握社会和政府组织的动向，获取新闻信息，同时，作为传播者，记者微博拥有专业媒体与社会化媒体双重身份标识，② 通过积极的引导与参与，成为微博舆情重要的风向标。

一　社会话语的叙事空间

这里的"社会话语"有别于严肃的政治话语或精英话语，指的是产生于大众的公众叙事。在大众传播研究中，由"公众叙事"产生的舆论一直是一个重要的研究课题。斯普里查尔（Splichal, 2001）认为，公共舆论既是一个政治现象，也是一个表达现象，因为舆论的表达跟传播形式息息相关。作为一个开放参与的结构，新媒体——特别是微博——让公众能够以一种史无前例的方式参与各种讨论，而不用再依赖精英的意见。③ 这并不代表传统的大众传媒没有社会话语，只是就话语产生的方式来看，社会话语更多指向公众与民间。

作为公共舆论生产的平台，微博发展的时间并不长。2009 年 8 月新浪网推出"新浪微博"内测版，成为门户网站中第一家提供微博服务的网站，微博正式进入主流人群的视野。截至 2013 年 6 月底，我国微博用户规模为 3.31 亿，较 2012 年增长了 2216 万户，网民中的微博用户比例较上年底提升了 7.2 个百分点，达到 56.0%。相当一部分用户访问和发送微博的行为发生在手机终端上，截至 2013 年 6 月底手机微博用户规模达到 2.30 亿，手机微博在手机网民中的使用率为 49.5%。④

① 〔法〕皮埃尔·布尔迪厄、〔美〕华康德：《时间与反思——反思社会学导引》，李猛、李康译，中央编译出版社，2004，第 133 页。
② 彭兰：《记者微博院专业媒体与社会化媒体的碰撞》，《江淮论坛》2012 年第 2 期。
③ 邱林川、陈韬文：《新媒体事件研究》，中国人民大学出版社，2011，第 2 页。
④ 《中国互联网络发展状况统计报告》，http://www.cnnic.net.cn/hlwfzyj/hlwxzbg/hlwtjbg/201307/P020130717505343100851.pdf。

用户的快速发展与各种终端产品的便利性，使微博被注入浓厚的叙事性，特别是过去视为"敏感"的社会话语。传统的大众传媒也具有社会话语叙事性，但是新闻生产受到很多制约，特别是出于宣传考虑的制约；同时，传统大众媒体的容量是有限的，受众囿于这种限制难以与媒体形成互动，这使舆情的存在与发现、报道，无法形成。微博内容的生产受到较少的制约，而且，这种生产由过去的上下流动变为了下上流动、水平流动，更多的信息、观点被呈现、传播、消费与讨论。

当然，这种社会话语的呈现具有内容上的碎片化特征，但正是这种"碎片"，构成了现实生活的意义主体，成为社会生态的几近真实地呈现。从这个向度来说，微博则成为社会舆情最原始的发生场所。

二 产生舆情的公共领域

虽然李普曼在《舆论学》中认为，普通公民是"局外人"，既不了解情况，又无理智，所以，只有"社会贤能"的少数"局内人"，他们受过特殊训练，能够通过专门的"情报机构"得到准确的情报，做出明智的判断，因而能在社会上发号施令，决定一切。① 但是他也承认，必须通过公众参与和"程序监督"，来完善精英政治统治。

对精英政治进行监督以促使政治精英做出正确决策是必需的，从哲学的角度看，精英数量是有限的，这种有限性需要通过公众讨论来弥补。这就是公共领域存在的理由。所以，从这个角度看，公众舆论既是公众情绪的表征，也是政治精英更好治理国家的关键。

考量公共舆论的公共领域思想肇端于汉娜·阿伦特，一般认为她最先为公共领域理论提供了思辨的资源与解释的基本架构。在1958年出版的《人的条件》（Human Condition）中，她将公共领域解释为一个由人们透过言语及行动展现自我，并进行互动与协力活动的领域。② 她之后，哈贝马斯强调，公共领域要满足位于权力之外、全民参与、理性探讨与公共利益四个条件，虽然这在"现实世界几乎是不可能的"，③ 但是，微博作为网络

---

① 〔美〕李普曼：《舆论学》，林珊译，华夏出版社，1989。
② 黄月琴：《公共领域的观念嬗变与大众传媒的公共性——评阿伦特、哈贝马斯与泰勒的公共领域思想》，《新闻与传播评论》2008年第5期。
③ 张跣：《微博与公共领域》，《文艺研究》2010年第12期，第97页。

传播的新样式，其强大信息传播能力对社会公共事务起着巨大的干预功能，是"永不落幕的新闻发布会"，甚至是"杀伤力最强的舆论载体"。①

这一如西方学者所认为的那样，互联网正是新的公共领域，在线媒介弥补了传统媒介中政治讨论与市民信息传播的不足。②而微博的兴起，正好弥补了中国公共领域不成熟与表达不充分的特点，使政府/公众的联系途径变得畅通——在这个双方互动、争夺的场域中，因各自利益与立场的差异，可能会有所冲突，但是从长远来看，微博公共领域不仅有利于公众诉求的解决，也在根本上有利于政府的社会治理与良性发展。

观察最近3年微博热点事件，政府/公众议题的微博占据很大比重，通过微博"公共领域"的诉求，这些事件基本得到了完满的解决。而2012年更被有的学者认为是"舆论监督"的春天，③从陕西"微笑局长"杨达才到广东"房叔"蔡彬，从重庆"不雅视频"的男主角雷政富到山东"离婚承诺书"当事人单增德，以及身陷"包养门"事件的新疆乌苏公安局长齐放，等等，经微博曝光、传统媒体跟进、纪委查处，事件都得到了解决。

按照"国家"与"社会"的理论框架，中国社会缺乏充分的公共表达的机制与路径，这使得当"社会"在面对不利于自己的制度安排时，不能够公开表达自己的诉求；而代表国家的政府部门也很难了解到社会的真实诉求从而制定相应的决策。这种公共表达途径的缺失和断裂被认为是阻碍政府决策民主化的重要原因。④ 微博的出现，很好地搭建起一个公共参与的平台，公共领域的出现解决了公共表达途径的缺失与断裂，使政府在决策中更加民主，更能促进社会的发展。正如《中国社会舆情年度报告（2012）》指出的那样"微力量推动社会改革"，2011年微力量促进了一系列社会事件向改良的方向发展：郭美美事件促进了公共慈善透明；徐武事

① 汝信、陆学艺、李培林：《2010年中国社会形势分析与预测》，社会科学文献出版社，2009，第246~252页。

② Shah, Dhavan V., Jaeho Cho, JR. Evland, William P., and Nojin Kwak. Information and Expression in a Digital Age: "Modeling Internet Effects on Civic Participation." Communication Research, 2005 (5): 531-565.

③ 雒有谋：《2012微博反腐——舆论监督的春天?》，《编辑之友》2013年第3期。

④ 李艳红：《大众传媒、社会表达与商议民主——两个个案分析》，《开放时代》2006年第6期，第5~21页。

件促进了精神卫生法出台；小悦悦事件促进了社会道德建设；校车事件促进了校车安全管理；"7·23"动车事故促进了中国铁路改革；钱明奇事件促进了暴力拆迁立法；"戴套不算强奸"事件促进了司法公正建设；剖腹放水事件促进了社会保障救助制度（见表4-1）。[①]

表 4-1 2010～2011 年热点微博事件

	事件/议题			事件/议题	
2010 年	江西宜黄强拆自焚	微博传播金庸去世谣言	2011 年	"7·23"动车事故	免费午餐活动
	"我爸是李刚"	周立波与网民对骂		郭美美炫富	官员直播开房
	湖南常德抢尸直播	3Q大战周鸿祎发布信息		随手拍解救乞讨儿童	小悦悦事件
	上海高层住宅大火	唐骏"学历门"		陈光诚事件	药家鑫事件
	3 条微博计费 3900 元惹争议	方舟子遇袭		独立参选	浙江织里抗税事件

资料来源：中青在线、新浪财经。

三 微文本的生产方式

从宏观的角度看，微博在内容上为社会话语提供了叙事空间，在形式上为舆情产生提供了公共空间。从微观的角度看，微博作为微文本的生产方式，以微文本的形式聚合与表述着舆情。

从媒介叙事的角度看，口头传播时代，讲究记忆、表达；纸质媒体时代，讲究秩序、逻辑性；而到了电子媒介时代，碎片化成为重要的特征。特别是一个社会人均收入达到 1000～3000 美元时，社会便由传统社会向工业社会转变，而转变的特征之一就是"碎片化"，即传统的社会结构、关系、观念、价值瓦解了，取而代之的是一个个利益群体和亚文化部落及其他们的差异化诉求。碎片化也成为现代生活内在的意义及其存在状态。

微博作为现代社会碎片化的典型呈现，140 字的限制代表了它的形式与生产的内容都是琐碎的，表现的形态是微文本的。它和现代社会其他的存在样式一样——诸如理性、价值、流动等现代社会议题——通过微小

[①] 《微力量推动社会改革》，http：//news.cyol.com/content/2012-04/13/content_6060176.htm。

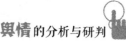

的、碎片化的方式呈现与延伸。这些微文本的社会意涵是瞬间展现的，虽然有的微博通过转发、评论在时间上得以延续，但是比起"过去"，微博内容几乎可以用"转瞬即逝"来形容。

但是，这些快速流逝的微文本恰恰呈现的是现代生活的细节与片段，其在总体上接近现代生活的真实样式，所以，这些通过微博渠道产生的微文本有时会以难以预料的方式突然变为日常生活的重要议题，特别是公共议题，给政府组织带来巨大压力。

不仅是时间上无法预料，在空间上，微文本的生产与消费也变得无处不在。过去，通过咖啡厅与广场等，形成现实的公共讨论的空间。而现代社会，巨大的广场、幽暗的咖啡厅因景观的限制和功能的异化，公共讨论的空间缩小了。相反，智能手机的发展与诸如 WiFi 等上网方式的便利性，把人们从现实的公共讨论拉到网上。

比如，办公室作为工作的场所，是严肃而具有正式性的，现在很多人上班的第一件事，便是打开微博发布或浏览信息。再如，卧室是很私密的，休息是其主要的功能，现在则成了"发完最后一条微博休息"之所。这种空间的拓展，为微文本的生产降低了成本，也使政府组织从治理的角度对这种具有时空弥散性的舆情甚是为难。

另外，微博的即时互动性也让微文本呈现的舆情难以预料。传统的媒体，可以通过时间的延后、话题的弱处理甚至不进行报道，减小事件对社会的影响程度。而微博通过简单的文本生产，让重要的事情立即传诸四方，而且，通过积极的转发、评论，增加事件的影响力。

四 "泛冲突化"的表现形式

作为自媒体，微博缺乏"把关人"对信息进行筛选，导致个人化与公共性的冲突。[①] 也即私人的言论、观点、情绪与作为公共媒体的冲突，作为微博存在的基本特征，这种冲突是与生俱来的。

从微博的关注度和影响力看，知识精英、商业精英和一些因复杂原因可能远离权力中心的政治精英，在微博内容的生产与传播方面，影响巨

---

① 余望：《发展与冲突：对"微博盛宴"的传播学思考》，《现代传播》2010 年第 5 期，第 143 页。

大。他们通过具有对抗性的议题——这往往成为微博吸引关注度和转发率的重要原因——来表达和某些政治理念与政治实践不相合作的倾向。通过前述 2010 年和 2011 年十大微博事件也可看出，冲突性成为微博话题/事件的重要表现形式。

当下社会冲突是社会转型期矛盾的外在表现形式。由于经济快速发展，而社会建设又相对落后，收入分配、住房、医疗、教育、就业等问题，往往成为网络话语冲突的对象，有的甚至延展至现实生活。

冲突性议题是网络舆情研判的基本指向，通过对冲突性议题的判断，政府组织判断舆情、获取舆情、解决事端、提升执政能力与执政形象。

冲突性议题属于典型的"抗争性谈话（contentious conversation）"。[1]微博通过泛冲突化的议题，表达社会个体与政治组织、社会、既有价值观等的抗争，这种抗争在微博上是话题性的，可以称之为"舆情"，但是这种抗争又具有社会动员与实践性质。只有通过及时的发现与研判，才能化解负面舆情可能导致的社会破坏。

特别是在多元化的价值观与充满冲突的社会转型，日益觉醒的草根阶层维权意识空前强烈，但发表意见的渠道却不够通畅；同时，网络媒介特质和日益强大的影响力已足以担当起社会动员的重任。[2] 政府组织在积极研判舆情及其可能产生的社会动员的基础上，本着执政为民的思想，解决问题，化解矛盾，才能使社会在良性状态下运行。

第二节　博客舆情的社会效应与发展

一　博客舆情的社会效应

在我国经济转轨、社会转型的时期，越来越多的社会成员由"单位人"变成"社会人""社区人""社团人"，社会各阶层的利益诉求在内容上日趋增多，在形式上变得复杂和强烈。博客舆情所传播的基本上是

---

[1] Tilly, Charles. "Contentious Conversation." Social Research Vol. 65, 1998 (3): 491 – 510.

[2] 刘琼：《网络动员的作用机制与管理对策》，《学术论坛》2010 年第 8 期，第 169 页。

中介性社会事项，包括国家管理者制定的法律、法规、制度，实施的各类方针政策、工作措施，也包括影响民众利益及主客体利益关系变化的事件、人物，甚至还包括国家管理者的工作成就和存在的各种问题等。①在中介性社会事项与社会心理学和舆论学研究中曾提出的"公共事物"等概念具有相似性，它们都具有刺激人们心理的作用。当中介性社会事项主动或被动地传播到博客身边时，在多数情况下会直接对博客产生刺激作用，这时博客的社会政治态度即舆情就会涌现。在信息社会，信息就像水和空气一样，无处不在。博客舆情亦如此，反映出社会生活的各个方面，上至国家军政大事、下到百姓生活起居。随着博客的进一步发展，博客舆情内容也在无限延伸，社会效应的渗透性与广泛性将日益强化。

1. 博客舆情的"蝴蝶效应"

互联网作为大众传播工具，覆盖面广、影响力大，在网络舆情的引发过程中，洛仑兹的"蝴蝶效应"日益凸显，即"巴西的一只蝴蝶扇动一下翅膀，会扩展成北美洲的暴风雪"。②网络上普通人的一个发帖会引发数万、数十万人的转发和评论。博客舆情亦是如此，一经传播，常常会被无限放大，产生惊人的"蝴蝶效应"。这种一个极小起因经过一定时间、在其他因素的参与作用下能发展成极为巨大和复杂后果的"蝴蝶效应"，在"木子美事件"中得到充分体现。木子美在网络上，原来的ID叫"酱子"，经常在"万科论坛"发帖，用第一人称为视角、以写"性"为主要内容的纯女性的"私写作"。当"博客中国"逐渐流行后，"酱子"换了个ID，以"木子美"在"博客中国"发表旧文和新作，2004年8月以后迅速走红，其在网上发表的日记《遗情书》，访问量每日增长6000次以上，成为中国点击率最高的私人网页之一，对社会伦理道德提出了挑战。这意味着，无论博客履行社会责任积极还是消极，无论发挥正作用还是副作用，都将产生巨大的社会影响力。

---

① 王来华：《舆情研究概论：理论、方法和现实热点》，天津社会科学院出版社，2003，第53页。

② 彭兰：《网络传播概论》，中国人民大学出版社，2002，第14页。

2. 博客舆情的"羊群效应"

羊群是一种很散乱的组织，平时在一起也是较为盲目地活动，而一旦有一只头羊动起来，其他的羊也会不假思索地一哄而上，全然不顾前面可能有狼或者不远处有更好的草。在网络传播中，许多言论根本就找不出源头，而是一种偶然的信息发布与话题跟随事件。舆论群体就像羊群一样，偶尔一只羊发作而跑起来，整个群体便跟随其狂奔，这就是网络舆情的"羊群效应"，形象地说明了舆论潮的奔涌形态和方向的随机性。可见，人们经常受到多数人影响，会追随大众的意见，而自己并不会思考事件的意义。跟从大众的思想或行为，也被称为"从众效应"。在 2003 年的"SARS"事件中，打开任何一张报纸、任何一个电视台或者网站，都是关于 SARS 铺天盖地的报道，由此引发媒介之间、媒介与民众之间、民众与民众之间的循环反应与共振，使整个社会对于 SARS 的恐惧不断自我强化、无限膨胀。而那种全民性的恐慌几乎打乱了各行各业的正常运行机制，导致社会秩序的混乱。其实感染 SARS 的概率比交通事故的概率要低得多，尽管其传染性剧烈，但也不至于恐惧到全社会甚至连国际社会都草木皆兵的状态。博客舆情也是一种自下而上的媒介环境，使得我们面临着一种全新的意识形态发展方向的可能，使得新技术条件下的媒介环境及舆论潮有向任何一个方向发展的可能。它可能成为引导社会正义的一面，也可能产生较大的负面影响。

3. 博客舆情的"鲇鱼效应"

挪威人爱吃活的沙丁鱼，但是，从海上捕获的沙丁鱼往往因路途遥远而死掉。有位聪明的捕鱼者，他每次捕回的沙丁鱼都是活蹦乱跳。原来，沙丁鱼生性懒惰，不爱运动，长途跋涉多会使他们窒息死亡。这位聪明的捕鱼者每次捕鱼后就在鱼巢里放上一条鲇鱼，鲇鱼主要以鱼为食物链，在陌生的环境中会不停地游动，这给沙丁鱼制造了紧张，他们不停地游动来躲避鲇鱼。这就是"鲇鱼效应"。在传统媒体舆论中，由于长时间的舆论一律造成整个媒体舆情环境波澜不惊，很多负面的新闻和具有批判性的话语没有被发布出来。如果把过去的舆论生态看做是不爱游动的沙丁鱼，网络的产生以及博客舆情的发展，则为这个有些沉闷的舆论场投入了一条鲇鱼。这条鲇鱼不停地游走在当前中国社会生活的方方面面，触动着社会的每个毛细血管，给整个社会的舆论生态带来了不一样的刺激因素。

二 博客等为两个舆论场提供互动平台

当下中国客观存在"主流媒体"和"民间社会"两个舆论场，① 前一个舆论场由党报、国家电视台、国家通讯社等组成，忠实地宣传党和政府的方针政策，传播社会主义核心价值观；后一个则是依托于口口相传，以博客、微博、BBS、QQ 为枢纽，以网络为平台的舆论场，人们议论时事，针砭社会，品评政府的公共管理等。目前在"民间社会"舆论场上，对政府部门批评性的负面舆论占主导。腐败、"GDP 崇拜"、高铁、"听证会""红十字会""环保""干部选拔"等都是人们批评的对象，可谓"众声喧哗"。"批判与否定几乎成为一种时髦，甚至有可能成为一种具有主导地位的大众价值取向。"② 互联网成为"思想文化信息的集散地和社会舆论的放大器"，改写了"舆论引导新格局"。

改革开放以来，我国经济社会快速发展、人民生活水平普遍提高，主流媒体大多报道表面上的东西，因而看到的是和谐景象，而网友喜欢关注敏感的、负面的事件，当然发出的多半是负面的声音。政府为了维护自身形象，正面报道多、负面报道少，网友大多有同情心、正义感，热衷于揭露不好的现象。政府掌握的信息更加全面、分析更加到位，做出的判断更加客观，网友主要凭直觉，主观性较强，对事物的判断不尽合理。再加上有些人，在网上发布一些虚假信息，以引起网民关注等。这些都导致了"两个舆论场"导向上的差异。而一个社会存在"两个舆论场"是合理的，但"两个舆论场"经常出现尖锐对峙却是不合理的，如果任由其长期发展下去，必将导致舆情引导上的混乱局面。可见，"两个舆论场"的良性互动，让官方舆论场和民间舆论场尽量吻合，是社会舆情导向的必然趋势。

在民间舆论场上，个人的看法，在先发后审的机制下，把关人其实就是个人自己。博客、微博的舆论场当然也带有很大的表演成分，一些人为了吸引更多的粉丝或读者而比较夸张地表达。BBS 的表演成分稍许少一点，

① 叶皓：《政府新闻学·序》，江苏人民出版社，2006。
② 陈先奎：《批判缘何会主导中国舆论》，《环球时报》2011 年 8 月 4 日。

但为了一个帖子的点击量，发布者也会尽可能地用“语不惊人死不休”的方式来写作。所谓语不惊人死不休，其实就是个“异”字。当受众变为传者时，出于各种各样的目的（比如与主流异见能彰显自己卓尔不群的品位和见识），解构已经结构好的内容，成为互联网上每秒钟都在发生的事。民间舆论场用情绪说话的特征极其明显，人们用转发行为来表达他们对某些事的立场。通常意义上，个人不会有这个心情也不会有这个可操作性去验证每一条博客、微博所代表的事实与否，他们只是想表达自己的态度。当然还要注意每个人媒介素养不同，有些人会谨慎克制地来表达自己的态度，但有些人则不会，而有些人则容易轻信。可见，互联网的诸多亚文化群落（包括博客群），便建立在这样的基础上。

2011 年 9 月 17 日，安徽省合肥市瑶海区周岩女同学周末从学校回家，母亲李聪当天要上夜班，父亲周峰还没有下班，住得很近的小姨李云在家里给她准备晚饭。李云回忆她 17 点多到周岩家，大约 18 点周岩她并没有发现有其他随行者。可是等她返回厨房做饭，还没过几分钟就听见周岩一声惨叫。等她冲进周岩卧室的时候，周岩站在书桌的位置，头上燃起大火，已经看不见脸了。李云当时穿着裙子，为了避免接近周岩一起烧起来，就顺手拿起床上的被子包住周岩灭火。火灭后，李云拨打了“120”。整个灭火过程，凶手陶汝坤一直站在周岩卧室门口愣愣地看着她。周岩和陶汝坤从 2010 年相识到 2011 年 9 月出事，双方家长都知道两个孩子的恩怨纠缠，但是，没能阻止悲剧的发生。烧伤 5 个月之后的 2012 年 2 月 24 日晚上，周岩的小姨李云把她被毁容的事情在博客上披露，并说：“既要把周岩的悲惨遭遇公开，又要保护好她的名誉和隐私，周家只能小心谨慎，滴水不漏”。截至 2012 年 3 月 10 日，有 242351 人参与“少女拒求爱遭泼油焚烧毁容：伤情鉴定 1 周后公布”博客、微博的讨论。除对少女的同情外，对“官二代”、政府部门的不作为进行了激烈的抨击，博客舆情呈现一面倒的态势。

合肥市及瑶海区相关部门积极应对了这一舆情，除了在官方微博上对相关事实澄清外，还在《新安晚报》《合肥晚报》上刊登了详细的事实报道，如陶汝坤的父母只是普通的科级公务员而非“高官”、瑶海区有关部门上门探望周岩、陶汝坤一直收监而未保释等。同时，公安部门、法院、检察院加快工作步伐，抓紧对周岩的伤残鉴定及对陶汝坤的审判等。这样，逐渐平息了"少女毁容"的博客舆情，并借此推动了案件的审理完结。

可见，作为民间舆论场的博客舆情，可以与主流媒体的良性互动中，使事件不仅得以平息，而且可以发挥积极的作用。要实现这一良性互动，就要推动政务公开，及时公布网民想了解的和想让网民了解的信息；要深入基层，从网民角度思考问题，继而转变主流媒体报道重点。同时，要研究博客舆情，多从网民角度思考博客舆情，开展正面舆情引导；要加强主流媒体宣传，引导网民养成独立思考的方式和能力，自觉地不信谣、不传谣。

三　博客舆情考验政府社会管理智慧

以博客为代表的网络作为继报纸、广播、电视之后的"第四媒体"，不仅承担着传递信息、普及知识、协调社会的作用，更在运作模式上，有别于以往的信息生产方式。它是一种 UGC——即用户贡献内容的运行模式。这和传统的由政治与文化精英控制信息传播渠道不同，它是一种草根媒介。这种媒介的信息产生不受时空限制，难以管控。网络在某种程度上，给事件的发生及其走向，增添了很多不确定因素。但是，纵观近几年的网络事件，单纯的"堵"的管理方式，难以让事件得到有效的解决。2010 年 10 月上海交通大学发布《中国社会舆情应对能力评估分析报告》，认为某些地方政府的舆情研判能力、信息发布能力、现实问题解决能力、议题管理能力、沟通能力、危机恢复管理能力等都有待提高，这在本质上显示，政府在进行虚拟社会管理上，需要提升管理能力与管理技巧。

1. 网络虚拟社会的舆情发展

网络虚拟社会是借助网络的场域，在网络的空间里传播、形成并最终付诸实践的公共群体。网络虚拟社会的兴起不仅伴随着网络在中国的普及，而且促使着中国的民主现代化。它处于社会管理的最前沿，对社会管理创新要求最高，管理最复杂，也最考验社会管理的智慧与成效。

首先，网络虚拟社会的影响。网络虚拟社会的形成并非只有技术或者政策的单一因素，事实上，政府、网络和公众是一个互动过程，也只有在这个互动过程中，政府才能完成管理，网络虚拟社会才能得到发展。影响网络虚拟社会形成的因素，一是政府规制，由于网络传播主体的不确定性、传播渠道的多样性、传播对象的分散性、传播影响力的无法测定性，政府不仅难以管理，而且如果实施管理更容易刺激网络的"活力"。因为为了获得和网络特性相一致的民主、自由、平等，网民就会运用自己的创造性和灵活性，来对抗政府的规制行为。二是公民自身的影响，网络虚拟社会是网络与公民之间的互动。网络为公民发展提供技术与平台，网络又因公民的存在而有存在的理由和空间，两者相互促进和相互依存。三是经济因素，网络作为经济发展的一部分，不仅生成信息和意见，更依靠生成的信息和意见获得利润。

对这些影响因素的分析，国内外一些研究者和政策制定、实施者，常从政府/网络虚拟社会二分法的叙事框架出发，单维度地认为网络是公民"对抗"政府的工具。这不仅导致网络虚拟社会被置于消极的社会管理框架下，也使政策的制定与执行被置于狭小的空间。事实上，在网络虚拟社会形成过程中，网络公民与政府之间的关系至少包括：参与、监督、互补、共进、制衡等，当然也包括对抗。就社会管理来说，至少参与、监督、互补、共进、制衡都不是消极因素，而是促进政治生态健康发展的重要力量。

其次，网络虚拟社会的作用。从社会发展的角度，网络虚拟社会的形成与发展，对国家现代化具有重要意义。一是易得的表达渠道，扩大了公众参与的范围。著名的传播学家马歇尔·麦克卢汉认为，信息的即索即得创造着更深层次的民主。网络使用的门槛低，加上技术进步催生的种种便利，让公民方便地使用网络成为可能。公民利用网络论坛、博客、微博等获取信息，表达观点。特别是处于社会转型期，网络利用一次次的个案促使某一问题得到解决并对同类问题产生影响。二是信息获得与发布的便捷性，促进了网络舆论监督的完善。传统的媒体，信息的传递和获得是有限且经过过滤的。网络媒体拥有海量的信息，并在很大程度上拥有了自由权。按照政治学的平衡原则，一个国家有机体要想健康发展，必须有行之有效的监督体系，而我们国家监督的效果常令人不够满意。西方国家把媒体作为"第四权力"，来对立法、司法、行政进行监督，我们国家也一直在逐步重视媒体的监督作用。特别是 2008 年以后，不论是制度层面还是现实层面，网络都在舆论监督方面，成为一支重要的社会力量。三是话题讨论的广度与深度，易形成促使问题解决的公共议题。网络是一个开放的平台，在网络这个公共领域，公民的话语权可以得到最大限度的释放。对某一议题的讨论，聚集了社会各阶层的人；利用互联网的力量，某一议题也会被深度挖掘。如"孙志刚事件"对迁徙自由权利的讨论、SARS 危机对公众知情权的要求、"佘祥林案"对公正审判权的呼求、"虐猫事件"对动物生命权利的呼吁、"史上最牛钉子户"对私有财产保护的呼吁、"华南虎事件"对政府诚信的要求等，都推动了整个国家文明程度的提高。

2. 对网络舆情的管理存在较大困难

首先，缺乏稳定性。网络虚拟社会由于匿名性等特点，网民较少承担现实社会中因身份、交往带来的责任。因此，人群的聚集与消散都不够稳定，也没有规律可循。就像"贾君鹏，你妈妈喊你回家吃饭！"这样的事件，没有原因，没有预兆地发生与消散，这给网络社会管理带来诸多困难。其次，网络社会情绪化比较严重。网络传播的碎片化、匿名性使网络攻击行为较多，特别是网络对立情绪严重。这种情绪聚集起来，容易形成网络群体极化现象，即网络群体聚集起来后，倾向于表达比个人决策时更冒险、更极端的意见。最后，网络水军等增加了网络公民社会的不确定性。"网络水军"是通过雇用大批人手在互联网上集体炒作某个话题或人物，以达到宣传、推销或攻击某些人或产品的目的。这些受雇人员在"网络推手"的带领下，以各种手法和名目在互联网上活动，从而打破正常的传播秩序。"网络水军"不仅危害社会、影响正常的网络秩序，而且还对道德、法律、社会秩序形成冲击。

3. 网络虚拟舆情对社会管理创新提出新要求

网络虚拟社会的发展，给社会管理尤其是仍以传统社会管理经验为主的管理者带来挑战。在网络时代下，一方面必须了解网络运行的技术特点，另一方面还要从网络道德、网络法规、网络素养等方面予以加强，这样才能达到"善治"的目标。第一，需要加强网络法规建设，完善网络规制。学者约翰·沃格勒论述道，技术变迁带来的高度依存性和极端脆弱性，使得新型全球政治权威和全球治理的必要性日渐增大。从全球来看，即使是标榜言论最自由的国家，也都在考虑"如何合理地使用并管制互联网"。当然，并非一定要用威权的方式治理互联网。事实上，在国际上也有两种观点：一种是市场派，认为政府应保持中立，管理得越少越好；另一种是麦迪逊派，主张政府为了公众利益，对危害公共利益的言论予以适当管制。不管哪个国家的政府，在实践中没有一个国家放弃对互联网的管理，美国在 1995 年通过了《通讯规范法》，对互联网的信息进行评级。后虽然因反对废除，但是美国政府一直未放弃对互联网的管理。我国对互联网的管理，呈现出立法规范少，临时规制多的特点，很多管理文件都是"暂行规定"，而且，多在"限制"中，对于互联网可以做什么的"保障"措施不足。一方面要求对互联网进行立法管理，要尽快建立一部权威的较为适用的法律，从法律上赋予网络以权利和义务。另一方面注重对网络规制的建设。加强政府规制、经济规制、法律规制、文化规制和社会规制建设，全面赋予网络以健康、合理的运行环境。

第二，注重对网络技术的把握，提升政府技术熟悉度。对虚拟社会的管理，很多时候因技术不熟而难以展开，也有很多管理者因为担心自己说外行话、做外行事，而对管理有所顾忌。马克思曾说，一切的等级制，都是知识的等级制。只有掌握了网络社会管理的核心——网络知识，才能对网络社会进行了如指掌的掌控。这要求网络社会管理者一方面要积极的学习网络知识，另一方面虚心向相关单位和个人学习。

第三，注重对网络信息透明度的管理，争取在网络管理上处于主动。首先，和传统媒体相比，网络传播已经发生了重大变化。网络受众不再像过去那样被动地接收信息，而是主动在网络上寻找、过滤、摈弃信息，所以，政府的信息发布方式如果还在过去信息垄断的思维中，网民要么掉头而去，要么口诛笔伐。其次，网民不仅已经从被动到主动地拥有了海量信息，而且网民已经小众化。特别是到 Web2.0 时代，网络媒体的个性化特征更为明显，同质性群体广泛存在。这些同质化群体形成很多利益共同体，当他们的利益受到侵害时，这个共同体就会立即共同反击，而且，还会有相关和不相关的群体和个人加入其中，最终形成声势浩大的网络大军。最后，网络受众不仅关注自身利益问题，还广泛关注公平、民主、正义、法律等多方面现实问题。

因此，真实、快速地传递信息，尤其是危机事件的信息显得非常重要。政府一方面要积极发布信息，特别是一些突发事件的信息，来消除公众的疑虑，减少猜忌和流言的传播；另一方面，要经过咨询与论证，不盲从发布信息，一旦发布出去的新闻不真实、不合适，将会使政府处于被动地位。

第四，注重对网络热点、焦点事件的管理，注重沟通与对话机制的建设。网络事件的发生具有突发性、影响力大的特征，网络社会管理者应积极利用网络舆论的热点、焦点事件，抓住契机，构建良好管理秩序。一方面树立诚实、守信的管理形象，另一方面尽量缩小事态的发展范围，降低事态的影响力度。注重和网民及当事人的沟通与对话机制建设，使流言止于公开，猜忌止于真诚。

第三节 博客舆情未来发展趋势

美国互联网著名的博客专栏作家丹·吉尔默认为，博客代表着新闻媒体 3.0。他说，1.0 代表着传统媒体或者说旧媒体；2.0 是人们常说的新媒体或者叫跨媒体；3.0 是以博客为趋势的个人媒体或者自媒体（we media）。① 作为一种新的媒介传播样式，从博客到微博客，成为推动社会发展的基本动力，也成为区分不同社会形态的标志。正如传播学大师麦克卢汉说的那样，一种新媒介的产生与运用，宣告我们进入了一个新的时代。②

一 博客舆情的价值分析

1. 分享信息，促动人际互动。博客是互联网时代重要的传播途径，博客平台的方便、快捷，对社会的影响巨大，主要源自它对信息的分享与互动。在博客平台上，传统社会形成的阶层、阶级的差别，人们自然属性的差别等被彻底打破，不管是精英还是草根，不管是富甲一方还是一贫如洗，不管是东方还是西方，都可以进行平等交流。以 2012 年 10 月 8 日，美国国会众议院情报委员会公布的报告，认为中国电信公司在美国电信市

---

① 邢晓芳：《"自媒体" VS 传统媒体：势均力敌?》，《新闻记者》2007 年第 10 期，第 74 页。
② 〔加拿大〕马歇尔·麦克卢汉：《人的延伸——媒介通论》，何道宽译，四川人民出版社，1998，第 2 页。

场持续渗透，从而封杀华为、中兴的事件为例，该事件在新浪网就有来自不同方面的讨论，比如渔娘的博客《美向中兴华为祭出五大"封杀令"》、常征的 blog《FT 社评：封杀华为欠思考》、姚进的博客《美国封杀华为和中兴通讯事件真相及原因》、白明的经济学园地《封杀华为中兴是冷战思维与贸易保护联姻》、杨孝文的博客《美国拒华为中兴，谁来防思科？》等几十篇。在分享自己思想的同时，也和网友进行了交流互动。以杨孝文的博客为例，截至 2012 年 10 月 11 日早上 7 点 35 分，阅读该博客的有 4890 次，评论 100 次，转载 21 次（见图 4 - 1）。

副教授：美国为何疑神疑鬼调查华为中兴

［聚焦 | 中兴华为到底威胁了谁？封杀源于冷战思维与贸易保护］
［热议 | 美国政客封杀华为有何阴谋 美国拒华为中兴谁来防思科］

图 4 - 1　杨孝文博客的标题

2. 促进政治改革良性发展。博客的诞生突破了个人建设网页的技术和资金的限制，不但可以为个体提供信息生产、积累、共享、传播的独立空间，还可以面向公众，进行信息传播。博客以其独特的传播方式，正形成一股不可忽视的网络传播力量。[1] 博客通过对公共事件的传播、讨论、评论，对公众和政府产生巨大影响（见图 4 - 2）[2]，并因此影响政府的政策议程。一些政治博客的兴起，对政府政治进行报道、讨论，以"两会"博客为例，从 2006 年两会以来，朱永新、赵丽宏、李汉宇等十多位代表委员在人民网开通了两会博客。另外，在新浪和搜狐等门户网站，有《小丫跑两会》《柴静两会观察》《马斌读两会》《小撒探会》等两会记者博客。这些"两会博客"，对公众广泛了解政治、参与政治、影响政治起到了良性作用。

3. 重要的信息来源。网络化时代，人人都是记者，每个人都有一个麦克风。通过博客平台，可以传递个人和机构最原生态的信息。以"7·23"动车事故为例，《中国青年报》就认为，微博客"成动车追尾事故最早信

---

① 胡春阳、方维：《博客对公共舆论构建的外在性影响》，《中国地质大学学报》2009 年第 6 期，第 74 页。
② 贾佳：《试论公共知识分子博客的影响力》，上海社会科学院出版社，2010，第 6 页。

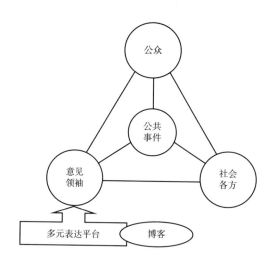

图 4 - 2　博客如何影响公共事件

息源"。事故发生前后，"Smm_ 苗"网友几乎直播了整个事故的过程，她发的信息，后来为很多媒体所采用。中国人民大学发布的 2011 年舆情报告评价说，"在可预见的将来，微博客或将直接改变中国社会生态和政治语境，让强势一方做事时不得不考虑民众的反应，微博所推动的是整个社会的政治生态平衡。"①

4. 拓展传播渠道。传统的媒体，传播的能力毕竟有限，难以满足现代社会对信息的需求。博客内容的无限性，使舆情传播得以无限制的实现。不仅社会舆论在博客平台得以存在与反映，传统媒体也可以借助博客平台进行传播。据统计，截至 2011 年 12 月 10 日，在新浪网、腾讯网、人民网、新华网经过认证的政务微博客就有 176714 个，其中，党政机关 113382 个，干部 63332 人。借助微博客的平台，党政机关较好地引导了舆论，净化了舆论氛围。此外，根据新浪网 2011 年度媒体微博研究报告显示，2011 年媒体微博从 2.1 万个飙升至 7.9 万个，其中媒体机构占 14.7%，媒体从业人员占 85.3%，截至 2011 年 12 月底，媒体微博粉丝数达到 1.2 亿人。人民日报新浪微博从 2012 年 7 月 22 日上线，一周就揽得 15 万粉丝。互联网平台为媒体提供了非常好的渠道，媒体以其固有的权威性、知名度，能很好地影响博客舆论的走势。

---

① 《微博成为舆情最大信息源》，《南方都市报》2012 年 4 月 14 日。

二 博客舆情存在的问题

社会转型期，博客对促进政治改革、社会进步、信息公开等起到了重要作用，但是，博客舆情的生产也带有发展过程中存在的问题。

1. 博客舆情内容可信度不高。作为自媒体的平台，博客舆情的生产缺少规制是当前面临的最重要问题，其中一个方面便是内容生产的可信度不高。美国的一项调查显示，社交自媒体有49%的信息都是假的。[①] 2011年《中国青年报》曾报道过微博客生产假新闻的信息，6月8日，新浪微博客有网友说湖南省隆回县第二中学考生因语文考试迟到15分钟，被拒入场后跳楼自杀，而据媒体报道，坠楼事件实际发生在隆回县第一中学，当地警方上午8点57分就已接到报警，此时语文考试尚未开始；还有网友发微博称，有人吃烧烤使隐形眼镜熔化导致失明，据多家媒体报道，权威眼科专家称从未接收过类似的病例，隐形眼镜熔点均在100℃以上；更有用户发微博称，沈阳技师学院女生遭轮奸坠亡，幕后主使是本校教师，该校学生和警方均未听说有此事……

2. 博客内容庸俗化。有些博客为了追求高的点击率、关注度，在博客中发布一些隐私照片、不雅照片，或者用耸人听闻的标题来吸引眼球。作者随意打开某门户网站的博客频道，就看到下面的博客（见图4-3）。

- ·解读东北女人的彪悍和细腻　　　　　　公子歌
- ·丈夫出差后妻和男邻居偷欢　　　　　　木子李
- ·老婆要挟我再出差她就找男人　　　　　黎文东
- ·初次亲热我动作太娴熟男友起疑心　　　蔚蓝
- ·我拜金爱财为钓富豪遭共用　　　　　　雅晴

图4-3 部分内容低俗的博客标题

庸俗内容的存在，污染了博客舆论的氛围，也使很多有用的内容、观点淹没在此类信息中。2012年5月2日国家互联网信息办公室还关闭了535个微博客，其内容都是传播淫秽色情、低俗信息。即使如此，现代对博客低俗内容的治理仍然任重道远。

---

① 资料来源：http://www.iheima.com/html/2012/knews_0422/668.html。

此外，博客中还充满着暴力语言，粗俗的语言，攻击性话语随处可见。比如被誉为"中国博客第一案"的南京大学陈堂发老师起诉中国博客网一案，就是由于学生的谩骂引起的。2005 年 9 月，陈堂发发现中国博客网的一个叫"长套袜"的网页上有篇《烂人烂教材》的博客日志，博主"K007"对他进行了指名道姓的辱骂，说他是流氓、烂人、猥琐人。后中国博客网拒绝删除信息，被陈堂发告上法庭。

3. 资本逻辑消解公益性。博客发展至今，盈利模式一直乏善可陈，这也是制约博客发展的重要因素。虽然和讯博客也探索出"和讯博客广告联盟"、其他博客网站尝试话题广告，抑或新浪微博客进行的 Nokia 新品发布直播等，总的来看，博客都没有探索到一条有效的发展路径。在资本宰制下，博客的发展遇到了巨大的瓶颈，所以有作者感叹，博客盈利：与死亡赛跑。① 即使今天发展火热的微博客，同样没能找到有效的既保证微博客的公益性，又能高枕无忧的生存的盈利方式。

三 博客舆情发展趋势

博客经过 10 年的发展，特别是近几年，传统博客不仅面临微博客的冲击，经营商也步履维艰。不过，经过发展初期的喧嚣之后，博客依托互联网找到了自己的生存之道，已经步入理性、平稳的发展轨道。

1. 思想写作更为深入，进一步引起互联网的群体分化。微博客由于受到 140 个字符的限制，在表达上有碎片化的特征，同时，大量、快速生产的微博客内容，很快被淹没在信息的海洋中。博客则没有字数的限制，写作的成本相对较高，这会进一步提升博客写作的质量。博主在写作过程中，会深思熟虑然后进行写作，从这个角度来说，博客不仅承载了未来中国社会发展的深层思考，也是对当代文化的娱乐化、工业化、碎片化现象的反思。

博客对内容提出要求的同时也对传播对象提出了要求，耐心、兴趣、探究成为博客阅读的特征与动力。以内容建立关系的博客圈将替代博客发展初期的散漫与任意，成为网络群体分化的重要工具。对于舆论来说，这种具有相同、相近价值观、利益一致的群体，表达诉求的强度更大、关系

---

① 资料来源：http://soft.yesky.com/info/65/2558565.shtml。

更具紧密性，因此产生的舆论影响也就更大。

2. 传播形态更为多样，内容生产更为人性化。博客产生 10 年来，逐渐衍生出许多的形态。播客、微博客、轻博客等，未来的博客发展也将朝向便捷、快速、和生活一体化的方向发展，发展出更多的样式。博客传播样式的多样，有的继承了博客的基本特质，有的则与博客的既有特点相去甚远，不管哪种样式，都与个人写作、自我传播相联系。

博客舆论体现了互联网最根本的特质，即自由、平等、开放，博客舆论体现出的特征也与此相符，博客舆论不仅是一种传播样式与舆论渠道的更新，更是人的本质精神的体现。从这个角度说，博客也就是人，就是人性的最本质呈现。特别是博客发展到微博阶段，已经具有了社会化媒体的特征，微博客的关注、转发、评论、私信等功能，就是现实人际关系的再现，是人与人之间交往的网络化。

3. 舆论范围更为广泛，草根博客影响力日增。在传统媒体时代，舆论生产的范围是有限的，媒体通过分工、驻地记者、通讯社等形式，形成一张获取事实之网。新闻报道的对象，往往是网上节点的信息，社会上仍有不少"漏网之鱼"的信息。网络时代，博客通过无所不在的公众，随时、随地、无缝隙地呈现社会中的每个信息，可以说，通过网络媒体、手机媒体或其他终端设备，织就了一张如同铜墙铁壁的事实之网，使舆情的生产与呈现具有偶发性和突发性，增加了监管与引导的难度。

传统媒体时代，舆情的生产主要是由社会精英来掌控，而网络媒体，通过普通人的书写，也能影响到一大批人，甚至作为舆论领袖存在于网络中。像博客作者韩寒、文娱明星徐静蕾，都不是传统意义的社会精英，但是通过积极的博客书写，成为网络最受欢迎的博客明星。微博客时代，一些草根声音也逐渐受到重视，他们真正代表普通人的感受、想法、情感，影响力也逐渐增强。

4. 政治参与度更高，反应公众普遍想法的舆论将影响中国的政治进程。博客具有明显的公益性，博客作者很少为了利益而写作，公共利益的原则导致博客内容很大一部分指向政治与社会建设。公众通过博客讨论，与其他受众形成互动、进行协商，并最终产生公众基本都赞同的意见和态度。特别是随着中国现代化进程的加快，政治改革逐渐深入，博客积极地参与其中，彰显出自身所具有的公共利益特征。

此外，随着微博客等舆论渠道的产生，政府管理者也逐渐重视博客平台产生的意见，不少领导人通过注册博客，和网友互动，听取网友"拍砖"。从博客生产的舆论来源看，这些舆论基本是最原生态和最真实的声音，是最能反映公众心声的内容。所以，政府管理者通过积极的沟通，了解到社会上大多数人的想法，从而积极地制定政策，使社会变得更美好，公众更幸福。

本章小结：伴随着我国社会转型加快、改革向纵深推进以及国际环境的影响，尤其是新媒体的迅猛发展，改变了网络舆论传播生态环境。作为一种新的媒介传播样式，从博客到微博客，成为推动社会发展的基本动力，也是网络中重要的舆论阵地。而网络舆情又是社会舆情的重要组成部分，博客的迅速发展更加强化了这种作用。博客舆情的传播分享信息，进行人际互动；促进政治改革的良性发展；同时，博客舆情存在内容可信度不高、庸俗化、资本逻辑消解公益性等问题。总之，博客舆情已渗透到网民社会生活的各个层面，在产生传播效果的同时也显出广泛的社会效应。博客舆论给我们带来积极因素的同时，也带来了管理上的困难，如何净化博客舆论，为我们建设良好社会秩序服务，提出了新的挑战。

第五章　博客舆情的运行规律及监测机制

博客、微博是网络中重要的舆论阵地。据 CNNIC 发布的《第 32 次中国互联网络发展状况统计报告》显示，截至 2013 年 6 月底，我国博客用户、个人空间及微博用户数量共计达 7.32 亿。互联网的普及与发展，改变了传统媒体的自上而下的单向传播模式，博客、微博等新兴传播载体已经构筑了自下而上的民间舆论场。通过互动传播模式引发的网络舆情在新的舆论格局中发挥着不可替代的作用。引导博客舆论健康发展，营造健康和谐的网络环境是提高政府执政能力的题中应有之义。

第一节　博客舆情的运行规律

一　从博弈论视角审视博客舆情的传播动机

社会演进的过程就是人及群体相互竞争、互动及博弈的过程。博弈一词的英文是 game，意为对策、游戏。博弈论的核心问题就是以对方的行为作为自己的决策依据，并寻求最佳选择。在经济学中博弈论作为重要的分析方法已渗透到几乎所有的领域，成为主流经济学的一部分。在信息传播领域借鉴博弈论进行学术研究目前还比较少见。

　　按照博弈论的解释，一种社会信息的传播便是一个由众多局中人参与的互动博弈过程。在这个博弈空间中，博弈参与者包括公民、媒体、政府等一切社会主体；博弈策略是参与者所采取的竞赛技术和方法；博弈收益则是可控的和不可控的与信息相关的利益；由于有着不同的显示偏好、预期收益、知识水平、人生经验等，所以信息传播参与者之间的博弈实际上就是一种不断进行的丰富多彩的动态博弈。

　　从博弈论的视角出发，本节的立足点就是要探讨中国社会主体基于利益在博客平台上进行博弈的问题，着重探讨公民（网民）、媒体（传统媒体）、政府彼此之间在博客舆情方面博弈的规律与对制度建设的启示。

　　在当今社会，信息的重要性日益突出，其不仅是重要的经济资源，也是政治权力的核心资源。但是公民与政府总是处于信息不对称之中。一方面，公民拥有的信息政府不完全拥有；另一方面，政府拥有的信息公民较少拥有。在信息不对称的情况下，公民与政府为了不同的利益需求展开博弈。当公民拥有的信息政府不完全拥有时，公民为了自己的利益在是否向政府传递信息之间进行选择：当认为向政府传递信息对自己有利时会向政府传递信息；否则会向政府隐瞒信息。政府为了公共利益会主动到社会大众中进行调查研究，制度化地收集来自公民社会的信息；为了节约收集信息的社会成本，提高收集效率，会制定一些制度要求公民提供信息。政治系统原理表明，政府过程就是公民和政府之间的信息（公众意见和民意）输入、输出及反馈过程。博客的兴起顺应了公民和政府之间的信息（公众意见和民意）输入、输出及反馈过程的趋势。网络平台正在建构这样的信息流动渠道：一方面，网络承载了公民的意见表达，聚集起民意力量，充分表达不同阶层的观点，不同角度的主张，这也是政府政治决策的参考依据，即政治输入的过程。另一方面，政府发布权威信息和设置公民政治议程，向公民阐释政策内容和政策意义，澄清政治焦点事件，并在这个过程中塑造着公民的政治认同，即政治输出过程。当然，政府过程的最终结果便是公民与政府的不断对话和博弈，并最终达成共识。

　　博客在民众和政府博弈的过程中，具有其他网络传播方式所不具备的天然优势。占据主导支配权的网民，是博客舆情的最重要组成部分，谁也无法控制这样庞大的人群对博客的评论内容，也无法控制博客的开设目的、开设作用甚至发展趋势。博客和原有的网络传播方式有着本质的不

同。E－mail 通常围绕问题而展开，是点对点的告知－反馈传播模式；BBS
是网民的随意发言，其言论像一盘散沙，是撒落在互联网中的点点碎片；
而 QQ 只是个人或小群体之间的对话。总之这三种传播只能构成交往的方
式，没有系统性。而博客则不同，由于是个人日志的链接，在时间上保持
连续性，并且可以回溯，因而表现为一个较为完整的个体。因此它是一种
更为严肃的沟通工具。更为重要的是，博客是个人自主注册的空间，突破
了传统个人主页的诸多局限，真正实现了平等互动，网络自主平等互助的
魅力在这里得到充分的体现，是一种蕴含网络原质力量的以公众为中心的
新型网络传播形式。

　　博客平台正是基于以上特点使得民众在和政府博弈过程中话语得到最
大伸张，从而改变了民众参与政治的方式，突破了传统媒体的单向传播框
架，实现了人际传播、组织传播和大众传播的融合。

　　信息博弈论认为，每个传播主体都是追求自我利益的主体。与信息相
关的利益是每个传播主体都喜欢追求的，满足博弈分析的动力前提。① 我
们可以从博弈论视角审视博客舆情的传播动机。

1. 宣泄诉求

　　现代社会各种竞争激烈，外部压力增大，为了缓解压力，宣泄情绪，
实现传播主体的自身利益需求，博客平台就充当了社会情绪、社会心理的
调节器、缓冲阀。在传统社会中，我国社会是一种"总体性社会"的结构
状态，是高度统一的社会组织形式。② 政府在公民政治、经济、文化生活
中拥有绝对权威和支配力，但今天随着经济领域的巨大变革，我国的社会
阶层、社会结构、社会价值认同等诸方面也发生着翻天覆地的变化，急剧
变化的社会环境导致人们已经固化的思想状态的不适应和激烈社会矛盾冲
突的凸显。在网络飞速发展的今天，网络博客为人们提供了一个恰当的宣
泄渠道，它在某种程度上缓解了现实世界带来的焦虑与紧张感。

2. 沟通诉求

　　"世界上最远的距离不是生与死，而是你就坐在我的对面却在玩手机"

① 雷润琴：《信息博弈——公民·媒体·政府》，清华大学出版社，2010。
② 韩来英：《网络政治博客对于现实政治作用的分析》，《临沂大学学报》2011 年第 8 期。

这是当代网民缺乏现实人际沟通，更偏向通过手机刷微博，满足自我沟通交流需求的真实写照。共享和交流是博客发展的动力，博客传播者希望通过博客的写作让他人了解、理解自己，并借此与外界交流。这是"使用与满足"理论所阐释的内容。该理论认为，人们接触使用传媒的目的都是为了满足自己的需要。在博客的个案中，这种需求首先是博客传播者的自我认知和评价需求，他们渴望通过更真实的认知和评价自我达到"主我"和"客我"的统一，更好地与周围的人和谐相处。此外，博客传播者还可能通过这种沟通和评价体系获得尊重和赞赏，实现心理上的自我满足。

3. 政治诉求

在传统社会，政府与公民的信息博弈过程中，政府与公民信息不对称，政府的政治输出渠道单一，往往通过文件或是传统媒体，缺乏对公民的有效和及时的反馈，公民政治参与渠道狭窄。而在网络社会，政治博客为公民提供了一种政治参与、政治宣泄的渠道。政府对政治博客要定期梳理，并给予即时反馈，使政府与公民逐步达成共识。一方面，能使政府决策科学化、民主化；另一方面，满足公民的政治诉求。

4. 经济诉求

博客的不断发展已经开始从个人空间演变为公司、部门组织之间的沟通工具。这逐渐让更多个人、组织和商家发现它的社会效益和经济效益。网络可以使人一夜成名，现在博客也已经创造了不少这样的神话；还有些传统媒体通过不断开辟博客专栏来创造可观的社会效益和经济效益，这也成为博客盛行不可忽视的因素。

5. 权利诉求

根据马斯洛的需求层次理论，人的需要从低级到高级可以分为五个不同层次。该理论也同样适用于博客社会的权利需求分析。网民对权利的需要可以分为基本权利的需要、知情权的需要以及话语权的需要。[1] 基本权利包括生命权、健康权、财产权、获得报酬权等关乎人生存的系列权利。

---

[1]　王国华等：《解码网络舆情》，华中科技大学出版社，2011，第71页。

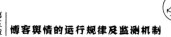

我国社会处于转型期，贫富分化加剧，社会弱势群体的生存状况堪忧，在这种社会状态下，社会大众一旦找到合适的时机，就会通过不同方式表达对基本生存权利的共同维护。在一系列博客舆情热点事件中，关乎社会公平正义及普通人尊严等问题会在第一时间，引起网民直接的情绪反映，后者通过博客表达对弱势群体的支持和同情。

知情权指公民知悉和获取信息的自由权利，具体指对国家重要决策、政府重要事务以及社会上当前发生的与普遍公民权利和利益相关的重大事件，有了解和知悉的权利，包括对政府和社会的知情权。[①] 在博客舆情热点事件中，知情权体现在网民探求事件的真相上。网民要求知政权的典型博客事件，如石首事件、躲猫猫非正常死亡事件、郭美美微博炫富事件等；网民要求社会知情权的典型博客事件，如央视谷歌新闻涉嫌造假事件、地震传言事件等，均体现了网民对于社会当前发生的事件真相的探求。

抢夺话语权。传统社会，我国社会的话语权由党和政府主导，作为社会大众信息传播中心的新闻媒介受到官方垄断。而网络社会，带有鲜明自媒体色彩的博客、微博为网民群体抢夺草根话语权提供了平台。博客舆情具有质疑主流价值观、打破官方和精英话语垄断、呈现自下而上的博弈特征。

二　案例解析博客舆情的传播路径

案例1：故宫星巴克事件

2007年1月14日，央视主持人芮成钢在其博客中，抨击美国知名咖啡店星巴克在北京故宫开设分店，认为这是对中国传统文化的糟蹋，以个人名义要求其搬出故宫。之后各方媒体报道铺天盖地，网友反映也很强烈。迫于舆论的压力，半年后星巴克撤离了故宫。

事件过程：

2007年，知名咖啡店星巴克在故宫开设了6年。2007年1月14日，央视主持人芮成钢在其博客上发出了一篇为《请星巴克从故宫里出去》的

---

① 王国华等：《解码网络舆情》，华中科技大学出版社，2011，第72页。

抗议，认为"故宫里的星巴克"是对中国传统文化的糟蹋，并以个人名义向星巴克总裁发出抗议书，要求星巴克从故宫里搬出去。

芮成钢本人经常往来于大陆与美国，对美国的文化及风土人情较为了解。一年前，芮成钢在耶鲁大学的一次全美 CEO 峰会上，正好遇到星巴克的新任 CEO 兼总裁吉姆，芮成钢当场在公开演讲中提议，"我不知道星巴克是否在印度的泰姬陵，法国的凡尔赛，英国的白金汉宫有开分店的计划，但是请星巴克先把在中国故宫里的店撤掉"，当时现场一片爆笑。随后吉姆私下称，这是前任总裁做的，需要回去和同事们商量，但 4 个月过去了仍然不见动静。芮成钢认为，星巴克饮品在美国 4 美元就可以买一大杯，"相当于在中国花 4 元人民币就可以买到一杯饮料的店。"在西方的普遍观念中，星巴克是"不登大雅之堂的饮食文化的代表符号"。

几天后，星巴克的 CEO 就芮成钢的"抗议"回信，称"6 年前，是应故宫博物院的邀请，星巴克在故宫开了分店"，并已经为"适应紫禁城的环境作了认真的努力"，但并未提及会否撤店。之后，星巴克中国区相关负责人表示，该店一直很低调，而且星巴克和故宫之间签订了协议，目前没有考虑撤店的问题。

社会各界反映

《人民日报》首先刊发了芮成钢的文章，随后，国内几百家媒体对此事予以了关注，《光明日报》、新华社、中央电视台等主流媒体都用大篇幅进行了报道；而国际上，包括路透社、CNN、BBC、《金融时报》、福布斯、《华尔街日报》《商业周刊》《时代周刊》《华盛顿邮报》等在内的超过 250 家的国外媒体也进行了报道。

网友们对这事的关注度更高，帖子发出仅仅几日，点击量陡增 50 万，许多网友表示支持。

迫于舆论和各方面的压力，几天后故宫博物院就此事终于表态，称关于星巴克的去留问题，博物院已经开始讨论，最快在 2007 年上半年内会有一个结论，这也是故宫博物院官方公开的唯一表态。

2007 年 7 月 15 日，在星巴克撤离故宫后不久，芮成钢在其博客里写道："故宫管理者的这个最新决定合理、明智。全球很多著名的世界文化遗产的管理机构在这方面也都是这样做的，故宫里本来就应该只是一个品牌，那就是——'故宫'。不让别的品牌出现，不是排斥，更不是垄断，

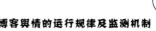

而是保护故宫自身民族品牌及其厚重的文化象征意义的完整性。"①

【舆情演变过程】

（1）公共咖啡馆的自我搭建：博主设置议程

2011年7月，英国《经济学人》杂志以封面话题"新闻的未来——重返咖啡馆"探讨了互联网时代新闻的未来，认为随着社会化媒体的发展，新闻业正在从大众媒体重返咖啡馆里的对话文化时代。② 300年前，人们通过人际交往传播新闻，在咖啡馆里以对话的形式交流探讨。这样的场景与当下博客等自媒体何其相似。人们在博客上传播新闻，通过转发、评论等形式交流探讨，社会化媒体的兴盛就像是以高科技为背景的"咖啡馆"返祖现象。③ 与传统媒体相比，在舆情发生阶段，博客舆情是由博主设置议程，即爆料敏感话题或者对热点话题的转发评论，引起人们强烈关注。如"故宫星巴克事件"，是由博主央视主持人芮成钢在其博客中发布议题，引发博友关注。

（2）主流媒体的催化升温：舆情载体的交互扩散

传统媒体跟进报道，将事件处于舆论中心位置。主流媒体是博客舆情升温的重要推手。主流媒体具有权威性和公信力，其与博客的跟进互动，使舆情传播发生了质的变化，进入到社会热点和公众热议阶段。在"故宫星巴克事件"中，经国内外数百家传统媒体报道，芮成钢博文的点击率很快超过50万。如果没有传统媒体的介入，单凭博客的作用，事件被处于整个社会的关注中心的概率将会降低。

（3）意见领袖的精神扩张：网民的集聚共振

在博客舆情传播过程中，意见领袖对舆论的影响力不容忽视。博客的繁荣和发展，不仅为意见领袖提供了全新的活动平台，而且以其自身的特殊性为意见领袖带来新的特点。博客传播的强辐射力扩大了意见领袖的影响面，博客传播的个性化提升了意见领袖的亲和力。④ 在"故宫星巴克事件"中，芮成钢作为央视主持，是公众人物，具有意见领袖效应，其博客

① 资料来源：故宫星巴克事件追踪，百度文库。

② The future of news：Back to the coffee house（新闻的未来——重返咖啡馆）. The Economist（经济学人）. 2011，（7）。

③ 姚莉莉：《中国新闻网站亟待"三变"》，《新闻记者》2012年第3期。

④ 宋好：《微博时代"意见领袖"特点探析》，《今传媒》2010年第11期。

本身有很强的关注度。意见领袖对事件表达出观点，如果议题与社会公众的普遍社会心态相契合，就会吸引众多网民互动跟进。网民在协同作用中，形成共振与共鸣，产生舆论波，达到舆论高潮。

（4）权力组织的干预：议程的消弭或再扩散

博客舆情与现实互动的过程中，会以不同的方式发展或消落。权力组织包括政府或企业等组织。在强大的社会压力和舆论压力下，权力组织要及时出面回应，立即着手解决相关问题，有些问题即使解决不了，但也要给公众一个合理的解释。由于有了舆情主体的回应，网民在心理上认为事件已经得到了舆情主体的关注，网民情绪开始平复，舆论由高点逐渐下滑，进入缓解期。如果舆情主体对事件处置合理，舆情会逐渐淡化回落，但如果处置不当，会引起舆情的再扩散，形成新一轮舆论波。在"故宫星巴克事件"中，美国星巴克咖啡店的CEO起初态度强硬，遭到舆论抨击，最终该店撤离故宫，舆情才得以平复。

案例2："微博直播举报"事件

"安徽利辛县国土局干部微博直播自首事件"，引发公众强烈关注，截至2011年7月14日，用"微博自首周文彬"作关键词在雅虎搜索引擎搜索，相关信息达2925525条。2011年4月13日上午，安徽省亳州市利辛县国土局胡集中心所原所长周文彬，在微博上发布消息称将去亳州市纪委"自首"并检举曾向上级行贿一事。周文彬写的一份举报信，举报涉及当地县处级、科级等基层官员10名，其中包括该局局长等人。举报信中称，上述10人行贿受贿，并涉及买官卖官、承包项目等。周文彬选择了"自首式举报"，并在微博上直播了自首的过程，迅速引发网友围观。

事件过程：

周文彬自首的当天，媒体便注意到此事，当日共有报道53篇。山东新闻网在当天中午首发报道《安徽一"国土官员"微博直播自首举报自己行贿》。由于当时周文彬的微博并未经新浪实名认证，报道主要以核实周文彬的基本情况为主，并在新闻后附上周文彬自首途中发布的几条微博。同时，安徽本地媒体合肥在线也刊发报道《安徽利辛县国土局官员微博直播自首过程》，并联系亳州市信访室对此事进行核实。2011年4月14日，舆情热度迅速上升，相关报道达403篇。《中国青年报》《新京报》《新快

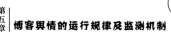

报》、财经网等多家媒体跟进，采访到亳州市纪委信访室主任朱成林，了解周文彬举报的一些细节情况。《市场星报》则披露称，周文彬在自首之前，曾经给媒体写过一封长达好几页的检举信，被举报人涉及10余人，均为县国土局领导。而安徽当地媒体《新安晚报》则于4月13日上午电话采访了周文彬本人，并于4月14日刊发报道《周文彬微博直播自首过程：直播为引起关注》，记录了周文彬自首前后的经过。合肥在线则刊发报道《利辛国土局通报"微博自首"主角沉浮之路》，报道了利辛县国土局新闻发布会上披露的有关内容。山东新闻网更在网上全文刊发了周文彬的举报信。当日，相关评论也开始出现。截至7月14日，相关博文达2260篇。

"微博直播举报"事件经山东新闻网首发后，各大小网站纷纷转载并跟进报道，从而引起更多网民热烈关注。关注时间持续一个多月，即从周文彬"微博直播"开始至该事件获得政府相关部门做出处理意见后。网络在对"微博直播举报"事件的关注过程中，除微博网友大量转发事主周文彬的"微博直播"和网站的报道外，网站的新闻评论、论坛的评论集中了对此一事件的主体舆情。在百度所囊括的2925525条相关信息中，搜狐空间小小茗的评论《安徽利辛县国土局周文彬微博直播自首前后》（4月14日）因为上了首页，该文阅读次数达到58435次，获评论43帖。

虽然博客博文对此事件的关注度远不及微博、网站新闻和论坛，但博客的关注还是体现了两个特点，一是关注时间持续事件始末，二是理性思考多于情绪化反应。如博文"微博直播举报，呼唤举报保护法"（2011 - 04 - 15 10：52：01 新浪）、"微博直播是对体制内救济乏力的嘲讽"（2011 - 04 - 15 07：34：36）、"周文彬'微博自首'媒体绕不过的三个问题"（2011 - 05 - 03 10：46：33）、"'微博自首案'处理结果能服众吗？"（6月2日）等，其文题所反映的舆情一目了然。

【舆情演变过程】

（1）舆情的萌芽期——微博用户爆料敏感话题

微博用户周文彬自首当天，即引起网民强烈关注。周文彬当天直播微博8条，每一条均有网友评论，当天最后一条微博"我已到了亳州，5分钟到纪委，感谢大家一路陪伴。"评论达883条。据统计，新浪微博每天发博数超过2500万条，但不是每条微博都能引起广泛关注。舆情事件能否进入公众的视野，与这些事件和社会公众的普遍社会心态是否契合息息相关。在微博的平台上，比较容易形成舆论热点的事件有三种类型：一是灾害事故类；二是公共卫生类，特别是食品安全、医疗卫生、环境污染等；三是"三公"部门的舆情，涉及社会公平、公正、正义等问题，往往会在微博中引起巨大反响。显而易见，周文彬微博自首事件能引起关注，因为其爆料的内容属第三种类型，涉及公众敏感的公务人员贪腐问题。

（2）舆情的发展期——相关主体应对舆情失当

舆情发生初期，政府有关部门事件处置和舆情应对过慢，错失"黄金四小时"，就会给舆情的生长和蔓延创造外部条件。在"周文彬微博自首事件"中，利辛县国土局处理此事件时前期舆情应对失当，事发当天，面对媒体和网友保持沉默，网络技巧缺失，当事官员消极回避，还有官员面对媒体发表的过激言论，也引发了种种猜想。周文彬自首的当天，媒体便注意到此事，当日共有报道53篇。山东新闻网在当天中午首发报道《安徽一"国土官员"微博直播自首举报自己行贿》。同时，安徽本地媒体合肥在线也刊发报道《安徽利辛县国土局官员微博直播自首过程》，并联系亳州市信访室对此事进行核实。4月14日，舆情热度迅速上升，相关报道达403篇。《中国青年报》《新京报》《新快报》、财经网等多家媒体跟进。传统媒体的跟进报道，将事件推进到一个新的层面，使更多受众关注新闻事件的进展。此次事件，传统媒体是舆情升温的重要推手。

（3）舆情的高涨期——新老媒体互动，形成舆论合力

传统媒体的跟进报道，使舆情迅速高涨，新闻网站再次转载，在网络上迅速蔓延，而博客、论坛等新媒体不仅转载还分析评论，与微博一起搅动，使整个网络舆论沸腾。"微博直播举报"事件经山东新闻网首发后，各大小网站纷纷转载并跟进报道，从而引起更多网民热烈关注。关注时间持续一个多月。网络在对"微博直播举报"事件的关注过程中，除微博网友大量转发事主周文彬的"微博直播"和网站的报道外，网站的新闻评论、论坛的评论集中了对此一事件的主体舆情。微博、传统媒体、新媒体互相交织，多方合力，不断推进事件升级升温、形成声势浩大的网络舆论。

（4）舆情的缓解期——政府积极应对

在强大的社会压力和舆论压力下，政府部门应及时出面回应，将相关问题立即着手解决，有些问题即使解决不了，但也要给公众一个合理的解

释。因为有了政府的回应，网民在心理上认为事件已经得到了政府部门的关注，网民情绪开始平复，舆论会由高点逐渐下滑，进入缓解期。在"周文彬微博自首事件"中，虽然政府前期应对失当，但在 4 月 16 日，利辛县国土局召开新闻发布会，发布会宣布将认真调查举报内容，绝不会打击报复举报人，并争取尽早公开调查情况。亳州市纪委有关负责人表示愿意接受公众和媒体的监督。政府的积极表态和回应媒体，使 5 月份网络舆情明显回落。仅以新浪博客为例，博文评论共有 86 篇，4 月份是舆情的高潮期，相关博文评论达 56 篇（占 65%）。5 月份新浪博文搜索仅有 3 篇（占 3.5%）。6 月份舆情稍有回升，相关博文为 27 篇（占 31.4%），是由于亳州市纪委调查组的处理结果公布后引发部分网民热议（见图 5 - 1）。

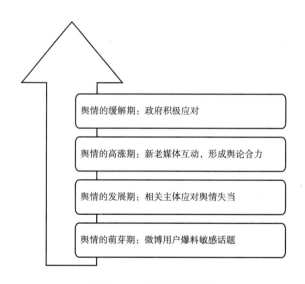

图 5 - 1　舆情发展脉络

[结论]

微博传播的力量不容小觑。由于微博的自媒体性、便捷性、及时性、开放性，病毒式传播等特点，无论是公众人物还是普通大众，发言内容涉及公众敏感话题，经过微博传播后，瞬间便会一石激起千层浪，在网络虚拟世界和现实世界引起轩然大波。政府要加强对微博舆情的监测和引导，尽快建立微博舆情监测队伍，加强微博舆情监测软件的研发。

政府部门要及时回应微博舆情。涉及"三公"部门的网络舆情，政府部门的及时应对尤为重要。政府部门态度坦诚，与媒体积极沟通，妥善解决相关问题，会赢得网民的理解和支持。要遵循处理危机事件的"黄金四小时原则"，及时回应舆情。

积极进驻微博，加强与网民互动。面对微博这个新兴的舆论场，政府机构应该积极主动进驻，加强与网民互动。在周文彬微博自首事件中，亳州市政府可以开辟官方微博，就事件处理的进展情况进行微博直播，更能取得舆论引导的主动权。截至2011年6月，安徽省177个党政机构开辟政务微博，如安徽旅游微博，安徽公安厅微博等，这不仅可以有效引导网络舆论，在推进安徽网络问政，推进民主政治上更有着积极意义。政府微博引导舆情要注意信息发布的及时性，对热点事件可能存在疑点和容易引起误解的信息，要及时披露，预防谣言的滋生，对于虚假信息要及时向公众证实。同时要运用老百姓喜闻乐见的语言风格发布信息，淡化官方语言，增加亲和力。

充分发挥新闻网站和传统媒体的作用。虽然微博发展较快，但传统媒体的"权威性"标识，依然得到公众的认可。政府应当充分发挥报纸、广播、电视等传统媒体和新闻网站的作用，让其全面参与公共事件的报道，主动核实关键信息，提高突发公共事件报道的准确性，减少流言的滋生，引导社会舆论。在该次事件中地方政府应积极与中央级媒体和本地媒体沟通，让真实权威的信息通过主流媒体发布，以有效引导网络舆论。

案例3：郭美美微博炫富事件

2011年6月21日，新浪网友郭美美通过微博炫富，引发网友关注，并引发对红十字会的热议。网友自发开展人肉搜索和调查，自媒体发挥了舆情评判功能，在不断掀起的舆论波中，公益组织——中国红十字会深陷信誉危机。

事件过程：

2011年6月21日，新浪微博用户"郭美美Baby"备受网友关注，这个通过微博自爆"住大别墅，开玛莎拉蒂"的20岁女孩，而身份认证却是"中国红十字会商业总经理"，网友对其真实身份也猜测不定，更有网友认为她是中国红十字会副会长郭长江的女儿，由此引发网友对中国红十字会的热议。

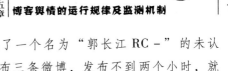

6月21日早上，新浪微博上出现了一个名为"郭长江RC−"的未认证微博与"郭美美"互相关注。其发布三条微博，发布不到两个小时，就引来了诸多网友的口水，不少网友认为这是中国红十字会副会长郭长江的微博。有些网友还讽刺道，"唾沫淹死人，您闺女太高调了。"

6月22日中国红十字会称"郭美美"与红十字会无关，新浪也对实名认证有误一事而致歉。

6月29日，天涯、猫扑相继删除原始爆料郭美美炫富事件的帖子。而北京警方也对郭美美事件正式立案，通报结果为郭美美及其母亲与中国红十字总会无直接关联，其认证的"中国红十字会商业总经理"身份属自行杜撰。

警方最终通报似乎将郭美美事件与中国红十字会彻底撇清关系，然而舆论浪潮早已一发不可收拾。红十字会深陷信誉危机。

郭美美事件后，红十字会在其官方微博中缺乏诚意地声称"希望在今后的工作中继续得到大家的支持和信任"，短短1小时20分钟，该微博被评论6.3万多次，转发11.5万次，其恶评率逾99.9%，"呸"子使用数万次，被讽刺为"最呸的微博"。

【舆情发展脉络】

在郭美美事件中，先是博主"郭美美baby"炫富，其"中国红十字会商业总经理"认证信息在6月21日开始引发网友的猜想和热议。网友自发展开人肉搜索与调查，在传统媒体缺位的舆情发酵期，自媒体能够不断通过群体爆料和评论实现舆论的议程设置，说明网络监督无孔不入，成为舆情发展的必不可少的推动力量。6月22日，6家传统媒体介入报道，开启"两个舆论场"互动阶段，舆情能量爆发。之后，大量网民仍通过微博不间断地爆料，几乎每次爆料都引起新的舆情反弹和媒体介入，产生"涟漪"波动效应，传染到多家企业、个人和行业机构，舆情长期延续，成为2011年舆论关注度最高的事件之一。

微博设置议程（"郭美美baby"炫富）——→微博互动、评论——→传统媒体介入报道——→微博、传统媒体互动——→企业回应——→网友不满，引发新一轮舆论波

［结论］

此次中国红十字会的信誉危机并非偶然，郭美美无疑只是一根导火索，引爆长期积累的潜伏因子。红十字会作为公益组织，财务信息却不透

明，公众捐款捐物，却不知道这些财物最终用于何处。此次红十字会信誉危机，是其长期不透明管理与内外信息渠道封闭造成的，更在一定程度上对中国公益组织体制进行公众拷问。从危机传播来看，微博，无疑成为本次事件的最核心媒介。在全媒体背景下，微博平台已承担起社会责任型媒体角色。微博网友追踪郭美美事件，延续 3 个多月，传统媒体明显落后。当今，高度透明的社会化媒体时代，博客舆情已成为社会新热点。公众通过微博平台表达观点、抒发情绪，也在全方位、实时性监督政府、企业等组织，充当大众麦克风的个人媒体角色。①

三　博客舆情的演变规律

由以上案例解析可知，博客舆情的演变遵循以下规律（见图 5 - 2）。

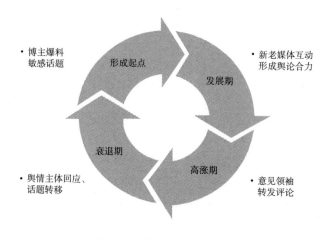

图 5 - 2　博客舆情演变规律

即：博客舆情形成的起点（博主爆料敏感话题）；博客舆情的发展期（新老媒体互动形成舆论合力）；博客舆情的高涨期（意见领袖转发评论）；网络舆情的衰退期（舆情主体回应、话题转移）。

〔结论〕

与传统的新闻舆论、社会舆论相比，博客舆情的重要特点在于互动性

---

① 资料来源：钱佳浩、范柯、李超、刘振国：《郭美美微博炫富事件》，百度文库。

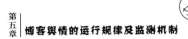

的传播模式，能使舆情迅速升温。一是敏感话题的爆料，能引起众多网民互动跟进，形成声势浩大的网上舆论。二是新老媒体交互作用（或舆论领袖的转发评论），形成舆论沸点，杀伤力很大，更容易给政府工作和社会稳定带来困扰。

在舆情发生的萌芽期，加强对敏感话题的监测力度，将虚假有害信息消灭在萌芽状态；在舆情发展的高涨期，政府及时应对，加强与网民的互动，及时引导舆情，要广泛开辟舆情引导渠道，重视网络互动平台建设，积极进驻微博等新媒体，加强与传统媒体的沟通互动；在舆情发展的后期，尽快促进相关事件的解决，以免引发新一轮的舆论波。网上舆情引导只是治标，网下政府部门公平、公正的处理相关问题，解决网民的正当利益诉求，才是治本。

四 影响博客舆情运行的要素分析

1. 博客用户。与传统媒体相比，在舆情发生阶段，博客舆情是由博主设置议程，即爆料敏感话题或者对热点话题的转发评论，引起人们强烈关注。散布在网络世界的博客用户，可以随时随地曝光发现的问题。互联网已经实现了从精英化到平民化的跨越。由于其获取的低成本性，大规模的草根阶层成为博客群体中的主体力量。草根阶层由于强烈的利益诉求和参与表达的愿望在现实生活中无法得到满足，而进入了网络，进入的低门槛性使博客成为他们情绪堆积与发泄的空间。与传统舆论相比，博客舆论是多点散发模式，即数以亿计的博客用户成为舆情散发的中心。博客用户的广泛性使微博迅速成为中国第二大舆情源头，成为中国最重要的舆论场。

2. 意见领袖。在传播学中，活跃在人际传播网络中，经常为他人提供信息、观点或建议并对他人施加个人影响的人物，成为意见领袖。① 在博客舆情传播过程中，意见领袖对舆论的影响力不容忽视。据《中国微博意见领袖研究报告》② 显示，在微博舆论中，男性比女性掌握着更大的话语权。在前 100 位意见领袖中，男性占到 91%，而女性仅占 9%；"60 后"及"70 后"中青年群体占到 72%。这些在微博中活跃表达且影响甚广的

---

① 张晓庆：《一个网络意见领袖的产生》，人民网，2009 年 12 月 17 日。

② 上海市社会科学创新研究基地、上海发展战略研究所、《新闻记者》杂志社 2012 年 3 月联合发布。

意见领袖们，正逐渐承担起网络公民的角色。而"90后"群体尽管在微博中很活跃，但整体影响力相对有限。博客舆情的监测和引导机制中要重视意见领袖的作用，根据意见领袖的群体特征做出针对性的监测和引导。

3. 主流媒体。各种舆论形态，以及具体舆论的形成、发展和消退，与大众传播媒介的关系十分密切，无法分离。无论是作为信息的流通渠道、舆论的代表者还是认识方法的提供者，大众媒介对舆论每个阶段发展的影响几乎无时不在，无处不在。① 现阶段主流媒体包括新闻网站和传统媒体，主流媒体跟进报道，将事件处于舆论中心位置。主流媒体是博客舆情升温的重要推手。主流媒体具有权威性和公信力，其与博客的跟进互动，使舆情传播发生了质的变化，进入到社会热点和公众热议阶段。

4. 权力组织。由于中国执政党和政府具有很大的政治权威，因而它们对个人意见和群体意见的影响较大。在社会主义市场经济的新形势下，这种对舆论形成造成强大影响的优势，在政治领域依然保持着，在经济领域、文化领域，特别是生活领域的舆论，开始出现多样化的趋势。② 因此，分析博客舆情的形成过程，政府等权力组织是不可忽视的因素。在强大的社会压力和舆论压力下，权力组织要及时出面回应，相关问题立即着手解决，有些问题即使一时解决不了，也要给公众一个合理的解释。权力组织对舆情的处置状况决定博客舆情的消弭或再扩散。

5. 传播内容。每天有数以亿计的博客用户在刷新微博或博客，但不是每条博文都能引起广泛关注。舆情事件能否进入公众的视野，与这些事件和社会公众的普遍社会心态是否契合息息相关。在博客的平台上，涉及社会公平、公正、正义等问题，往往会引起巨大反响。

6. 道德传统。卢梭认为，"所谓舆论，就是社会成员不自觉的道德状态"。李普曼也认为："舆论基本上就是对一些事实从道德上加以解释和经过整理的一种看法。"我们在生活中也能够经常感觉到，舆论对公共事务的评价，相当程度上不是哲理性的，而是道义上的，诸如善恶、美丑、是非等。③ 博客舆情同样受到道德和文化的制约。社会中的传统道德习俗和

---

① 陈力丹：《舆论学——舆论导向研究》，中国广播电视出版社，1999。
② 陈力丹：《舆论学——舆论导向研究》，中国广播电视出版社，1999。
③ 陈力丹：《舆论学——舆论导向研究》，中国广播电视出版社，1999。

文化心理对博客舆情有着深刻的影响。如在故宫星巴克事件中，中国网民有共同的文化心理认同，即要保护民族文化品牌。

五 博客对社会舆论管理带来的挑战

1. 自组织性与群体极化。"群体极化"这一概念是由凯斯·桑斯坦在其著作《网络共和国：网络社会中的民主问题》一书中提出的，他指出，"群体极化的定义极其简单：团队成员一开始即有某种偏向，在商议之后，人们朝偏向的方向继续移动，最后形成极端的观点。"[①] 由于博客传播具有自组织性，传播信息具有片面性，情绪化的话语会在相同价值偏好的人群中蔓延，容易出现"群体极化"现象。极端情绪在人群中迅速集聚到一定的量时，人非常容易处于暴戾、非理性状态，形成一股疯狂可怕的力量。在没有监控的匿名环境下，许多草根博客都是潜在民粹思想的支持者。网络民粹主义思潮往往破而不立，造成语言暴力、"哄客"、恶搞文化等。[②] 民粹主义者利用博客来发言，越偏激的言论越受到重视，越有市场，从而呈现民粹思想极端化的观点。

2. 自由与责任。博客的发展使网民享有更多的言论自由。博客传播从技术上打破了信息垄断，"把关人"的权力被分配给了博客传播者和网管。由于部分博客传播者和网管社会责任缺失，导致虚假有害信息泛滥。课题组调查表明，有65.6%的被调查网民认为"博客上的信息真假难辨"，有22.9%的被调查网民认为"博客成为某些人炒作的新平台"，还有7.5%的网民认为"某些博客并不符合社会道德规范，伤害了他人的肖像权，泄露他人隐私"。近年来通过博客进行人身攻击的事件也时有发生，如"中国博客第一案"中陈堂发教授被学生在私人博客上辱骂，"艾滋女事件"中闫德利被前男友通过博客蓄意诽谤等。

3. 监督与审判。博客赋予大众更多的监督权，也使网络公共领域成为一种可能，推动了社会向公平、正义的方向发展。但博客监督在"群体极化"的影响下，可能演变成为网络审判，以"网络私刑"的身份干涉他人生活，影响社会稳定。[③] 网民在"博客议事"中不存在"利益指引"，所

① 〔美〕桑斯坦：《网络共和国：网络社会中的民主问题》，上海人民出版社，2003。
② 王国华等：《解码网络舆情》，华中科技大学出版社，2011。
③ 胡晓、余文武：《微博客时代基础网民的心理趋向与策略选择》，《求索》2011年第3期。

有的只是"意见指引"，在追求"意见共和"的行动中，网络社会使个体进入"强化认同"状态，降低了个体的责任意识。在"博客议事"中，个体的一切活动和行为都被"匿名隐形"，权力强化而责任淡化。随意发动的网络审判具有强大的执行力与破坏力，由此造成的网络暴力将民间言论分裂开，使其丧失正义的地位。如2008年的"死亡博客事件"中，网民对当事人进行网络审判，展现了"卫道士"和"暴民"的双重属性，给当事人的生活造成极大影响。

4. 公域与私域。博客因兼具公共领域与私人领域的特征而造成道德迷失。[①] 博客传播兼具私人性与公共性的特点，处于公共领域与私人领域的中间地带。从传播者的角度看，博客是一种私人媒介，采写编都由作者独自完成，博客可以看作私人领域；而从接收者的角度来看，博客又是一种公共媒介，博客内容面向大众开放，其影响甚广，因此博客又可以看作公共领域。私人领域是个人支配的空间，具有私密性，往往不与他人发生利害关系，社会和他人不得任意侵犯。按照阿伦特的观点，公共领域是人们交往活动发生的空间领域，公共性、公开性是其特征。在公共领域里，交往主体要遵守基本的交往规则，以保证交往活动能进行下去。这种规则对个人来讲，体现为一种道德，在公共领域方面则体现为一种制度或规范。因此，博客作为公共领域，要受到伦理道德的约束。但是，处于虚拟世界的博客传播主体往往把博客看作私人领域，而忽视了它的公共性，把本应在私人领域展示的内容放到了作为公共领域的博客上，如展示裸照等，这必然引发伦理道德问题。

第二节 博客舆情的监测机制

一 博客舆情监测的重要地位

舆情监测古已有之。《国语·周语上》中记载了2000多年前周厉王止谤的故事，这是最早见诸史料的舆情监测案例。周厉王暴虐，国都里的人公开指责他的暴行，召公将这一舆情向周厉王汇报。周厉王获得舆情后，

---

① 吴献举：《博客传播的道德困境及对策》，《兰州学刊》2009年第6期。

不但没有改正，反而以刑杀相威胁，压制国人对他的批评，终于被愤怒的国人驱逐。① 这个故事也从一个侧面反映出，舆情监测与国家管理密切相关，国家管理者忽视舆情不重视民意就会有"覆舟"之险，舆情民意与国家安全息息相关。

舆情监测工作是了解民意的基础工作之一。与西方国家不同，我国的舆情监测工作是为了解决人民群众日益增长的物质文化需求与落后的生产力之间的矛盾。这一区别，决定了我国的舆情监测工作不能照搬西方国家的经验，必须探索符合我国国情的发展之路。② 舆情监测不是为了监督并控制民意，而是借鉴民意为科学决策服务，同时可以探测民意，及时发现和预警各种谣言、攻击性言论和影响社会安全和稳定的、有损国家和区域形象的舆情，快速利用多种舆情疏导手段进行澄清，从而化解社会危机，为构建和谐社会服务。

近年来，中央对舆情工作的重视程度不断提高。2004 年，舆情工作首次见诸中国共产党中央全会工作报告。2006 年 11 月，《中共中央关于构建社会主义和谐社会若干重大问题的决定》指出，"健全社会舆情汇集和分析机制，完善矛盾纠纷排查调处工作制度。"

当前，我国社会正处在转型期，利益主体多元，各种利益博弈加剧，社会矛盾凸显。现实社会中弱势群体维权艰难、诉求表达不畅，网络成为普通民众表达诉求的主要渠道。博客、微博的发展使民意诉求有了更便捷的渠道。"博客议事"打破了现实世界"金字塔"型的等级制，网络所获得的监督权造成了"组织结构也相应地呈现出由集权化到分权化、由等级化到扁平化的转变"的客观结果。③ 网络舆情已经成为我国社会舆情的重要组成部分，加强网络舆情尤其是加强博客舆情的监测与研判势在必行。

二 博客舆情监测现状

1. 网络舆情监测概述

在互联网影响力日益增大的今天，各级党政机关、企事业单位和学术

---

① 杨谷：《信息时代的舆情监测》，《光明日报》2007 年 5 月 13 日。
② 杨谷：《信息时代的舆情监测》，《光明日报》2007 年 5 月 13 日。
③ 黄少华、翟本瑞：《网络社会学》，中国社会科学出版社，2006。

机构都越来越重视对互联网舆情的监测、研究和引导。互联网业已成为政府治国理政的重要新平台之一，网络舆论也越来越受到重视。当前网络热点事件往往反映的是政府的负面信息，直接影响了政府公信力及领导干部的形象，同时也反映了政府网络舆情治理工作存在的若干问题。

舆情监测的长效机制初步建立。政府部门建立了舆情信息报送网络和有害信息查处网络，健全了公安、安全、通信管理、新闻出版等部门参与的日常联系协调机制、舆情汇集和研判机制、快速反应机制、手机短信监控机制。建立了互联网舆情监测和分析系统，实现了舆情监管智能化。政府部门已逐步构建了从机构到队伍，从制度到技术都较为完备的网上舆论监管体系，逐步走上制度化、规范化、科学化轨道。

但网络舆情监测也存在不足。一是网络舆情监测预警手段落后。网络传播技术日新月异，人们可以通过手机、论坛、博客、微博等渠道发表言论。网络舆情的开放性、互动性、迅捷性和复杂多变性等特性决定了舆情监测的复杂性。舆情监测技术与网络传播技术相比总是显得滞后。同时，在智能化系统的应用范围上，目前还仅限于安全部门、宣传部门等，远远不能满足政府其他各部门网络舆情应对工作的需要。

二是网络舆情监测研判缺乏标准体系。网络舆情监测需要科学的方法及技术手段作为支撑。在系统应用方面，由于没有全面规范的分析指标作为量化依据，各家软件厂商信息采集及分析指标多种多样。从理论和实践的现状看，网络舆情监测缺乏标准体系，无法实现舆情网络特性的量化表征，从而影响舆情预警和演化规律分析这两项关键性工作的实施。

2. 博客舆情监测概述

（1）博客监测现状。课题组先后赴舆情监测较为发达的地区北京和舆情敏感地带青海、西藏等少数民族聚居地区作了专门调研。

在北京，课题组了解到，人民网舆情监测室是国内最早从事互联网舆情监测和研究的专业机构之一，在舆情监测和分析研究领域处于国内领先地位。

人民日报社 2008 年正式组建人民网舆情监测室。目前，舆情监测室有具备传播学、社会学、经济学、公共管理学、数理统计学等专业背景的舆情分析研究人员 50 多名，在人民日报社、人民网和中国社会科学院、北京大学、清华大学等单位的专家学者的指导下，已初步形成了一套较为完整的网络舆情监测理论体系、工作方法、作业流程和应用技术，可以对传统媒体网络版、网络新闻跟帖、市场化媒体、网络社区、微博客、SNS 社交网站、网络"意见领袖"个人博客等网络舆情主要载体进行 24 小时监测，并进行专业的统计和分析，形成监测分析研究报告等。人民网舆情频道后台全面监测国内各大论坛重要版块和重要客户当地网络媒体，重点监测了全国数百位活跃的网络意见领袖，基本能够覆盖当天全部热点和动向。

课题组在青海的实地调研显示，目前，作为少数民族聚居地，青海省网络舆情管理取得了一定成效，民政厅、财政厅、卫生厅等服务性部门均开辟了官方微博，建立了网络新闻发言人队伍和网络评论员队伍，做到突发性事件能利用官方微博第一时间发声，有效维护了地区的稳定。同时，对 3000 多家网站实行技术监管，主要采用关键词抓取，出台了微博客管理办法，促进了网站和微博客的健康发展。

课题组在西藏的调研显示，西藏舆情研判主要集中在三个层面：围绕反分裂、反渗透，注重国内和国外相关网络舆情分析；西藏的农民失地问题关系到社会的稳定，做好前瞻性研究；西藏大中学生的网络舆情研判。课题组同时了解到，目前藏文博客舆情监测还存在很多困难。微博客发展迅猛，相关部门对互联网的发展趋势估计不到位，青海、西藏两地网络舆情尤其是博客舆情技术分析及研判人才奇缺，需要通过资金扶持和体制改革逐渐充实。

（2）博客监测研究。现有的舆情分析指标体系多针对互联网舆情。曾润喜等设计了网络舆情突发事件预警系统，构建了警源、警兆、警情 3 类指标体系，指标侧重于反映舆情本身的演化。李雯静等从舆情主题的角度重点列出了网络舆情信息分析的指标，并给出了具体的指标计算方法，但未突出舆情受众的能动性作用。张一文等尝试建立了一种非常规突发事件网络舆情指标体系，认为舆情的热度同事件本身、网络媒体以及网民三者的合力成比例，但没有给出指标的详细计算方法。由于互联网中传播渠道和交流平台的多样化，如：新闻、评论、BBS 以及网络社区、时事论坛、博客、维克、及时通信软件、E－mail 及短信等，指标体系涵盖的面较广，造成了舆情指标体系过于庞大，针对性不强。① 博客作为网络舆情的主要

---

① 高承实、荣星、陈越：《微博舆情监测指标体系研究》，《情报杂志》2011 年第 9 期。

推动媒介，加强博客舆情的预警和监管，势在必行。如何针对博客自身的特点，建立博客舆情监测指标体系，及时捕捉到博客中敏感的舆情信息，为管理者实行舆情疏导提供决策支持，将负面的网络舆情控制在警戒线以内，具有重大的政治意义和社会意义。

三 博客舆情监测的对策建议

1. 确定博客舆情监测标准

《网络舆情信息工作理论与实务》一书认为，发现和筛选网络舆情，关键是要衡量和判断舆情信息价值的大小，要遵循"重要性、典型性、倾向性、对策性"四个标准。[①] 按照博客舆情的自身的特异性和演变规律，我们认为，发现和筛选博客舆情，要根据博客舆情信息价值的大小，遵循"重要性、显著性、倾向性、情绪性、对策性"五个标准。

博客舆情信息的"重要性"同它所发生作用的范围和影响的大小成正比。一般而言，属于国内国际重大事件的、涉及国家经济政治社会发展的信息都比较重要，所包含的信息价值也比较大；博客舆情的"显著性"，是指这些信息在网民中受关注的程度；博客舆情的"倾向性"，是指这些信息能够反映出某些事件及公众态度中的思想倾向和萌芽问题；博客舆情的"情绪性"，是指这些信息能够反映出某些事件及公众态度中的情绪性问题。由于博客传播具有自组织性，传播信息具有片面性，情绪化的话语会在相同价值偏好的人群中蔓延，容易出现"群体极化"现象。极端情绪在人群中迅速蔓延到一定的量时，人非常容易陷入暴戾、非理性状态，形成一股社会力量；博客舆情的"对策性"，是指舆情信息中包含对社会发展的具体建议，能对领导决策起到参考作用。

2. 把握博客舆情监测的重点

（1）重点监测内容

关注涉及国家安全和社会主义核心价值体系的博客舆论动态。

关注典型事件。需要动态跟踪舆论热点，主要涉及民生和群众切身利

---

① 中共中央宣传部舆情信息局：《网络舆情信息工作理论与实务》，学习出版社，2009。

益，包括国家重大政治事件、重大食品安全事故、自然灾害等重大突发事件等；涉及有关社会和谐、社会公平、道德风气，包括反腐败、困难群体权益保护等的博客舆论动态。

关注舆情热点话题领域。根据《2011 中国网络舆情指数年度报告》的数据显示，2011 年网络舆情热点话题关注的领域为：交通运输、司法执法、企业财经、公务员管理、教育教学、反腐倡廉、社会民生、医疗卫生、居民住房、食品安全、征地拆迁、政务信息、城市管理、中央企业、恶性案件。[①] 反映出当下我国网民对上述领域的热切关注和迫切希望。从排在前 10 位的热点领域报道倾向和网民观点倾向来看，负面比例明显高于正面和中性。博客舆情是网络舆情的重要组成部分，博客舆情监测也要重点关注这些话题领域。

建立敏感信息台账。通过建立敏感信息监测台账，使用超文本链接等功能记录敏感信息标题、摘要、来源、网址、发布时间、发现时间、点击数量及跟帖数量等关键因素，可以在台账中直接登录相关网页对特定信息进行跟踪监测，及时了解信息发展状况，分析、研判舆情动向，对于网络舆论危机及早作出预警并采取相应措施。

（2）重点监测群体——"意见领袖"

"意见领袖"又称舆论领袖，指在信息传递和人际互动过程中具有影响力、活动力的人。首发议题经"意见领袖"转发或评论后往往迅速发酵升温，成为舆论热点和焦点。课题组调查显示，有 57.3% 的被调查网民在博客上会首先关注名人博客。因此，要关注有影响力的公众人物的思想观点和意见建议，重点监测网民中的"意见领袖"。一些人气较旺的博客的影响不可低估，因此有必要关注有影响力的公众人物的思想观点和意见建议。

"意见领袖"博客可分为三类。

一是"公共知识分子"博客。传统的"公共知识分子"借助互联网频繁发言，关注时事政治，热衷于"观念启蒙"，延展其影响力，在网络上表达观点，博得共鸣，从而延展其影响力。

二是专业博客。一些特定专业领域的民间观察家的博客积累了相当的

人气。最典型的是在财经领域,博客一直保持着高于微博的热度;科技、医疗等领域的专业博客尚未受到微博热浪的影响。

三是明星博客。博客的繁荣和发展,不仅为公众人物提供了全新的活动平台,而且以其自身的特殊性为公众人物带来新的特点。博客传播的强辐射力扩大了公众人物的影响面,博客传播的个性化提升了公众人物的亲和力。娱乐明星作为公众人物,会把现实世界的影响力通过博客放大,"微博女王"姚晨的粉丝数已经超过 2000 万。

(3)重点监测时间。博客舆情发展有其演变周期,在舆情发生的萌芽期,加强对敏感话题的监测力度,作出预警,及时发现倾向性问题,增强网络舆情引导的前瞻性。社会舆情主体对舆情危机的监测能力,对于预知危机、研判走势、控制事态以及危机恢复至关重要。社会舆情主体应善于运用新媒体手段,提高危机舆情的监测能力。在舆情发展的中后期,也要加强监测,根据舆论倾向,及时调整应对策略。

国家改革、发展,以及重大政策出台等重要阶段,也是博客舆情监测工作应重点加强力量的关键时期。在此期间,要针对相关内容进行专项集中监测,做到有专人轮流值守,收集、整理网民的相关意见及评论,时刻探查舆情动向,防患于未然。

3. 明确博客舆情收集渠道

(1)通过博客排行榜、博文排行榜、博客标签排行[①]

我国知名的博客平台包括新浪博客、搜狐博客、博客大巴、博客中国、凤凰博报,等等,博客标签排行一般是根据相关文章数量、网民关注度、社会影响力等因素进行的综合排行。

标签是一种更为灵活有趣的博文分类方式,通过标签,可以搜索到博客上所有和博主使用了相同标签的博文,方便找到我们感兴趣的博文和博主,并且由此和其他用户产生更多的联系和沟通。标签体现了群体的力量,使得博客之间的相关性和博主之间的交互性大大增强,可以让您看到一个更加多样化的世界,一个关联度更大的博客空间,一个热点实时播报的新闻平台。关键词为舆情分析提供前所未有的选题来源(见表 5-1)。

---

① 刘鹏飞:《如何应对网络舆情——网络舆情分析师手册》,新华出版社,2011,第77页。

表 5-1 博客标签排行搜索

博客标签排行搜索	链接地址
博客大巴热门 Tag 搜索	http://tag. blogbus. com/tags – popular/
新浪博客标签排行搜索	http://uni. sina. com. cn/c. php? t = blog&k = % D4% D3% CC% B8&stype = tag&s = 1
搜狐博客热门标签搜索	http://tag. blog. sohu. com/% CO% EF% B8% D5/
天涯首页热门标签	http://blog. tianya. cn/
博客中国百科热门标签	http://www. techcn. com. cn/index. php? category – view – 196. html
博客中国百科新闻维克	http://www. techcn. com. cn/index. php? category – – view – 1689. html
新浪博客排行榜	http://blog. sina. com. cn/lm/rank/index. html
搜狐博文排行榜	http://zt. blog. sohu. com/hot/bloghot20100601. shtml
天涯博客排行榜	http://blog. tianya. cn/blogger/Pailhang. asp? idwiter = 0&key = 0
博客中国排行榜	http://www. blogchina. com/shtml/shtml/order_hot_0/list_0. html
博客中国支持排行榜	http://www. blogchina. com/shtml/shtml/order_hot_0/list_0. html
科技中国排行榜大全	http://www. techcn. com. cn/index. php? category – view – 2. html
腾讯博文热门排行榜	http://blog. qq. com/thought/pailhang. htm
和讯最新博报	http://blog. hexum. com/group/bobao. html

（2）利用搜索目录实现深度监测

搜索目录将各站点按主题内容组织成等级结构，可以实现对博客帖子集合进行相关检索。搜索目录通常只标引主页，它的数据库比搜索引擎小得多，但也正因为如此，其检索结果的相关度很高。目前，sohu、sina、yahoo、天涯社区、网易等网站都提供博客专项搜索目录服务。[1]

（3）通过舆情热词，网络词媒体[2]

2010 年，网友的"造词运动"推动"词媒体"登上了历史舞台。"词媒体"是指将词作为传递信息的载体，将特定时间、地点、人物、事件进行超浓缩，发布到网上或传统媒体中，以便于口口相传。现代社会大量资讯信息过载，人们为了锁定自己所需的信息，经常使用"关键词"在网上"百度一下"，百度和即刻搜索还拥有"新闻热搜词"。

"关键词"源于英文"keywords"，是图书馆学中的词汇。由于关键词的作用发挥到极致，于是产生了"热词""锐词""网络流行语"等，迅

---

① 韩冰：《求解网络舆情》，《企业文化》2008 年第 12 期。
② 刘鹏飞：《如何应对网络舆情——网络舆情分析师手册》，新华出版社，2011。

速普及传统出版和传媒领域。互联网已经成为新锐词汇的大本营，互联网已经进入了热词时代（见表 5-2）。

表 5-2　热门搜索引擎

热门搜索引擎链接	网　　址
百度	http://news. baidu. com/
即刻	http://www. jike. com/
百度风云榜	http://top. baidu. com
Google	http://www. qihoo. com/wenda/hot. html
盘古	http://www. panguso. com/
新浪	http://iask. com/? k =
Soso	http://news. soso. com/
有道	http://news. youdao. com/top? ct = domestic
搜狗	http://news. sogou. com/? p = 40030300&kw =
雅虎	http://www. yahoo. cn/? loop = true

（4）博客热点话题

热点话题是指一定时间、一定范围内，公众最为关心的热点问题。如当前社会的热点话题应该是人民群众最关心、最直接、最现实的教育、社保、医疗、楼市、股市、劳动就业问题等，这些热点问题近年来很多都是通过博客或微博而引起公众强烈关注和政府实际干预的。许多知名网站都设置了微博话题榜，以便用户更方便地进行热点话题的探讨（见表 5-3）。①

表 5-3　知名微博话题榜首页

新浪微博话题榜	http://t. sina. com. cn/pub/hottopic_more&classid = 1&date = 2010_11_20&sort = 1
新浪微博热门标签	http://t. sina. com. cn/pub/hottages
腾讯微博话题榜	http://t. qq. com/p/topic
搜狐微博话题榜	http://t. sohu. com/top
网易微博话题榜	http://t. 163. com/rank/topics
和讯微博话题首页	http://t. hexun. com/Tople. aspx? type = 3&value = % u5730% u9707
人民网微博热榜	http://t. people. com. cn/hot. html

---

① 表格来源：刘鹏飞：《如何应对网络舆情——网络舆情分析师手册》，新华出版社，2011，第 77 页。

（5）QQ 空间监测

对于 QQ 等即时通信工具的监测。即时通信工具已经不仅具备简单的聊天功能，而且成为集合视频展示、文件传输、娱乐互动、博客个人空间等多项功能的工具。通过这一平台，网友沟通更加便捷，信息扩散更加迅速，就某一信息而言，很容易在最短的时间内引起激烈的辩论和强烈的反响，进而引发网络舆论危机。据《2011 年中国互联网舆情分析报告》统计，对于较为年轻的网民来说，QQ 空间因为与 QQ 聊天软件高度黏合，私密性和娱乐性较强，在博客类网站中用户群高居榜首。[①]

4. 构建博客舆情监测指标体系

建立博客舆情监测量化指标，使博客舆情监测科学有效，从海量的网络信息中发现舆论情势和变化规律，进而对其进行有效的预警和合理的疏导。

关注舆情热度的内涵和来源。所谓"舆情热度"，是指公众在舆论传播中对某一事件、某一现象的关注和讨论的高涨程度。如 2010 年舆情热度最高的五大事件为：腾讯与 360 互相攻击、上海世博会、网络红人"凤姐"、李刚之子校园撞人致死、富士康员工跳楼。张一文[②]等学者研究网络舆情热度时认为，网络舆情热度来自三个方面：非常规突发事件、网络媒体、网民。因此，关注网络舆情热度的内涵与来源，就要抓住舆情产生的导火索：非常规突发事件；舆情产生的载体：网络媒体；舆情产生的主体：网民。而舆情热度的评价指标则包括非常规突发事件作用力、网络媒体作用力和网民作用力。这三者作用力越大，则舆情热度越高；反之亦然。当然，舆情的产生与传播除了网络媒体以外，还有其他传播方式和渠道，但是这个理论给了我们很大的启示，事件、媒体、公众是构建舆情热度的三个重要评价指标体系。

舆情传播实际上是一种信息传播，符合信息传播的规律，舆情传播由舆情主体、舆情信息内容、舆情传播方式、舆情受众四个要素构成。参照《微博舆情监测指标体系研究》（高承实、荣星、陈越，2011.9）一文，我们认为博客舆情监测评价指数由以下四个指标构成。

---

① 2011 年中国互联网舆情分析报告，http://yuqing.people.com.cn/GB/16698341.html。
② 张一文、齐佳音：《非常规突发事件网络舆情指标体系建立初探》，《北京邮电大学学报》（社会科学版）2010 年第 12 期，第 6～14 页。

（1）舆情主体指标。指博主的相关信息指标，主要包括博主的号召力，微博有粉丝数量；博客有博客等级、博客积分、博客访问、关注人气等。

（2）舆情信息指标。反映了舆情的敏感度、自身的危害度。舆情的敏感度指舆情内容与事先设定的民众长期关注的社会敏感话题的契合度，如：医疗卫生、公共安全、公共教育、社会就业、权力腐败等主题。舆情的危害度指通过舆情挖掘技术挖掘出舆情内容的褒贬义词并智能分析，按照一定标准得出一个数值来表示其危害程度的大小。

（3）舆情传播指标。舆情传播指标着重分析的是舆情在传播阶段的扩散效果。博客舆情传播效果主要与博客自身的影响力及博文的推荐度有关，并可通过博文点击率和博文转载率反映出来。

（4）舆情受众指标。舆情的受众指标反映了受众所处的地域信息，以及对舆情的共鸣度和回应态度。地理分布度指的是受众的地理范围和密集程度，通过对博客受众的 IP 地址、手机号码归属地进行追踪得到归属地信息。受众共鸣度反映的舆情在用户中产生共鸣的程度，可由对当前博客条文发表的评论数反映出来（见表 5 - 4）。①

表 5 - 4　博客舆情监测指数构成

	一级指标	指标赋值	二级指标	指标赋值
博客舆情指数	舆情主体	20%	博主号召力	20%
	舆情信息	40%	舆情敏感度	20%
			舆情危害度	20%
	舆情传播	20%	博文点击率	10%
			博文转载率	10%
	舆情受众	20%	受众共鸣度	10%
			地理分布度	10%

将以上指标计算出相应结果后，转化为标准分，进而将所有数值相加，形成整体议题的舆情指数，该指数可以与其他议题之间进行比较和排序等。按照舆情预警机制的理论，对议题进行红色、橙色、黄色等预警发布，进而进行相应的对策建议，达到预警效果。

---

① 高承实、荣星、陈越：《微博舆情监测指标体系研究》，《情报杂志》2011 年第 9 期，第 68～69 页。

5. 建立博客舆情监测网络

（1）建立监测队伍。博客舆情议题广泛，渠道众多，内容丰富。要在中央和省市县各层级建立稳定的博客舆情收集队伍，有步骤、分层级开展博客舆情汇集工作。面对博客上大量的、不断更新的信息，要实现对于博客舆情的及时、有效监测，仅靠少数人是不可能完成的。这就需要组建一支思想素质过硬、业务能力较高、责任意识较强的博客舆情监测队伍，同时，要建立相应的工作制度和管理体系，实施有效管理。按照相关专业及职能进行任务分解，将监测内容、时间及网站进行合理、有序分配，构建立体工作体系，做到分工负责，各守一方，从而扩大监测覆盖范围、延长有效监测时间，保证重大信息监测及时、一般信息监测不漏、危机倾向监测到位。

（2）强化专业知识水平。要加强网络舆论特点研究，时刻跟踪和掌握博客新技术、新业务的发展趋势和传播特点，努力探索博客信息传播规律、博客舆论热点形成规律、危机事件处置方法，创新和发展博客舆情监测的工作方法、运行机制和管理体系，提高博客舆情监测的针对性和实效性。培养高度的政治敏锐性。努力学习党的基本理论、基本路线、方针、政策，了解当前政策要点，掌握中央关于网络文化建设和管理的要求，积极关注政府工作动态和工作重点。

6. 人工监测和技术监测相结合

（1）通过搜索引擎监测。通过博客聚合网站（如博客网站大全）浏览博客服务网站，如新浪、搜狐、网易的博客频道和专业的博客服务网站（如博客中国等）的首页，发现每日博客舆情的关注热点；利用搜索引擎搜索博客舆情信息，如 Google 博客搜索、百度博客搜索、有道博客搜索、奇虎博客搜索、搜狗博客搜索、博搜等。在这些搜索引擎中输入热点事件的关键词，可以搜索到相关博文，从而了解到博客世界对相关事件的关注度。

（2）加强智能化监测。加强博客舆情收集和分析软件的研究开发，依靠科技手段，尽快建立和完善博客舆情的监测处理体系。衡量博客舆情监测与分析系统最重要的评价指标是：实用性、科学性、准确性和及时性。博客舆情全网监测要通过专业舆情监测软件来实现，借助专业软件信息化手段，实现对博客信息的实时监测、采集、内容智能提取、数据挖掘等。系统的核心应包括以下功能：热点识别能力、自动分类、聚类分析、倾向性分析与统计、主题跟踪、信息自动摘要功能、截取证据、趋势分析、突发事件分析、报警系统、统计报告等。

四　博客舆情监测中的"权力"规范化

1. 博客舆情监测需科学化、理性化和法制化

博客舆情监测与引导，是政府为实现维护社会稳定的公共政策，根据法律规定的相关职权范围，借助国家资源，搜集分析舆情，再通过发布具有倾向性、回应性的信息，引导公众自愿对有关舆情问题采纳政府希望的态度与认识，自愿避免做出过激行为，从而实现通过社会管理保持社会稳定的公共目标。这属于广义的"行政指导"行为，因为相关监测与引导活动都借助了国家资源，又以国家政策为依据。所以即使"监控"本身不以国家强制力为后盾而对相对人施加权利义务，政府的任何活动也不可能完全没有法律依据。行政法治必然对其提出进一步的规范化要求。①

首先，政府应当坚持诚实信用原则，不误导、不欺骗，本着善意和对人民负责的精神，实行博客舆情监测制度。在舆情搜集与监测过程中应注意保障公民的隐私权。

其次，理顺舆情工作组织体制，明确有关工作机构的法律化地位、职权责任和工作程序，使"软权力"的行使制度化。博客、微博的出现，要求提高政府有效管理舆情的能力，而工作体制的科学化、理性化则有助于实现这一目标。其中，法制化水平的提高又是科学化和理性化的重要体现。有必要制定政府规章层级的《博客舆情应对办法》，把博客舆情引导作为一项政府职能，在行政组织法上明确专门机构的地位与职责：统合有关政府部门已有的舆情工作机构，统一规定舆情监测、应对等各方面的工作规范和程序。

2. 保障网民表达权

博客、微博的出现使网民的表达权、信息传播权、信息获取权得到最

---

① 步超：《舆情管理制度的再法律化》，《网络传播》2012年第9期。

大化，网民可以通过博客参与社会管理。这必然导致公众对其网络表达诉求的进一步提高。这就对舆情管理中的"硬权力"提出了更强烈的规范化诉求。如果用户辛苦写就的博客、希望保留的信息因为存在敏感词而无法发表，或被快速删除，必然会引起不满的情绪，感到权利受到了侵犯。发表信息时事先的敏感词过滤、含有敏感信息的网页禁止访问等，这些现行的博客舆情管理措施，在一定程度上侵害了网民的权利，违背了行政法治的要求。[①] 课题组建议，可以对含有敏感词的信息设置后台审核制度，如果博文中没有非法信息，没有侵害公众利益和国家利益的言论，应给予延后发表，而不是一味地封堵信息。

随着网络新媒体技术的勃兴，传播新业态必然层出不穷。信息化与网络化必然向着更深层次的方向发展，"舆情"不是"敌情"，既要管理好博客舆情，也要在法治化的框架下最大限度地保障网民的表达自由，使博客舆情健康稳步发展。

第三节 博客舆情的引导策略

一 核心文化基因的博客传承

英国生物学家查理·道金斯认为，在社会文化中有一种类似基因的复杂单元即文化基因，它是能够一代一代进化、综合和传递的意识单元，是一种非常具有感染力的文化信息模式，可寄生性地影响人们的意识和改变他们的行为。核心文化基因是一个社会赖以存在的核心文化观念和思想。当下网络世界出现的民粹主义思潮，正是对核心文化基因的侵蚀：即通过冷战思维模式使核心文化基因发生变异，切断人民的历史记忆，转换群众的注意力，诱导群众情绪化，改变人们的集体想象，扰乱人们正常逻辑思维，破坏核心道德使群众迷惘，从而引发社会紊乱，扭转社会前进的方向。[②] 所以，核心文化基因的保护和传承不容忽视。

---

① 步超：《舆情管理制度的再法律化》，《网络传播》2012 年第 9 期。
② 高洪铃主编《网络舆情与社会》，新华出版社，2011。

在网络舆情中，博客舆情发展得比较稳定，符合中国文化的积淀，避免了微博的碎片化、情绪化，利用博客传播核心文化基因，有利于消除网络亚文化的侵蚀，有利于舆论生态的治理。博客舆情的传播模式有利于核心文化基因的复制和传播。随着博客自组织结构的日益明显，核心文化基因可以通过分形、复制、模仿瞬间渗透到世界每一个角落，正好吻合了道金斯的文化基因理论，即通过模仿、批量复制，呈几何级数繁殖的文化传播模式。博客舆情的精英化趋势，有助于提升核心文化基因传播的强辐射力和影响力。构建博客核心文化基因传播机制，政府需要找到恰当的方式，引导民间博主尤其是意见领袖参与核心文化基因的保护工作，要对优秀博客给予适当的财政扶持和政策鼓励。

二　社会舆情主体的合理干预

舆情主体要把握博客舆情的形成和演变规律，在博客舆情发展的不同时期实施不同的应对策略，使舆情引导更为科学有效。

1. 建立预警机制

在舆情发生的萌芽期，加强对敏感话题的监测力度，作出预警，及时发现倾向性问题，增强博客舆情引导的前瞻性。社会舆情主体对舆情危机的监测能力，对于预知危机、研判走势、控制事态以及危机恢复至关重要。社会舆情主体应善于运用新媒体手段，提高危机舆情的监测能力。[1]

2. 建立沟通机制

在舆情发展期，舆情主体要提高对热点问题的反应速度和应对能力，积极与公众沟通。舆情主体要第一时间掌握相关信息，指定相关部门受理，把处理的进程及时准确地传达给密切关注的公众。要建立与主流媒体沟通制度，充分发挥新闻网站和党报、广播、电视等媒体的作用，让其全面参与公共事件的报道，主动核实关键信息，提高危机事件报道的准确性、及时性，尽量减少及避免流言的滋生，科学引导社会舆论。[2] 要与博

① 谢耕耘：《中国社会舆情与危机管理报告》，社会科学文献出版社，2011。
② 谢耘耕、荣婷：《微博舆论生成演变机制和舆论引导策略》，《现代传播》2011年第5期。

客"意见领袖"沟通，尊重他们为民代言、批判现实的主动意识，引导他们成为建设和谐网络环境的力量。

3. 建立处理机制

在舆情发展的后期，社会舆情主体要尽快促进相关事件的解决，以免引发新一轮的舆论波。草根众多的博客空间出现民粹主义思潮正是社会处于问题状态的信号，它表明，社会正处于转型期，各种利益博弈带来的社会矛盾日渐增多，政府部门只有协调各方利益主体，才能从根源上应对舆情。因此，网上舆情引导只是治标，网下社会舆情主体妥善处理相关问题，解决网民的正当利益诉求，才是治本。

三 博客问政的制度化建设

现实社会中弱势群体维权艰难、诉求表达不畅，网络成为普通民众表达诉求的主要渠道。博客、微博的发展使民意诉求有了更便捷的渠道。政府部门要推进博客问政制度化建设，完善常规民意表达机制、程序与制度，满足不同社会群体的利益表达诉求，使政府能够在民众的积怨情绪形成之前予以疏导，减少负面网络舆论发生。一是引导网民提高公民意识，鼓励网民开展舆论监督，正确行使言论自由的权利，从而为反对腐败、调节社会、构建和谐提供一种新的动力机制。二是鼓励网民为地方发展建言献策，创新公共管理模式，推动公共决策的科学化、民主化。政府部门必须建立健全收集、分类、吸纳、交办、督查、反馈的博客问政链条，形成网上听民意、汇民智、聚民心的长效机制。要建立完善的博客问政考核和奖惩机制。通过可量化的指标体系，衡量并约束政府行为，保证博客问政落到实处。

四 官员意见领袖的培养

从博客意见领袖的群体特征分析，多数是行业精英，有企业界名人、演艺界名人、文化界名人等，现有官员名博为数不多。在博客话语场中，官方话语处于弱势地位。据《中国微博意见领袖研究报告》显示，典型的微博意见领袖形象是"一位四十不惑的男性学者或商人"。该报告以网络影响力、传统媒体影响力、亲和性、争议性、活跃度等五个维度为标准，对中国微博意见领袖作了全面分析。从社会身份看，前 100 位微博意见领袖主要可分为四类人：媒体人、学者、作家和商界人士。绝大多数意见领袖都是掌握相当经济资本、社会资本和文化资本的社会精英，主导网络舆论的权力仍在少数知识分子和商界人士手中。①

意见领袖事实上成为博客舆论的中心节点，政府要想更好地引导博客舆论就必须充分重视和发挥意见领袖的作用。首先要团结博客上的意见领袖，加强与意见领袖的交流沟通和及时互动。同时政府要培养自己的意见领袖，要对官员进行培训，形成一批了解网媒并善于应用博客、微博与网民沟通的人员。在应对重大的突发舆情时，官方意见领袖在博客上及时设置议程，积极发表权威性言论，引导博客舆论，最终促成整个网络舆论环境的健康和谐。

五 博主的媒介素养构建

博客舆论治理有赖于博客用户媒介素养的提高。一是引导博主自律。加强博客传播者的网络伦理道德教育，引导博主实现自我教育、自我引导。博主要提高自身媒介素养，主动当好信息的"把关人"。博主要明确：博客在享有法律赋予个人的言论自由的同时又必须承担社会赋予大众传媒的社会责任，接受社会的监督和管理。信息化时代，加强博客传播者的媒介素养教育是当务之急。国家相关部门应积极探索符合中国国情的教学模式及课程体系，加快我国媒介素养教育的建设步伐，从而使每位博客传播者更加理性地使用自己传播的权利。二是对博主实行他律。健全互联网法律法规，制定博客管理条例和规章制度。从政府层面保证博客规范化、制度化运营，预防博客的不良运作给国家和社会带来负面影响，营造和谐的运营环境，从而建构健康和谐的博客舆论氛围。

本章小结：本章从博弈论视角审视博客舆情的传播动机（这是本章的创新点），运用典型案例探讨了博客舆情的传播路径，对博客舆情的发展要素进行了深入剖析，从而提出构建博客舆情的监测机制，即：确定博客

① 《中国微博意见领袖研究报告》，http://baike.baidu.com/view/8106165.htm。

舆情监测标准，把握博客舆情监测的重点，明确博客舆情收集渠道，构建博客舆情监测指标体系，建立博客舆情监测网络，人工监测和技术监测相结合等，并指出博客舆情监测需科学化、理性化和法制化。同时提出博客舆情的引导策略：核心文化基因的博客传承，社会舆情主体的合理干预，博客问政的制度化建设，官员意见领袖的培养，博主的媒介素养构建等。篇末提出的相关对策建议具有很强的针对性和实用性。

博客舆情分析是一项难度较高的统计、研究与编辑工作，要求相关人员具备基本的新闻学、传播学、政治学、社会学、管理学、法学、心理学和统计学等多学科知识。而博客舆情的分析机制就是在有关制度和设备的保障下，依靠相关人员，采用科学手段和方法，对各类博客舆情进行科学、深刻、全面的识别和分析，并据此提出对策建议的运行模式。为探寻博客舆情的分析模式，我们对与博客密切相关的群体进行了抽样调查，并运用 SPSS 社会统计软件，对有效问卷进行了统计分析。

第一节 问卷调查的相关分析

本次问卷抽样调查，一共发放问卷 1000 多份，收回有效问卷 637 份。被访者男性占 47.2%，女性占 52.8%；其年龄大多在 18~35 岁之间，本科学历占多数（见表 6-1）。

一 被访者获取新闻信息主渠道的差异性

从被访者获取新闻信息的主要渠道看，报纸刊物、广播电视等传统媒体虽然仍是第一、第二渠道，但通过网络渠道获取新闻信息的合计数已上升为最多，高达 86.5%（见表 6-2）。

表 6 - 1　被访者年龄、学历及职业分项

单位：%

年　龄		学　历		职　业	
分　项	百分比	分　项	百分比	分　项	百分比
18 岁以下	6.8	高中及以下	2.8	社会舆情信息管理人员	9.9
18～35 岁	81.9	大学专科	44.4	媒体从业人员	20.0
36～60 岁	11.0	大学本科	50.1	在校学生	66.2
60 岁以上	0.3	本科以上	2.7	其他	3.9
合　计	100	合　计	100	合　计	100

表 6 - 2　被访者获取新闻信息的主要渠道

单位：%

项　目	第一渠道	第二渠道	第三渠道	合计
报纸刊物	59.3	4.4	5.0	68.7
广播电视	20.7	48.7	2.8	72.2
网　络	19.2	30.3	37.0	86.5
户外媒体	0.5	4.7	5.5	10.7
其　他		3.0	8.3	11.3
合　计	99.7	91.1	58.6	249.4

为了解被访者获得新闻信息的主渠道与学历、职业、网龄之间的关系，我们分别将两个选项进行了交叉分析，见表 6 - 3、表 6 - 4、表 6 - 5。我们从中可以得出如下结论：①从学历看，学历越高，使用网络获取新闻信息的频率越高；而学历越低，使用报纸刊物、广播电视等传统媒体的频率越高。②从职业看，社会舆情信息管理人员获取信息主渠道以传统媒体、网络媒体并重，而媒体从业人员、在校学生选择网络媒体比传统媒体多一些。③从网龄看，网龄时间越长，获取新闻信息的主要渠道越偏重于网络。

从下述受访者获取新闻信息途径的差异性来看，我们分析博客舆情时，要重点关注学历较高、使用网络频率较高及网龄较长的群体。

表 6 - 3　被访者获得新闻信息主渠道与被访者学历（＄b6 ＊ a3）交叉

			被访者学历				总计
			高中及以下	大学专科	大学本科	本科以上	
＄b6[a]	报纸刊物	计数	16.0	165.0	243.0	14.0	438.0
		＄b6 内的%	3.7	37.7	55.5	3.2	
		a3 内的%	88.9	58.3	76.7	82.4	
	广播电视	计数	15.0	195.0	237.0	13.0	460.0
		＄b6 内的%	3.3	42.4	51.5	2.8	
		a3 内的%	83.3	68.9	74.8	76.5	
	网络	计数	11.0	224.0	300.0	16.0	551.0
		＄b6 内的%	2.0	40.7	54.4	2.9	
		a3 内的%	61.1	79.2	94.6	94.1	
	户外媒体	计数	3.0	38.0	27.0	0.0	68.0
		＄b6 内的%	4.4	55.9	39.7	0.0	
		a3 内的%	16.7	13.4	8.5	0.0	
	其他	计数	0.0	53.0	19.0	0.0	72.0
		＄b6 内的%	0.0	73.6	26.4	0.0	
		a3 内的%	0.0	18.7	6.0	0.0	
总计		计数	18.0	283.0	317.0	17.0	635.0

注：百分比和总计以响应者为基础。

表 6 - 4　被访者获得新闻信息主渠道与被访者职业（＄b6 ＊ a4）交叉

			被访者职业				总计
			社会舆情信息管理人员	媒体从业人员	在校学生	其他	
＄b6[a]	报纸刊物	计数	57.0	91.0	266.0	23.0	437.0
		＄b6 内的%	13.0	20.8	60.9	5.3	
		a4 内的%	90.5	72.2	63.3	92.0	
	广播电视	计数	54.0	95.0	289.0	21.0	459.0
		＄b6 内的%	11.8	20.7	63.0	4.6	
		a4 内的%	85.7	75.4	68.8	84.0	
	网络	计数	59.0	115.0	357.0	19.0	550.0
		＄b6 内的%	10.7	20.9	64.9	3.5	
		a4 内的%	93.7	91.3	85.0	76.0	
	户外媒体	计数	2.0	6.0	58.0	2.0	68.0
		＄b6 内的%	2.9	8.8	85.3	2.9	
		a4 内的%	3.2	4.8	13.8	8.0	
	其他	计数	1.0	3.0	68.0	0.0	72.0
		＄b6 内的%	1.4	4.2	94.4	0.0	
		a4 内的%	1.6	2.4	16.2	0.0	
总计		计数	63.0	126.0	420.0	25.0	634.0

注：百分比和总计以响应者为基础。

表 6 – 5　被访者获得新闻信息主渠道与被访者网龄 （＄b6 ＊ a5） 交叉

			被访者网龄				总计
			0 ~ 1 年	1 ~ 5 年	5 ~ 10 年	10 年以上	
＄b6[a]	报纸刊物	计数	40.0	180.0	148.0	69.0	437.0
		＄b6 内的%	9.2	41.2	33.9	15.8	
		a5 内的%	51.3	68.2	72.5	80.2	
	广播电视	计数	57.0	181.0	155.0	65.0	458.0
		＄b6 内的%	12.4	39.5	33.8	14.2	
		a5 内的%	73.1	68.6	76.0	75.6	
	网　络	计数	61.0	222.0	184.0	81.0	548.0
		＄b6 内的%	11.1	40.5	33.6	14.8	
		a5 内的%	78.2	84.1	90.2	94.2	
	户外媒体	计数	10.0	41.0	14.0	3.0	68.0
		＄b6 内的%	14.7	60.3	20.6	4.4	
		a5 内的%	12.8	15.5	6.9	3.5	
	其　他	计数	20.0	24.0	27.0	1.0	72.0
		＄b6 内的%	27.8	33.3	37.5	1.4	
		a5 内的%	25.6	9.1	13.2	1.2	
总　计		计数	78.0	264.0	204.0	86.0	632.0

注：百分比和总计以响应者为基础。

二　被访者对博客作用的不同看法

在谈到博客的作用时，被访者大多认为博客的首要作用是 "个人自由表达和出版"，次要作用是 "深度交流沟通的网络新方式"。而 "有舆论监督的作用" 只是排在第三位 （见表 6 – 6）。

表 6 – 6　被访者认为博客的主要作用

单位：%

项　目	首要作用	次要作用	第三作用	合计
个人自由表达和出版	70.3	2.5	2.2	75.0
深度交流沟通的网络新方式	21.2	35.3	2.4	58.9
知识过滤与积累	3.1	17.7	9.4	30.2
有舆论监督的作用	4.7	23.7	19.6	48.0
合　计	99.3	79.2	33.6	212.1

为了解被访者对博客作用的不同看法，我们将被访者对博客作用的认识与被访者的学历、职业、网龄联系起来，分别进行了两个选项的交叉分析，见表6-7、表6-8、表6-9。得出如下结论：①从学历看，学历越高，越倾向于"个人自由表达和出版"；学历越低，较为看重"知识过滤与积累"作用；而对于博客"有舆论监督的作用"，学历上的差异性不强。②从职业看，社会舆情信息管理人员认为博客的作用主要在于"个人自由表达和出版"；媒体从业人员、在校学生除了认同博客"个人自由表达和出版"的作用外，也较认同"深度交流沟通的网络新方式"的作用；对于博客"有舆论监督的作用"，在校学生、社会舆情信息管理人员有较大的认同度。③从网龄看，网龄时间越长，越认同博客的"个人自由表达和出版"作用，而对于博客"有舆论监督的作用"的认同随着网龄的加长，认同度反而递减。

表6-7　被访者认为博客的作用与被访者学历（\$c12 * a3）交叉

			被访者学历				总计
			高中及以下	大学专科	大学本科	本科以上	
\$c12ᵃ	个人自由表达和出版	计数	10.0	204.0	250.0	14.0	478.0
		\$c12 内的%	2.1	42.7	52.3	2.9	
		a3 内的%	55.6	72.6	78.4	82.4	
	深度交流沟通的网络新方式	计数	9.0	146.0	210.0	10.0	375.0
		\$c12 内的%	2.4	38.9	56.0	2.7	
		a3 内的%	50.0	52.0	65.8	58.8	
	知识过滤与积累	计数	9.0	76.0	104.0	4.0	193.0
		\$c12 内的%	4.7	39.4	53.9	2.1	
		a3 内的%	50.0	27.0	32.6	23.5	
	有舆论监督的作用	计数	8.0	144.0	149.0	5.0	306.0
		\$c12 内的%	2.6	47.1	48.7	1.6	
		a3 内的%	44.4	51.2	46.7	29.4	
总计		计数	18.0	281.0	319.0	17.0	635.0

注：百分比和总计以响应者为基础。

通过上述初步分析，我们得出一个基本认识，就是在分析博客舆情时，首先要考虑到博客的主要功能是"个人自由表达和出版"，其次要考虑博客亦是"深度交流沟通的网络新方式"。对于博客"有舆论监督的作用"，则要有区别对待。

表 6-8　被访者认为博客的作用与被访者职业 （＄c12＊a4）交叉

			被访者职业				总计
			社会舆情信息管理人员	媒体从业人员	在校学生	其他	
＄c12[a]	个人自由表达和出版	计数	54.0	95.0	313.0	15.0	477.0
		＄c12 内的%	11.3	19.9	65.6	3.1	
		a4 内的%	85.7	74.8	74.7	60.0	
	深度交流沟通的网络新方式	计数	31.0	75.0	257.0	12.0	375.0
		＄c12 内的%	8.3	20.0	68.5	3.2	
		a4 内的%	49.2	59.1	61.3	48.0	
	知识过滤与积累	计数	22.0	36.0	124.0	11.0	193.0
		＄c12 内的%	11.4	18.7	64.2	5.7	
		a4 内的%	34.9	28.3	29.6	44.0	
	有舆论监督的作用	计数	29.0	50.0	215.0	12.0	306.0
		＄c12 内的%	9.5	16.3	70.3	3.9	
		a4 内的%	46.0	39.4	51.3	48.0	
总　计		计数	63.0	127.0	419.0	25.0	634.0

注：百分比和总计以响应者为基础。

表 6-9　被访者认为博客的作用与被访者网龄 （＄c12＊a5）交叉

			被访者网龄				总计
			0～1 年	1～5 年	5～10 年	10 年以上	
＄c12[a]	个人自由表达和出版	计数	51.0	182.0	169.0	73.0	475.0
		＄c12 内的%	10.7	38.3	35.6	15.4	
		a5 内的%	65.4	68.7	83.3	84.9	
	深度交流沟通的网络新方式	计数	38.0	158.0	126.0	53.0	375.0
		＄c12 内的%	10.1	42.1	33.6	14.1	
		a5 内的%	48.7	59.6	62.1	61.6	
	知识过滤与积累	计数	20.0	85.0	60.0	28.0	193.0
		＄c12 内的%	10.4	44.0	31.1	14.5	
		a5 内的%	25.6	32.1	29.6	32.6	
	有舆论监督的作用	计数	41.0	141.0	88.0	36.0	306.0
		＄c12 内的%	13.4	46.1	28.8	11.8	
		a5 内的%	52.6	53.2	43.3	41.9	
总　计		计数	78.0	265.0	203.0	86.0	632.0

注：百分比和总计以响应者为基础。

三 被访者在博客上关注信息的差异性

从问卷统计看,被访者在登录博客时,首先关注的是"时事政治"信息,其次是"友人信息",还有"社会人文""娱乐八卦"关注度也较高(见表6-10)。

表6-10 被访者登录博客关注的信息

单位:%

项 目	首要关注	其次关注	再次关注	合 计
时事政治	57.6	1.7	1.7	61.0
友人信息	28.4	34.5	3.0	65.9
社会人文	7.5	24.5	14.6	46.6
娱乐八卦	3.8	16.6	15.2	35.6
医疗健康	1.1	4.2	5.3	10.6
教育科技	0.8	2.8	5.8	9.4
体育时尚	0.2	3.3	10.5	14.0
其 他	0.3	0.6	3.8	4.7
合 计	99.7	88.2	59.9	247.8

为探寻被访者关注博客信息的差异性,我们将被访者登录博客关注信息与被访者的学历、职业、网龄之间分别进行了两个选项的交叉分析,见表6-11、表6-12、表6-13。得出如下结论:①从学历看,关注"时事政治"和"社会人文"的群体学历相对较高;关注"友人信息"的群体在学历上没有多大差别;关注"娱乐八卦"的群体以中间学历为主。②从职业看,社会舆情信息管理人员主要关注"时事政治"和"社会人文";媒体从业人员主要关注"友人信息"和"时事政治";在校学生主要关注"友人信息""时事政治"之外,对"娱乐八卦"也很有兴趣。③从网龄看,关注"时事政治"和"友人信息"的被访者基本不随网龄时间长短变化;对"社会人文"的关注随着网龄的增长,比例不断提高;对"娱乐八卦"的关注度随着网龄的增长反而有所下降。

从上述统计分析可见,被访者对博客信息的关注,主要以"时事政治"和"友人信息"为主;对"社会人文"的关注主要集中在学历高、网龄长的人群;对"娱乐八卦"的关注集中在网龄短的在校学生群体,反映出"追星族"的一面。

表 6 – 11　被访者登录博客关注信息与被访者学历 （＄C14＊a3） 交叉

			被访者学历				总计
			高中及以下	大学专科	大学本科	本科以上	
＄C14[a]	时事政治	计数	11.0	161.0	207.0	10.0	389.0
		＄C14 内的%	2.8	41.4	53.2	2.6	
		a3 内的%	61.1	56.9	65.3	58.8	
	友人信息	计数	11.0	188.0	211.0	10.0	420.0
		＄C14 内的%	2.6	44.8	50.2	2.4	
		a3 内的%	61.1	66.4	66.6	58.8	
	社会人文	计数	8.0	101.0	179.0	9.0	297.0
		＄C14 内的%	2.7	34.0	60.3	3.0	
		a3 内的%	44.4	35.7	56.5	52.9	
	娱乐八卦	计数	2.0	110.0	110.0	5.0	227.0
		＄C14 内的%	0.9	48.5	48.5	2.2	
		a3 内的%	11.1	38.9	34.7	29.4	
	医疗健康	计数	3.0	36.0	25.0	4.0	68.0
		＄C14 内的%	4.4	52.9	36.8	5.9	
		a3 内的%	16.7	12.7	7.9	23.5	
	教育科技	计数	4.0	19.0	34.0	3.0	60.0
		＄C14 内的%	6.7	31.7	56.7	5.0	
		a3 内的%	22.2	6.7	10.7	17.6	
	体育时尚	计数	3.0	38.0	47.0	1.0	89.0
		＄C14 内的%	3.4	42.7	52.8	1.1	
		a3 内的%	16.7	13.4	14.8	5.9	
	其　他	计数	1.0	22.0	7.0	0.0	30.0
		＄C14 内的%	3.3	73.3	23.3	0.0	
		a3 内的%	5.6	7.8	2.2	0.0	
总　计		计数	18.0	283.0	317.0	17.0	635.0

注：百分比和总计以响应者为基础。

表 6 – 12　被访者登录博客关注信息与被访者职业（＄C14 ＊ a4）交叉

			被访者职业				总计
			社会舆情信息管理人员	媒体从业人员	在校学生	其他	
＄C14[a]	时事政治	计数	51.0	78.0	243.0	17.0	389.0
		＄C14 内的%	13.1	20.1	62.5	4.4	
		a4 内的%	81.0	62.4	57.7	68.0	
	友人信息	计数	31.0	86.0	293.0	9.0	419.0
		＄C14 内的%	7.4	20.5	69.9	2.1	
		a4 内的%	49.2	68.8	69.6	36.0	
	社会人文	计数	40.0	69.0	174.0	13.0	296.0
		＄C14 内的%	13.5	23.3	58.8	4.4	
		a4 内的%	63.5	55.2	41.3	52.0	
	娱乐八卦	计数	6.0	40.0	176.0	5.0	227.0
		＄C14 内的%	2.6	17.6	77.5	2.2	
		a4 内的%	9.5	32.0	41.8	20.0	
	医疗健康	计数	6.0	14.0	43.0	4.0	67.0
		＄C14 内的%	9.0	20.9	64.2	6.0	
		a4 内的%	9.5	11.2	10.2	16.0	
	教育科技	计数	12.0	14.0	29.0	5.0	60.0
		＄C14 内的%	20.0	23.3	48.3	8.3	
		a4 内的%	19.0	11.2	6.9	20.0	
	体育时尚	计数	7.0	14.0	64.0	4.0	89.0
		＄C14 内的%	7.9	15.7	71.9	4.5	
		a4 内的%	11.1	11.2	15.2	16.0	
	其他	计数	3.0	1.0	26.0	0.0	30.0
		＄C14 内的%	10.0	3.3	86.7	0.0	
		a4 内的%	4.8	0.8	6.2	0.0	
总计		计数	63.0	125.0	421.0	25.0	634.0

注：百分比和总计以响应者为基础。

表 6 – 13　被访者登录博客关注信息与被访者网龄（＄C14 ＊ a5）交叉

			被访者网龄				总计
			0～1 年	1～5 年	5～10 年	10 年以上	
＄C14[a]	时事政治	计数	47.0	151.0	132.0	59.0	389.0
		＄C14 内的%	12.1	38.8	33.9	15.2	
		a5 内的%	60.3	57.0	64.7	69.4	
	友人信息	计数	56.0	171.0	129.0	62.0	418.0
		＄C14 内的%	13.4	40.9	30.9	14.8	
		a5 内的%	71.8	64.5	63.2	72.9	
	社会人文	计数	23.0	128.0	101.0	44.0	296.0
		＄C14 内的%	7.8	43.2	34.1	14.9	
		a5 内的%	29.5	48.3	49.5	51.8	
	娱乐八卦	计数	26.0	106.0	76.0	16.0	224.0
		＄C14 内的%	11.6	47.3	33.9	7.1	
		a5 内的%	33.3	40.0	37.3	18.8	
	医疗健康	计数	7.0	28.0	26.0	7.0	68.0
		＄C14 内的%	10.3	41.2	38.2	10.3	
		a5 内的%	9.0	10.6	12.7	8.2	
	教育科技	计数	9.0	26.0	16.0	9.0	60.0
		＄C14 内的%	15.0	43.3	26.7	15.0	
		a5 内的%	11.5	9.8	7.8	10.6	
	体育时尚	计数	9.0	30.0	36.0	12.0	87.0
		＄C14 内的%	10.3	34.5	41.4	13.8	
		a5 内的%	11.5	11.3	17.6	14.1	
	其　　他	计数	17.0	4.0	7.0	2.0	30.0
		＄C14 内的%	56.7	13.3	23.3	6.7	
		a5 内的%	21.8	1.5	3.4	2.4	
总计		计数	78.0	265.0	204.0	85.0	632.0

注：百分比和总计以响应者为基础。

四 被访者关注博客的群体性差异

从问卷统计看,被访者登录博客时首先关注的是"亲戚朋友的博客",其次是"个人感兴趣的博客",排在第三位的是"名人明星的博客"(见表 6 - 14)。

表 6 - 14 被访者在博客上关注的群体

单位:%

项　　　目	首要关注	其次关注	再次关注	合计
亲戚朋友的博客	57.3	3.1	2.0	62.4
名人明星的博客	18.4	17.6	0.9	36.9
官方媒体的博客	8.6	20.9	5.3	34.8
财经、科技、生活等某领域的博客	6.0	16.8	8.6	31.4
草根明星的博客,如电影工厂、精选冷笑话等	0.9	7.1	4.2	12.2
个人感兴趣的博客	8.3	18.2	21.5	48.0
合　　　计	99.5	83.7	42.5	225.7

为探寻被访者关注博客群体上的差异性,我们将被访者关注博客群体与被访者的学历、职业、网龄之间分别进行了两个选项的交叉分析,见表 6 - 15、表 6 - 16、表 6 - 17。我们从中可得出如下结论:①从学历看,被访者关注"亲戚朋友的博客"和"官方媒体的博客"在学历上没有显著差异;而中间学历的被访者较为关注"名人明星的博客";学历相对较高、相对较低的被访者对"财经、科技、生活等某领域的博客"也较关注。这些信息透露出一般人登录博客时,基本上都有选择方向及实用性。②从职业看,社会舆情信息管理人员主要关注"官方媒体的博客"和"财经、科技、生活等某领域的博客";媒体从业人员主要关注"亲戚朋友的博客"和"个人感兴趣的博客";在校学生主要关注"亲戚朋友的博客""个人感兴趣的博客"之外,对"名人明星的博客"也很有兴趣。③从网龄看,关注"亲戚朋友的博客"的被访者基本随网龄时间的增长而略有上升;对"个人感兴趣的博客"的关注随着网龄的增长,比例不断下降,反映出人们登录博客的热情逐步减弱;对"名人明星的博客"和"官方媒体的博客"的关注度随着网龄的增长呈抛物线分布状态,先上升后下降。

表 6 - 15　被访者关注的博客群体与被访者学历（＄C15 * a3）交叉

			被访者学历				总计
			高中及以下	大学专科	大学本科	本科以上	
＄C15ª	亲戚朋友的博客	计数	11.0	194.0	181.0	12.0	398.0
		＄C15 内的%	2.8	48.7	45.5	3.0	
		a3 内的%	64.7	68.6	56.7	70.6	
	名人明星的博客	计数	2.0	101.0	129.0	3.0	235.0
		＄C15 内的%	0.9	43.0	54.9	1.3	
		a3 内的%	11.8	35.7	40.4	17.6	
	官方媒体的博客	计数	5.0	87.0	123.0	7.0	222.0
		＄C15 内的%	2.3	39.2	55.4	3.2	
		a3 内的%	29.4	30.7	38.6	41.2	
	财经、科技、生活等某领域的博客	计数	6.0	78.0	109.0	7.0	200.0
		＄C15 内的%	3.0	39.0	54.5	3.5	
		a3 内的%	35.3	27.4	34.2	41.2	
	草根明星的博客,如电影工厂、精选冷笑话等	计数	2.0	25.0	48.0	3.0	78.0
		＄C15 内的%	2.6	32.1	61.5	3.8	
		a3 内的%	11.8	8.8	15.0	17.6	
	个人感兴趣的博客	计数	7.0	132.0	160.0	7.0	306.0
		＄C15 内的%	2.3	43.1	52.3	2.3	
		a3 内的%	41.2	46.6	50.2	41.2	
总　计		计数	17.0	283.0	319.0	17.0	636.0

注：百分比和总计以响应者为基础。

表 6 - 16　被访者关注的博客群体与被访者职业（＄C15 * a4）交叉

			被访者职业				总计
			社会舆情信息管理人员	媒体从业人员	在校学生	其他	
＄C15ª	亲戚朋友的博客	计数	29.0	86.0	271.0	11.0	397.0
		＄C15 内的%	7.3	21.7	68.3	2.8	
		a4 内的%	46.0	67.7	64.4	45.8	
	名人明星的博客	计数	15.0	33.0	182.0	5.0	235.0
		＄C15 内的%	6.4	14.0	77.4	2.1	
		a4 内的%	23.8	26.0	43.2	20.8	
	官方媒体的博客	计数	34.0	41.0	141.0	6.0	222.0
		＄C15 内的%	15.3	18.5	63.5	2.7	
		a4 内的%	54.0	32.3	33.5	25.0	

续表

			被访者职业				总计
			社会舆情信息管理人员	媒体从业人员	在校学生	其他	
$C15[a]	财经、科技、生活等某领域的博客	计数	38.0	38.0	116.0	8.0	200.0
		$C15 内的%	19.0	19.0	58.0	4.0	
		a4 内的%	60.3	29.9	27.6	33.3	
	草根明星的博客,如电影工厂、精选冷笑话等	计数	4.0	17.0	53.0	4.0	78.0
		$C15 内的%	5.1	21.8	67.9	5.1	
		a4 内的%	6.3	13.4	12.6	16.7	
	个人感兴趣的博客	计数	8.0	67.0	219.0	11.0	305.0
		$C15 内的%	2.6	22.0	71.8	3.6	
		a4 内的%	12.7	52.8	52.0	45.8	
总　计		计数	63.0	127.0	421.0	24.0	635.0

注:百分比和总计以响应者为基础。

表 6－17　被访者关注的博客群体与被访者网龄（$C15 * a5）交叉

			被访者网龄				总计
			0～1 年	1～5 年	5～10 年	10 年以上	
$C15[a]	亲戚朋友的博客	计数	47.0	163.0	130.0	56.0	396.0
		$C15 内的%	11.9	41.2	32.8	14.1	
		a5 内的%	60.3	61.7	63.4	65.1	
	名人明星的博客	计数	25.0	104.0	78.0	25.0	232.0
		$C15 内的%	10.8	44.8	33.6	10.8	
		a5 内的%	32.1	39.4	38.0	29.1	
	官方媒体的博客	计数	16.0	92.0	89.0	25.0	222.0
		$C15 内的%	7.2	41.4	40.1	11.3	
		a5 内的%	20.5	34.8	43.4	29.1	
	财经、科技、生活等某领域的博客	计数	11.0	96.0	60.0	32.0	199.0
		$C15 内的%	5.5	48.2	30.2	16.1	
		a5 内的%	14.1	36.4	29.3	37.2	
	草根明星的博客,如电影工厂、精选冷笑话等	计数	9.0	20.0	35.0	13.0	77.0
		$C15 内的%	11.7	26.0	45.5	16.9	
		a5 内的%	11.5	7.6	17.1	15.1	
	个人感兴趣的博客	计数	50.0	126.0	94.0	35.0	305.0
		$C15 内的%	16.4	41.3	30.8	11.5	
		a5 内的%	64.1	47.7	45.9	40.7	
总　计		计数	78.0	264.0	205.0	86.0	633.0

注:百分比和总计以响应者为基础。

通过上述初步分析，我们认为：在分析博客舆情时，要注意到博客群体关注度的差异性。首先要高度重视博客圈的舆情，许多博客舆情的形成，最初大多通过亲戚朋友来传播的，而舆情不断扩大离不开博客圈的推动。其次要关注"名人明星的博客"，这些名博往往承载着"意见领袖"的功能，对于舆情的传播有导向性的作用。最后值得注意的是"官方媒体的博客"，在职业上除了公职人员普遍关注外，其他群体关注度不高；而随着网龄的增长，关注度反而不断下滑。

第二节 博客舆情的网络传播学解析

博客舆情是网络舆情的一种，其形成具有网络舆情的共性，主要表现在"把关人"的缺乏；而博客舆情又有自身特点，主要表现在博客舆情中的传者与受众可以相互转化，博客既是传者又是受众。因此，我们在分析博客舆情这一新兴舆情时，既要参照问卷调查的相关结论，又要运用网络传播学的相关理论进行剖析。

一 博客舆情中"把关人"的缺失

1. "把关人"理论概述

"把关人"是指信息传播过程中的信息控制者。[①] 1947 年美国传播学者库尔特·卢因在《群体生活的渠道》一文中最早提出了这一概念。他在研究群体传播的过程中，认为信息的流动是在一些含有"门区"的渠道里进行的，在这些渠道中，根据公正的规则或者是"把关人"的标准，决定信息是否可以进入渠道或继续在渠道里流动。在信息传播中，"把关人"是一种普遍存在的现象和行为，它体现在各类信息传播媒体中，也反映在每一类媒体的各个传播环节之中。但不同媒体传播形式的把关，其要求或标准也有明显差异，一般来说，传统媒体把关要严格，网络等新媒体把关相对宽松，"把关严格度"是由媒体表达方式、把关人身份和受众的信息

① 黄晓钟、杨效宏、冯钢：《传播学关键术语释读》，四川大学出版社，2005，第 58 页。

接受习惯决定的。"把关人"决定着信息传播继续或中止，控制并决定着信息流动的质量与方向。"把关人"的把关有一定的统一的标准，但也避免不了"把关人"的个人偏好和主观色彩，因为把关人都生活在一定的社会阶层中，他们都有自己的生活阅历、个人好恶和是非判断标准，这些都自然而然地反映在信息"筛选"或"过滤"的把关过程中。

"把关"类似于城市道路上的"红绿灯"或交通警察，控制、疏通、指挥车辆通行是他们义不容辞的职责，对于那些该停的信息要坚决叫停；同时那些该放行的信息也要顺利放行，而且要全力支持并力争将信息"放大"，实现新闻"效益最大化"。可见，把关人的把关行为可分为"抑制"和"疏导"两大类：所谓"抑制"，就是禁止一些新闻流通或将其暂时搁置的把关行为，如那些违背出版、发行要求的"违法信息"，毒害青少年身心的"黄色信息"等；所谓"疏导"，就是把关人准予某新闻流通或"放行"的行为，如那些有利于社会和谐发展的技术革新能手、见义勇为英雄的报道等。

在传统媒介中，"把关人"的把关是一种群体组织行为，像工厂的流水作业一样，记者、编辑、总编或台长分别从各个不同流程、不同环节执行筛选或过滤任务。从整个社会视角看，大众传播媒介是全社会信息流通的把关人；从大众传媒内部看，在新闻的提供、采集、写作、编辑和报道的全过程中存在着的许多把关人，他们对新闻的取舍又是最重要的。但把关人的把关有时也是个人的，如互联网中论坛、博客等信息的发布大多是个性化的和自我的，只要不是违反法律，只要不是违背伦理道德，个人论坛和博客本人就可自由发表，在这里博客把关人就是他自己。

2. 博客传播中的把关现状

博客是以个人为中心的传播方式，其内容发表与传统媒体相比门槛较低、约束较少，只要一按"发送"键，任何人都可以发表自己的日志，这就改变、打破了传统媒体层层严格把关的出版模式。

以木子美博客、芙蓉姐姐博客等现象为参照，我们可以看到：报刊、广播和电视等传统媒体分别受到版面、时间上的限制，这使得它们不可能把采集到的所有信息都发布给受众，把关人必须经过周密的考虑、慎重的筛选，进行去伪存真、去粗取精，有时甚至不得不忍痛割爱，因此我们从这些传统媒体上看到的报道是少量的，但含金量很高；相反，博客的时空无限性和超链接技术使信息可以无限延展，就像神秘宇宙那样深不可测，这就为海量信息的存在和发布提供了技术支持和物质保证。博客的巨大空间使博客"把关人"——网络编辑可以不必像传统媒体那样严格压缩、删减稿件；多媒体、超文本和超链接技术的运用更使得受众可以不依赖于把关人而自由方便地阅览到丰富多彩的背景资料以及其他相关信息。所以，博客信息空间容量的急剧膨胀，也就意味着把关人对信息的控制权、优先占有权被大大地削弱了。

博客是个高度开放的"云计算"信息空间，可以不受某一政府和商业机构的控制，博客传播可以不分国家、民族以及思想、政见的约束，博客用户可以"随写随贴"实现自己的言论自由权。博客传播的出现一下子将受众从以往被传统媒体的信息把持、约束和限制中解脱出来。在思想表达上，博客掌握了言论自由权，可以无须把关人的审查；在信息获取上，博客也实现了真相知情权，他们可以利用多节点的连通访问，轻易绕开把关人设置的障碍来获取需要的信息。但博客也是一把双刃剑，其空间的高度开放给网民带来高度开放信息的同时，也使负面信息、黄色信息和破坏信息大量滋生并迅速蔓延开来。从我国网络来看，博客内容控制主要在网站，网站在强大的点击量和利益驱动面前，把关便让位于自由泛滥，再加上国家、政府层面的把关力不从心以及匿名的发布方式，造成博客传播炒作、开骂、论战不断，被一些人搞得乌烟瘴气、很不和谐。政府的控制不力、网站的过度商业化运作、博客的缺乏自律等必然导致博客信息把关的缺失。

随着媒介竞争的加剧和以人为本理念的强化，受众的主体地位和传受之间的互动得到明显加强。互联网及博客的出现使受众能够主动获取信息、自由发布信息，在一定程度上真正实现了资源面前、信息面前的"人人平等"，传者与受者之间的落差和界限已越来越模糊，甚至已分不清谁是传者、谁是受者。再者，博客这种传受角色模糊与互换以及传受内容的自由与开放，必然造成网络及博客对信息内容的失控，把关人的地位和作用被严重削弱和降低。这表明了一种越来越明晰的事实：当今时代，博客这种个人"信息网页"林立，传受之间趋于平等，大小规模媒体并存，特别是微博经常制造轰动效应，导致传受双方角色模糊甚至颠倒，在某种意义上颠覆了传统的把关人理论。

传统把关人的把关具有统一的标准和原则,盖尔顿和鲁奇在《国外新闻结构》一文中提出的"选择性守门模式"认为:一般情况下,编辑在选择一则新闻是否进入下一步流动领域,主要是审视新闻是否具有时间跨度、强度或阈限价值、明晰性、文化相近性、一致性、出乎意料、连续性、组合性等要素,除此之外就是社会或把关人观念和文化价值也会影响选择。在博客传播中,传统媒介中的绝对的"把关人"已不复存在,代之而起的是相对的、个性的"把关人"。一般来说,IT界、文化界名人博客较为严肃庄重,少哗众取宠;而有些年轻作家、演艺明星名人博客较为浮躁肤浅,追名逐利;还有些人为出名不择手段地炒作和曝光等。

当然,博客传播同样需要把关人、同样需要一定的伦理规范。博客也要与传统媒体一样对内容进行审查和监管,只是这种把关更为宽松,且具有延时性和滞后性特征。网络及博客不同于传统媒体的是,它更侧重于通过自律来遵循应有的伦理准则,来对社会负责。在博客里,把关人更多地应由我们博客自己承担。这些特性,为我们分析博客舆情提供了理论支撑。

二 博客舆情中议程设置的失序

1. 议程设置理论概述

议程设置又称为"议题设置",其理论发展过程从最开始的"人对传媒的依赖和传媒对现实的歪曲"到"权力集团以及大公司对媒介的微妙控制",从"议程设置对受众认识问题的正向引导和影响"再到"议程设置的五大功能和五大因素"。媒介的议程设置功能表明:"大众传媒不仅是重要的信息源,而且是重要的影响源。"[1] 一个不争的事实是今天的人们已经离不开大众传媒了,大众媒体先期选择所形成的议程设置为我们建构了"整个外在世界的图像",[2] 它在左右着我们的认识、思想、观点和态度。这一理论先由李普曼在20世纪20年代提出,然后是20世纪40年代拉扎

---

[1] 郭庆光:《传播学教程》,中国人民大学出版社,1999,第214页。
[2] 黄旦:《作者图像:新闻专业主义的建构与消解》,复旦大学出版社,2005,第212页。

斯菲尔德和默顿、20 世纪 60 年代科恩以及 20 世纪 70 年代麦库姆斯和肖恩的进一步研究和发展，最后是德弗勒和丹尼斯、休梅克和瑞斯总结升华，使得该理论得以完善和深入。

复旦大学新闻学院的黄旦教授认为，议程设置就是在建构现实，就是在"为社会定调"，① 而媒介把关人正是这一目标的实施者。媒介的议程设置功能隐含大众传播者是媒介内容的把关人。议程设置理论与把关人理论关联极大，从传播者这个视角看，媒介的议程设置就是传媒人的一种"把关"，二者是一体的两面，是研究传播出发点的两个侧面或视角，议程设置理论着眼于媒体传播内容视角，而把关人是着眼于媒体传播者视角，两个理论互为补充、互为印证、互为利用。媒介的议程设置功能暗示大众传媒的政治属性。拉扎斯菲尔德和默顿的"是谁设置了传媒议程，它对社会带来了什么影响"的研究揭示了议程设置的本质，那就是"议程设置本身天然的就是一个政治过程"。② 中国人民大学新闻学院郭庆光教授认为，议程设置的背后"存在着复杂的政治、经济和意识形态的力学关系，具体来说就是传播媒介和占统治地位的信息源之间的关系"，③ 资本主义社会通常使用"新闻发布会"和"私下放风"的方式来对舆论进行操作和控制。在我们社会主义国家，目前所强调的正确舆论引导实质上就是"议程设置"。

议程设置理论假设民意调查机构和政策制定者之间的关系是通过传媒议程来施加影响的，揭示出大众传媒的强势背景。在拉扎斯菲尔德和默顿两位专家看来，媒介议程的真正设置者并不是指所有的政党、企业或普普通通的人，而是指那些居于领导和支配地位的强势集团，是资助大众媒介生产和发行的有组织和实力的大企业。在美国，媒体是政府和财团的工具。在我国，媒体是党和政府的喉舌，这种强势背景对大众传媒的影响恰恰证明了"大众媒介是重要的影响源"这一科学论断，大众媒体的议程设置之所以规定着广大公众的信息源泉、信息数量和信息强度，主要是因为媒介中作为"意见领袖"的强势集团不仅占据了媒介的话语权，而且也在引导着公众的舆论，是它们所设定的媒介议程形成了公众议程。

---

① 黄旦：《作者图像：新闻专业主义的建构与消解》，复旦大学出版社，2005，第 214 页。
② 黄旦：《作者图像：新闻专业主义的建构与消解》，复旦大学出版社，2005，第 215 页。
③ 郭庆光：《传播学教程》，中国人民大学出版社，1999，第 218 页。

2. 博客传播中的议程设置特征

议程设置理论是适用或贯穿于所有媒介形式之中的，博客传播也不例外。但博客传播缺乏明确的议程设置，呈现出无序的、随意的、自发的状态。博客属于"自媒体"，其传播内容分别来自于每一个人，经常处于一种无序的自发状态，但这种自发性和无序性也并非没有规律可循。一般来说，一个博客圈内或同一个领域中的博客其表达的内容具有相同或相似性，某个时期围绕社会某一热点问题也会形成一致性的议题，但这往往要经过一个过程。由于博客的自发、无序和随意，因此其话语表达缺乏人为的组织与设置，这必然造成其议程形成的缓慢甚至"流产"或"夭折"。即使形成了博客议程或民意，也是由一个个松散的"点"逐渐汇集成区域性的"小规模"，然后再酝酿成总体性的"舆论风暴"。① 这个过程是个积少成多、聚沙成塔、集腋成裘的量变过程，充分体现出它的渐进性和不可预知性。虽然博客的议程形成无序而缓慢，但这个积聚力量、等待释放的量变过程一旦演变为质变——形成议程或民意，那就像破堤的洪水一样一泻千里、不可遏止，从而形成异常凶猛的"摧毁性力量"。② 厚积而"博"发，如同一江春水喷薄而来的博客风潮让更多的传统媒介中的人清晰地感受到了博客那势不可当的力量。

"博客蜂群"是博客议程形成的前提。"博客蜂群"指的是围绕某一主题或某一新闻讨论或表达的群体，而博客议程是"博客蜂群"苦心经营的产物，"博客蜂群是舆论风暴酝酿的早期征候"。③ 美国著名作家休·休伊特认为，"当很多博客选择了一个主题或者开始跟踪一条新闻时，便可形成博客蜂群。"④ 简单说，"博客蜂群"就是拥护或支持相同议题的博客群体。同样，"蜂群"是一种精心组织与协调的方式。"博客蜂群"的组织活

---

① 〔美〕休·休伊特（hugt hewitt）：《博客：信息革命最前沿的定位》，杨竹山、潘浩译，中国铁道出版社，2006，第 12 页。

② 〔美〕休·休伊特（hugt hewitt）：《博客：信息革命最前沿的定位》，杨竹山、潘浩译，中国铁道出版社，2006，第 13 页。

③ 〔美〕休·休伊特（hugt hewitt）：《博客：信息革命最前沿的定位》，杨竹山、潘浩译，中国铁道出版社，2006，第 12 页。

④ 〔美〕休·休伊特（hugt hewitt）：《博客：信息革命最前沿的定位》，杨竹山、潘浩译，中国铁道出版社，2006，第 12 页。

动带有一种隐蔽性，表面看似乎缺乏组织与协调，而实际上是"通过一种持续不断的力量和火力的脉冲，从各个方向对某个特定点或多个点进行打击"。①"博客蜂群"形成的群体力量使它们能够指向强大的舆论风暴或博客议程，因此它是一个引人注目的群体，是个具有舆论导向的群体。

博客的议程产生往往是自下而上，由点扩展到面，再由面形成体。一般情况下，它要遵循"公众议程—博客议程—政府议程"这样的发展模式。首先是来于零散博友逐渐聚集的民意，然后在网上汇集成统一的议题，最后是得到政府的高度重视并纳入到政府欲解决问题的工作方案之中。有时，博客群体走在社会舆情前面，而主流媒体的关注则较为迟缓和被动，但最终还是通过主流媒体的协助和配合才实现议程的目的。可见，博客舆情能够激起主流媒体的关注和互动，起到了"点燃"和"放大"的作用，但主流媒体的作用也不能忽视。在议程设置中，只有传统主流媒体与现代网络媒体的联动与合作才能达到预期的传播效果。

三　博客舆情中沉默螺旋的呈现

1. 沉默螺旋理论概述

沉默螺旋理论最早出现在德国社会学者伊丽莎白·内尔－纽曼1974年在《传播学刊》上发表的一篇论文中。1980年，她以德文出版的《沉默的螺旋：舆论——我们的社会皮肤》一书对这个理论进行了全面的概括。②沉默螺旋理论描述了这样一种现象：人们在表达自己想法和观点的时候，如果看到自己赞成的观点并受到广泛欢迎，就会积极地参与进去，从而使这类观点的传播越发扩散和增强；反之，如发觉某一观点无人或很少有人理会，甚至有时会群起而攻之时，即使自己赞同它，也会保持沉默。这样就形成两种截然相反的"螺旋式"状态指向：意见一方的沉默造成意见另一方的增势，如此循环往复，便形成一方的声音越来越强大，被无限放大延伸，而另一方的声音越来越小，以至沉默下去。沉默螺旋理论论证了大众传媒、人际传播与个人三者之间相互作用的关系。大众传

① 〔美〕休·休伊特（hugt hewitt）：《博客：信息革命最前沿的定位》，杨竹山、潘浩译，中国铁道出版社，2006，第14页。

② 马兰等：《点击传播》，经济管理出版社，2003，第157页。

媒虽然能引导人们的观点，但是不可忽视的还有人们彼此之间的相互影响，如我国古代就有"三人成虎"的传播定律。而当某人对某一观点保持沉默，周围其他的人也会受其影响而保持沉默，经典案例是寓言"皇帝的新衣"。

伊丽莎白·内尔－纽曼做了一系列的实证研究，证明了人们对舆论的理解既受某个人意见的影响又受大众传媒的影响。但人们的沉默不仅是为了站在胜方一边，而且还为了避免被自己的群体孤立。可见，沉默螺旋是如何影响舆情导向的。据此，内尔－纽曼对公众舆论定义为："如果一个人不想孤立自己而必须当众表示态度和行为，他们往往选择支持或沉默，尽量不反对。"① 在现实生活中特别是媒介传播中，我们都曾自觉不自觉地屈从过沉默螺旋的影响，都曾自觉不自觉地深受"群体传播"的左右。这个理论给我们的启示是，在群体传播与动力状态下，"沉默螺旋"一方面表明舆论导向循环加强的正面效应，另一方面表明遏止多元观点表达的舆论负面效应。从这个意义上说，媒介传播的"沉默螺旋"是双刃剑，对在某个新闻事件报道中遏止不同观点的自由表达更是十分有害的，因为它不利于受众多角度思考与观察问题。因此，为了避免这种负面的"沉默螺旋"，大众传播媒体应该进行多方面、多角度的报道，并允许不同观点的自由表达。这对博客传播形式来说尤为重要。

2. 博客传播中的沉默螺旋

"沉默螺旋"主要体现的是"群体传播"动力对"个体意见"表达的影响，这恰好与博客这个"自媒体"媒介关联极大。从传播学视角看，传统媒介生态下的议程设置是组织议程，是自觉、主动地设置，其主体是媒体机构；网络媒介生态下的议程设置走向了多元，产生了一种新议程设置形式——个人议程，这往往是无意识、自发形成，而博客就是这种"个人议程"的最典型代表，有研究者撰文将此称为网络公众的"自我议程设置"。② 博客表达虽然具有"自由性"和"个性化"，但每一位博客又都是生活在"话语场"中，并非是脱离"大媒介环境"而存在，因此博客的表

① 〔德〕伊丽莎白·内尔－纽曼：《大众观念理论：沉默的螺旋的概念》，选自常昌富等编选《大众传播学：影响研究范式》，中国社会科学出版社，2000，第139页。
② 梅潇、王丽：《网络公众自我议程设置》，《新闻爱好者》2007年第2期。

达话语内容、话语视角、话语倾向都不可避免地要受到"话语场"要素的影响和左右，这主要体现在博客与现实议题的互动、博客与媒体议题的互动，而这种互动呈现的正是一种"沉默螺旋"，即对表达话题的不断增强或逐渐衰减。同时，博客传播深受"群体传播"的影响和左右，这就是我们心理学所说的"从众心理"，这种"从众心理"如果放到传播学中的"沉默螺旋"理论背景下，会得到进一步的深化和拓展。从这个意义上说，这两种理论在博客传播中得到了一种内涵上的映照和心灵上的"会意"与"默契"。

从博客舆情的发展路径看，博客传播的基本模式是：个人发布显著信息，引起网民广泛关注，然后扩展到所有网络社区——传统媒体跟进集中报道，引导网络舆论走向，讨论话题延展到整个社会——形成社会舆论，引发公众思考，得到政府相关部门重视，这个模式恰恰吻合了公众议程—媒介议程—政府议程的发展脉络和传播规律，[①] 而这个过程也正是"沉默螺旋"理论的最好体现。当个人信息在网络社区发布以后，不断引起关注、支持、争论和呈涟漪状的扩散，这就形成了第一轮螺旋式的上升，从而使初始的"个人话题"影响得到增强，并演变成一种势不可当的舆情；而后是新闻嗅觉灵敏的传统媒体的热烈响应和积极跟进，对网络话题起到了进一步的推波助澜作用，这是第二轮螺旋式的上升，使博客初始的个人话题增容、增量、延伸，演变成一种正式的"媒介议程"；最后是引发全社会对该议题的理性思考，特别是引发政府相关职能部门的高度关注和解决方案的出台，这是第三轮螺旋式的上升，博客的个人话题借助媒介议程的中介环节转化为"政府议程"。近几年的经典案例可以说明这一路径，如：博客舆情对赵丽华诗歌的攻击与贬损，诗歌界开展了捍卫尊严的"保卫战"，引发了人们对当代诗歌的深刻反省；博客舆情对"大学生虐猫"的关注，引发了全社会关于动物保护和大学生人文关怀的深层思考，国家教育部门和许多高校纷纷出台政策进行教育引导和道德约束；博客舆情对中国人民大学张鸣教授揭露高校评职和管理黑幕的声援和支持，引发了"大学行政化""大学官府化"的深层讨论和对我国高等教育体制的忧虑与深思，开启了事业单位改革之门。

---

① 赵雅文：《"三贴近"在政治与公众议程和谐统一中的作用》，《新闻界》2006 年第 2 期。

四 博客舆情中名人博客的表现

1. 博客中的名人博客作用

在博客群体中，名人博客在一定程度承担着意见领袖的作用。这些人具有较大的亲和力和影响力，得天独厚地掌握着某一方面的丰富信息，又乐于向周围人进行扩散性传播。而名人博客在博客群体中，与那些被影响者的博客有着大致相同的社会地位，且是某个特定主题的权威。他们接触到多种传媒，通常有着比被影响者高得多的传媒出镜率。可见，博客舆情常从各类传播媒介流向名人博客，再由他们流向博客蜂群。这样的传播模式，属于两级传播理论范畴。

两级传播又叫流动传播，是指那些掌握权威信息的意见领袖们，将媒体上的信息传递给其他较为被动或不积极获取资讯的人的传播活动。这种传播活动是个无限延展的过程，形成了环环相扣的"n级传播"链条，从而使传播活动呈现为由无数个意见领袖连接起来的多级传播链，多级传播在意见领袖的推动下，影响越来越大。在复杂的传播网络中，意见领袖这一角色只是一个相对的概念和角色，一个人在某个问题或某个领域中充当意见领袖，在另一个问题或另一个领域中可能就不再是意见领袖而是追随者（意见领袖的传播对象）；意见领袖尽管比其他追随者能够更多地接触大众媒介，但他也仍然要受到他人意见的影响，也就是说他的上层还存在着意见领袖；意见领袖实际上是媒介与周边群体的连接者和灵魂，这个角色不可缺少。意见领袖和两级传播理论揭示了媒体传播与人际传播在效果上的明显差异：一般来说，在告知新信息上，大众媒体的传播效果要好于人际传播；而在说服人们改变态度上，人际传播比大众媒体传播更有效。

2. 两级传播理论在博客舆情中的运用

博客传播中的名人博客与传统媒体中的意见领袖有明显区别，其一是非理性化。盲目追随与理性信任是名人博客与传统媒体意见领袖的外在区别。由于传统媒体中的意见领袖大多是学科专家或专业权威，因此他们的意见真实、深刻、客观，具有较高的真实度和公信力，表现为理性信任。而名人博客大多为各行各业的明星，他们的意见一般较为随意、肤浅、率性，受众对他们的喜爱和信任缺乏理性判断和责任约束，表现为盲目追随。其二是非权威性。一般来说，传统媒体中的意见领袖是某一领域、某一学科、某一问题的专家或学者，他们的话语权是建立在权威的专业知识之上的，比如 SARS 报道中的钟南山院士。名人博客往往与他们所从事的职业关联不大，他们的话语权和影响力依靠的是"人气"和"魅力"，比如徐静蕾和韩寒的博客一直独领风骚，吸引无数博友和"粉丝"追随，其中原因主要是恬淡、率性的个性聚集而成的"人气"或"人脉"，成了某一群体中崇拜至极的"偶像"。在博客圈和"粉丝"眼中，他们并不是以演员、作家的身份而著称，更多地是以被崇拜的"偶像"而扬名。

随着博客数量的急剧增加，于是自然而然形成了以专业领域和各类群体为单位的博客圈，如新浪博客网"精品博客圈导航"中列出的明星，以及教育、文学、科技、娱乐、房产、汽车等属于以专业领域划分的博客圈等。不管哪一类博客圈，每一个圈子都有一个话语表达或思想凝聚的中心，处于这个中心的人就是名人博客。如房地产博客圈中的潘石屹、娱乐博客圈中的徐静蕾、超女博客圈中的李宇春等。同时，名人博客又是相对的，在自己创建的博客圈中是名人博客，而在其他博客圈中可能就是追随者。

在博客舆情中，名人博客不仅体现为微观上博客圈中核心人的引领作用，而且还体现在宏观上网络媒体的导向性价值。如"芙蓉姐姐"网络博客走红，并不能简单地理解为是凭借了网络技术，更主要和深层次的原因是展现了网络的意见领袖和群体感染的传播现象和传播规律。其实对"芙蓉姐姐"的网络传播，是先期的水木清华和北大未名 BBS 以及后来的天涯、博客中国、新浪等具有较强影响力的网络媒体逐渐扩大了传播效果，但同时也正是它们分别以"传播个体"的形式起到了"意见领袖"的作用，如水木清华和北大未名 BBS 影响了高校 BBS 的传播倾向，天涯、新浪等权威性的网络媒体又影响了其他商业性媒体的传播倾向，它们很好地承担并肩负起了舆情扩散功能，应该说，"芙蓉姐姐"的网络走红，上述新兴传媒的积极传播功不可没。在"芙蓉姐姐"的网络博客走红中，"群体感染"机制又发挥了它的效用，比如对"芙蓉姐姐"的关注和追捧就是"群体感染"效果的一种体现，这种体现带有一种强烈的情绪性和行为暗示作用，它通常以异常的速度在人群中迅速蔓延，于是"芙蓉姐姐"很快遍及了网络环境，甚至还影响到了网络以外报纸等其他媒体的介入和跟进式报道。[①]

第三节 博客舆情分析机制的模型设计

　　根据问卷调查及相关理论的梳理，我们将博客舆情的分析机制，进一步分解为博客舆情分析的形成机制、互动机制和工作机制三个主要方面。在博客舆情分析的形成机制中，可分为博客话题的形成分析、博客圈及博客蜂群的传播分析、舆情议题分析。在博客舆情分析的互动机制中，可分为传统媒体的响应分析、政府企业及当事人响应分析、校正偏差分析。在博客舆情分析的工作机制，可分为量的分析与质的分析相结合、软件应用与人工分析相结合、相关部门专业人员与专家分析相结合等工作方式。而这三个方面的机制又是相互影响、相互促进与相互制衡的，其模型见图6－1。

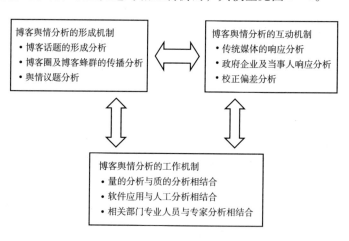

图6－1 博客舆情的分析模型

一 博客舆情分析的形成机制

博客作为一个广泛交流的无障碍载体，必然会成为各种信息发布的

---

① 赵雅文：《博客：生性·生存·生态》，中国社会科学出版社，2008，第32～56页。

场所，这里的作者和读者的关系是最简单的，一方提供信息，一方获取信息。随着博客产业的不断进步和博客种类的不断增加，博客作者和读者的关系必将更加复杂，只有把握好积极关系的发展，控制好消极关系的扩大，管理好中性关系的达成，才能使博客在一个更健康的环境下得到推进。所以，我们在分析博客舆情时，首先要搞清楚博客舆情的形成规律。

1. 博客话题的形成分析

在博客传播过程中，我们可以看到博客平台作为一个载体承担了信息发布和信息回馈的双重作用。网络是信息流通的渠道而博客们在发布个人博客时是传者，看别人的博客并评论时则是受者，博客传播中的传者和受者是可以互换角色的。同时我们也可以看到博客的传播过程中也有纯传者和纯受众。有的博客只在意去书写自己的情绪和心得或只在意去传播信息，将博客的评论功能设定为阻止切断回馈渠道，那他就是纯粹的传播者；或者有的博客发布者将个人博客阅读权限锁定，那他就是一个纯粹的个人内在传播者，这种博客则更像是日记。还有的人没有自己的博客，只热衷于观看别人的博客，那他就是纯粹的信息受者。

博客舆情的发生，离不开博客话题的形成。而能成为博客舆情的话题大多是中介性社会事项。而中介性社会事项包括国家管理者制定和推行的法律法规、方针政策、工作措施，也包括影响民众利益及主客体利益关系变化的事件、人物，甚至还包括国家管理者的工作成就和存在的各种问题等。具体来看，民众社会政治态度作为舆情，其基本构成，无论是基本内容、主张和要求、社会印象和社会判断、情绪或感受评价，还是直接、零散和具体的态度，都绝不是漫无目的和毫无指向的，而大多是围绕着各种中介性社会事项来表达和阐发见解的。可见，中介性社会事项为民众和国家管理者发生互动提供了前提条件，它的制定、实施和执行衍生的后果，直接或间接触及了民众利益，刺激着民众社会政治态度的发生、发展、转换和消亡。[①] 如薛涌、方舟子、葛剑雄、方兴东、时寒冰等都是博客中国网的知名专栏作家，关注社会时事、思考社会问

---

① 毕宏音：《影响民众舆情的中介性社会事项》，《广西社会科学》2004 年第 11 期，第 157 页。

题、评介社会弊端。这些日志常阐述一个话题，被人转播、评论，扩散开来，逐渐形成舆情。

2. 博客圈及博客蜂群的传播分析

博客话题发表后，首先在原创者博客圈内传播、评论。此后随着转帖、跟帖的增多，逐步向圈外传播。当很多博客选择了这一话题便可形成博客蜂群。网络中的博客对所发生的一切事实有着自己的理解，对价值取向，尤其是对个人价值观有着一种表达的愿望。一旦博客蜂群形成了，博客舆情的早期征候就显现出来。当博客舆情爆发时，公众对人物、地点、产品或现象的理解将从根本上发生改变。而博客蜂群看似缺乏组织性，实际上是一种精心组织和协调的方式。它通过一种持续不断的力量的脉冲，从各个方向对某个特定点或多个点进行出击。这些点可以是近中心的点，也可以是远中心的点。博客蜂群的目标是快速和隐蔽地与话题进行结合，并对该话题进行转播、评论，然后对其进行分割，并随时结合成一个个新的博客圈，使舆情传播越来越产生广泛深远的影响力。

3. 舆情议题分析

博客话题经过博客圈、博客蜂群的传播，逐渐形成了导向性的博客议题。这种博客议题是博客通过网络发表自己的意见，可以直接影响公共生活，直接影响公共事件处理的走向，它不仅是自我表达的一个渠道，而且可以成为公民政治参与的一个重要手段。

当然，博客议题往往变幻莫测，我们在看到博客等多媒介在发挥积极、健康、建设力量的同时，也有不少值得注意的问题。问题不在于我们国家在经济社会发展进程中，是不是还存在这样或者那样的问题，而在于怎样去解读和阐释。有市场就有价格起落，有发展就会出现就业等一系列的问题，发展的问题一点也不比不发展少，或者说越是发展，问题和矛盾就会越多。有问题，有矛盾，非常正常，但过度渲染其中的问题，比如渲染收入差距拉大，可能导致仇富心理；过度曝光腐败案件，可能导致仇官心理。如果一个国家的舆论导向只充满抱怨、指责、挑剔，甚至仇恨，非但无助于解决矛盾和问题的舒缓，反而会造成更多的消极情绪甚至形成对抗。博客作为一种新媒介，博客议题有以下可能：一是发泄心理。这是中性的，是人就会有发泄，问题在于因为某些个人的不如意，将这些情绪通过网络宣泄出去。二是逆反心理。有些地方政府在处置公共突发事件中表现不够积极，甚至表现很差，但这并不意味着政府方面发布的所有信息都是错误、虚假的。但由于种种逆反心理，政府所发布的信息往往受到质疑，即便努力澄清事实，反而有时被认为是推诿和编造。三是表现心理。某些人通过网络炒作自己往往被冠以个性的伸张，求名往往不择手段。四是从众心理。许多人其实并不愿意花费太多的时间了解真相，漫无目的地介入到某些事件中，发表一些不负责任的言论。五是法不责众心理。既然任何人都不必为自己传播和发布的信息负责，所以就不存在法与非法的顾虑。

我们分析博客舆情的导向时，要清醒地认识不是任何博客议题都是真相，不是任何激烈的批评都表现为真理，不是任何铺天盖地的舆情导向都代表着主流民意。应该对博客议题有所分析，有所鉴别，要着眼于政治大局，从国家的安全、社会的稳定上做好引导工作。

二　博客舆情分析的互动机制

1. 传统媒体的响应分析

在当下中国，客观存在两个舆论场。一个是党报、国家广播电视台、国家通讯社等"主流媒体舆论场"，忠实地宣传党和政府的方针政策，传播社会主义核心价值观；一个是依托于口口相传特别是互联网的"民间舆论场"，人们在微博客、BBS、QQ、博客上议论时事，针砭社会，品评政府的公共管理。互联网成为"思想文化信息的集散地和社会舆论的放大器"，改写了"舆论引导新格局"。我们在分析博客舆情时，要通过舆情监测和抽样分析来把握舆情导向的真实构成，就必然要对舆论的抽样分析进行细化和分类，把不同性质和不同来源的舆情样本分别进行分析研判，最终形成对博客舆情整体格局的宏观把握，并通过分时段的监测分析，预测舆情未来走势，为舆情研判和应对做好基础性工作。

根据"两个舆论场"理论，我们首先要把博客议题分成传统媒体响应和博客蜂群导向两部分。由于网络时代传统媒体普遍上网，传统媒体的考察主要通过对传统媒体网络版和电子报信息的监测来实现。一般情况下，根据政治背景、股权结构、产生机制、运营体制、技术特点、业务特色等的不同，我们可以把传统媒体分为体制内媒体和体制外媒体。体制内媒体包括中央级媒体和地方媒体；体制外媒体包括全国性市场化媒体、地方市场化媒体和境外媒体三大类。在舆情监测分析中，在重视传统媒体评论观点的同时，也要注意抽样平衡与对比分析。这样有利于我们对舆情走势的把握与研判，对舆论结果的分析与掌握。

2. 政府企业及当事人响应分析

在网络信息方面，网站和言论载体的分类要求并不十分严格，论坛、博客和微博等载体信息的抽样相对比较灵活。网络言论分析侧重根据网友观点的分类、网友地域的分类，重要的网友言论或网帖还要注明网站出处、发布时间和转载时间等。而舆情导向性分析也需要在对象和内容方面进行初步的明确。经验表明，在对网络舆论进行抽样分析和统计之前，进行事件和舆论的主体对象和客体对象的分类十分有必要，有助于把握舆情各方的立场、态度和观点分布，防止将不同背景的言论混为一谈，出现杂糅不清的结论。

博客舆情的内容对象是媒体评论观点和网络言论观点，而主体对象则包括博客本身、当事人、博友和意见领袖等。他们的观点与言行是舆情分析的主要内容。另外，舆情分析反映的事件本身的主客体对象包括政府部门和官员、名人、警察、法院、检察院、城管、第三方机构（专家）和当事人等。政企机构和当事人对博客舆情的响应往往也是舆情分析的主要对象，这部分内容与政府和企业舆情应对举措是密不可分的。

3. 校正偏差分析

进入网络时代，博客舆情瞬息万变。如果不在整体舆情结构上有准确把握，仅凭抽样分析和博客日志抽样分析，往往难以准确反映舆情信息的真实意见构成。而不准确的舆情分析报告将直接影响舆情研判，进而误导政府、企业及当事人的舆情危机应对。因此，如何减少舆情分析误差，及时校正舆情分析偏差，就成为舆情分析的一个重要环节。校正偏差贯穿于舆情分析的各个方面，要高度重视这项工作。

博客中反映的重大灾难事故、卫生疫情、突发公共事件、食品和医药安全、生态污染、官民关系、警民关系、城乡关系、劳资关系、贫富关系、医患关系、反腐倡廉、网络问政、司法公正、城管执法、强制拆迁事件等，往往是各级党政部门和企业十分关心的网络舆情选题。党、政、企的干部人事解读，包括领导任期、人事安排和政绩考核等的有关言论，也是党政机关和企业关注的重点，需要在舆情分析中重点关注。而任何舆情事件的应对，最后的平息和应对，最主要的环节都要落实或体现在政府部门决策上，人与组织的行为因素往往是最主要的。在舆情分析中，可以把对舆情事件发展重要节点的关注与关键部门、主要领导人、媒体和当事人的关注结合起来。与此同时，要兼顾人事部门的内部规章制度和组织原则，在处理人事问题与组织微妙的人际关系方面，保持客观中立和"对事不对人"的谨慎态度，相关敏感因素要坚决回避，并严格保护相关人员的合法隐私权。在社会舆论格局发生重大转变的时代条件下，各级政府部门领导的个人形象，应对舆情危机的实际能力和技巧，面对重大舆情端倪的敏感性、行动力和执行力，其个人政绩与领导方式方法的考察，都有可能影响对博客舆情的有效应对，甚至成为博客舆情发展的转折点，凸显出校正偏差的重要性。

当然，校正偏差也要坚持新闻真实性，反映博客真实的社会意见构成，不偏不倚。对于较为敏感的新闻事实和博客言论，要用事实和证据说话。依据党政新闻宣传纪律不能披露的或者披露以后可能会造成广泛的社会不良影响的，则可以另外撰写保密级别更高的舆情内参专报。在博客舆情分析中，引用博客言论样本时还要坚持"不帮忙说假话"，如网上常见的未经多方验证的孤立言论，甚至是"流言蜚语"，要谨慎抽样和分析验证。已经转载于报告中的，要特别加以说明，防止"以讹传讹"。这些舆情分析偏差的校正原则一般都是建立在大量舆情监测实践基础上的，新闻无小事，舆情更无小事，在舆情监测与分析过程中积累的许多宝贵的经验与教训，需要引起足够的重视，并不断加以充实。

三 博客舆情分析的工作机制

博客舆情工作机制主要指的是分析机制中的工作模式。博客舆情工作机制主要是将量的分析与质的分析相结合、软件应用与人工分析相结合、相关部门专业人员与专家分析相结合。

1. 量的分析与质的分析相结合

博客舆情的分析方法要遵循行之有效的科学方法。在社会舆情分析中，主要采用以下两大类方法。

（1）量的分析方法。量的分析是基于被调查对象的数量及数量方面的关系，进行统计和计算的分析方法。除较简单的百分比统计分析之外，定量分析的常用方法还有以下几类。①方差分析法。方差分析是检验两个或多个样本平均值数据方面的差异是否具有统计意义的一种方法，通常包含单因素方差分析和多因素方差分析。如分析不同年龄或不同性别人群对某一问题的看法是否存在显著性差异，就可用该方法来检验。②相关分析法。这是研究调查变量或指标间关联程度的一种常用统计方法。其中，线性相关分析一般是研究两个变量间线性关系的相互关联程度，得出的相关系数则是描述这种线性关系程度和正负方向的统计量，用 r 表示。如果一个变量 y 可以确切地用另一个变量 x 的线性函数表示，那么两个变量间的相关关系系数是 $+1$ 或 -1。如果变量 y 随着变量 x 的增加而增加或减少而减少，变化方向一致，这种相关称为正向相关，其相关系数大于 0；如果变量 y 随着变量 x 的增加而减少，变化方向相反，这种相关关系称为负向相关，其相关系数小于 0。③回归分析。在研究得出变量或指标之间的相互关系时，把其中的一些因素作为所控制的变量，而另一些变量作为它们的因变量，这种数量关系的分析就称为回归分析。如分析职业、收入、年龄、学历、性别等因素在某人对某事形成特定看法的过程中各发挥了多大作用，哪一个是最主要的诱因，就须采用回归分析。回归分析包括线性回归、曲线估计、逻辑回归、概率回归、非线性回归、加权估计、最小二乘法等。其中，以线性回归最为常用。④因子分析法。因子分析法是将多个实测变量转换为少数几个不相关的综合指标的多元统计分析方法。在舆情信息的汇集和分析过程中，往往需要对反映事物的多个变量进行大量观测，收集大量数据以便寻找规律。多变量和大样本为科学研究提供了丰富的信息，但也增加了数据采集和数据分析的工作量和复杂性。由于各变量间存在一定的相关关系，因此有可能用较少的综合指标分别去综合存在于各变量中的各类信息。而综合指标之间彼此不相关，各指标所代表的信息不重叠。这种分析方法叫因子分析法，代表各类信息的综合指标就称为因子。使用因子分析法不仅使指标数比原始指标大大减少，而且可对原始变量进行分门别类的综合评价。⑤频度分析法。对于特定事件的舆情状况，可以通过统计媒体对其报道的频度，或词汇出现的频率，把握事态的总体状况和发展变化的脉络。例如，通过统计每日《金融时报》和《华尔街日报》网络版头版有关中国的消息数量，基本可以看出某一时期西方媒体对我国经济情况的关切程度；通过统计《纽约时报》、美国之音等媒体上"中国威胁"一词和相关报道出现的频率，可以看出其对"中国威胁论"炒作的激烈程度。上述几种量的分析方法都较为专业，需运用数理统计的专业知识，要经过专门训练并借助一定的工具（如 SPSS 社会统计软件）才可进行。

（2）质的分析方法。"质的分析是以研究者本人作为研究工具，在自然情境下采用多种资料收集方法对社会现象进行整体性研究，使用归纳法分析资料和形成理论，通过与研究对象互动，对其行为和意义建构获得解释性理解的一种活动。"① 其主要研究途径为研究者直接进入现场，通过访谈、观察、收集实物等来获得材料，然后再对资料进行归纳整理，得出结论。社会舆情分析的工作方式与质的分析方法非常相似。在质的分析法中，对资料进行深入分析的手段首先是"类属分析"。所谓类属分析，指在资料中寻找反复出现的现象以及可以解释这些现象的重要概念的过程。在这个过程中，具有相同属性的资料被归入同一类别，并且以一定的概念命名。类属的相同属性涉及组成类属的要素、内部的形成结构、形成类属的原因、类属发挥的作用等方面。类属分析的基础是比较，包括同类比较、异类比较、横向比较、纵向比较、理论与证据比较等。设定类属最重要的一条标准，就是按照受访者自己对事物的分类设定类属，这显示了定性分析的特点。但是，定性分析方法首先要合乎逻辑，而质的分析方法却只依据当事人的感受进行分类，即使"不合逻辑""缺乏理性"也应依照。因为这种"混乱"恰恰包含了受访者对问题的独特看法，或隐藏着别的原因，而这可能正是舆情分析应重点挖掘的内容。其次是"情境分析"。情境分析的主要思路是，把握资料中的有关重要信息，找到主线，并依据主线多渠道、多视角地拓展出方方面面的信息，将分析引向全面和深入。进行情境分析时，应特别重视材料的语言情境和社会文化情境、时空背景、

① 陈向明：《质的分析方法与社会科学研究》，教育科学出版社，2000，第12页。

说话意图、材料所表达的整体意义以及各部分之间的相关联系。进行情境分析，先要系统地通读资料，发现资料中的核心叙事、发展线索及主要内容。其中，核心叙事是情境分析中最中心、内容最密集的部分，代表了材料的整体意义。在阅读原始材料时，分析者应随时记下想法，并将关键词列出。接着在第一步分析得到的信息的基础上，进一步寻找出围绕主线存在的其他可拓展性信息，丰富分析的广度和深度。最后剔除无关信息，对精华内容进行浓缩，形成逻辑严密、内容通达的分析材料。①

2. 软件应用与人工分析相结合

在质的分析与量的分析工作中，最常用的软件是 Excel 表格和 SPSS 统计软件。熟练掌握 Excel 表格与制表功能、SPSS 软件的分析功能与其他 Office 系列软件，是做好博客舆情分析工作的基础。质的分析工作需要由舆情分析专业人员人工完成。那些来自博客的社会心理活动信息，其性质、影响及变化趋势等都与一定数量的人群有直接联系。针对相关调查数据的量的分析，了解被调查对象的总体情况并对样本代表的人群或人口总体进行统计推理，发现博客舆情及其变动中的人群数量特征和其他特征，依此进行质的分析。抽取较大数量样本的问卷调查，在统计分析时基本上都采用量的分析，即使是代表性的个案访谈，也常常需要选取一定数量的访谈对象，并对其基本态度取向作出量化判断。定量分析与统计工作则需要电脑软件系统的辅助，以提高工作效率。目前，国内有不少技术较成熟和先进的舆情监测与分析软件系统，还有不少机构与专业舆情机构合作，开发出了舆情监测系统平台，能够及时对本单位、本领域或本行业的舆情进行监测、分析和研判。

3. 相关部门专业人员与专家分析相结合

博客舆情的深入分析大多数由专业人员来做，这些专业人员来自政府、网站、企业等与博客舆情中涉及的相关部门。博客舆情分析还可采取其他形式，如委托专业人士分析、进行专家会商等。其中，专家会商在深

---

① 中共中央宣传部舆情信息局：《舆情信息汇集分析机制研究》，学习出版社，2006，第 61～66 页。

化舆情分析工作乃至健全舆情分析机制中占据重要地位。专家会商,指有关部门邀请从事相关工作的专业人士,就某一舆情信息、某一舆情研究专题、某一阶段舆情状况,进行专门和深入细致的分析研判。博客舆情分析工作是畅通社情民意的反映渠道,包罗万象的博客舆情使舆情工作部门或任何一个舆情工作者,不可能成为"通识"或"全才",必须借助"外脑",发挥有关专家的作用。这些专家主要是指舆情事件涉及的多学科领域的专家智囊团、突发公共事件处置经验丰富的官员和资深媒体人士等。从大量舆情工作实践来看,对重大舆情事件的监测、分析,尤其是在舆情研判和制订应对举措时,都需要有专家智囊团、行业权威人士和经验丰富的舆情分析师共同参与,以达到及时平息事态和化解危机的目的。

　　本章小结:第一,本章运用 SPSS19.0 社会统计软件,对"博客舆情分析研判机制研究"调查问卷有关方面进行了统计分析,得出如下结论:我们在分析博客舆情时,要重点关注学历较高的、使用网络频率较高及网龄较长的群体;对于博客的作用,首先宜采信"个人自由表达和出版",其次要考虑博客也是"深度交流沟通的网络新方式",对于博客"有舆论监督的作用"要区别对待;对于博客信息的关注对象问题,采信以"时事政治"和"友人信息"为主,次之是对"社会人文"的关注主要集中在学历高、网龄长的人群,而对"娱乐八卦"的关注则集中在网龄短的在校学生群体上,反映出"追星族"的一面;要重视博客圈的舆情和关注"名人明星的博客"。第二,运用传播学的相关理论,分析博客舆情的形成、演变、平息等发展过程,借此揭示博客舆情的特征,为进一步提出博客舆情的分析模型服务。第三,在上述实证调查、理论分析的基础上,提出模型并加以说明。

第七章

博客舆情的研判机制

博客舆情是社会舆情在互联网空间的映射。博客、微博已成为各阶层利益表达、情感宣泄、思想碰撞的重要舆论渠道；也是政府治国理政、了解社情民意的新平台。博客舆情的研判机制主要由网络管理工作人员、网络舆情信息和研判的渠道与方法等组成，是对正在形成或已经形成的博客舆情的定性与定量给出的一种价值和趋向判断的过程。其中，政府要选拔与组建网络管理人员和网络舆情工作队伍；网络舆情信息是指需具备丰富的网络信息资料，包括网络文本的内容、网络事件的跟贴及表达形式；网络舆情研判的渠道和方法是开展网络舆情研判的途径，是整个舆情搜集机制建设的重点与难点。博客舆情的研判工作是一项系统工程，主要由两部分组成：一是对博客舆情进行日常性和持续性跟踪与搜集，并在此基础上建立博客舆情信息库，具有长期性、稳定性、系统性的特点。二是对某一突发事件或某一特定任务进行有针对性的研判工作，一旦该任务完成则舆情活动便随之结束，具有针对性、临时性、专题性的特点。

第一节　调查问卷的统计分析

课题组在设计问卷时，对于博客舆情的正面影响、消极作用、热点判断、未来趋势以及博客问政等内容均有涉及，试图由此来探索博客舆情的研判机制。

一 博客舆情的正面影响和负面影响

从问卷统计看，被访者认为博客舆情首先是"信息的主要来源"，占48.5%；而选择最多的是"话题贴近时事，引人深思"，合计占56.5%；排在第三位的是"博客为我提供一种新的娱乐方式"。可见，博客舆情主要带给我们的是大量信息和时事话题（见表7－1）。

表7－1 被访者认为博客舆情能给自己带来什么

单位：%

项　　目	首先带来	其次带来	再次带来	合计
信息的主要来源	48.5	2.7	1.3	52.5
话题贴近时事,引人深思	26.4	28.6	1.5	56.5
博客为我提供一种新的娱乐方式	7.5	15.5	7.7	30.7
博客扩大了交友圈	6.6	11.9	8.3	26.8
博客为我提供抒发情感的平台	5.3	11.5	8.6	25.4
博客让我与朋友的联系变得紧密	2.2	4.7	8.8	15.7
博客让我消遣时间	2.4	8.5	5.2	16.1
其他	0.3	1.6	0.5	2.4
合　　计	99.2	85.0	41.9	226.1

借助社会统计软件（SPSS 19.0），将博客舆情的正面影响与被访者的学历、职业与网龄进行交叉分析，可以看出如下特点：学历较高的人群，对于博客这种信息来源的依赖程度较低，而对于博客的时事话题、娱乐方式的影响，本科以上学历的人群选择较少。在职业上，社会舆情信息管理人员偏好时事话题；较多的媒体从业人员视博客为信息的主要来源，对于时事话题也较关注；在校学生群体除对信息来源、时事话题较为关注外，选择博客舆情是"新的娱乐方式"的人也不少。在网龄方面，随着网龄的增长，对博客舆情的信息来源、时事话题的依赖性越来越强；而对于博客舆情的"娱乐方式"影响呈现抛物线分布，详见表7－2、表7－3、表7－4。

表7-2　博客舆情的正面影响与被访者学历（＄D18＊a3）交叉分析

$D18$^a			被访者学历				总计
			高中及以下	大学专科	大学本科	本科以上	
$ D18^a	信息的主要来源	计数	10.0	168.0	148.0	8.0	334.0
		＄D18 内的%	3.0	50.3	44.3	2.4	
		a3 内的%	55.6	59.4	46.8	47.1	
	话题贴近时事,引人深思	计数	11.0	152.0	187.0	8.0	358.0
		＄D18 内的%	3.1	42.5	52.2	2.2	
		a3 内的%	61.1	53.7	59.2	47.1	
	博客为我提供一种新的娱乐方式	计数	5.0	93.0	96.0	2.0	196.0
		＄D18 内的%	2.6	47.4	49.0	1.0	
		a3 内的%	27.8	32.9	30.4	11.8	
	博客扩大了交友圈	计数	2.0	85.0	82.0	2.0	171.0
		＄D18 内的%	1.2	49.7	48.0	1.2	
		a3 内的%	11.1	30.0	25.9	11.8	
	博客为我提供抒发情感的平台	计数	5.0	41.0	107.0	9.0	162.0
		＄D18 内的%	3.1	25.3	66.0	5.6	
		a3 内的%	27.8	14.5	33.9	52.9	
	博客让我与朋友的联系变得紧密	计数	2.0	34.0	61.0	3.0	100.0
		＄D18 内的%	2.0	34.0	61.0	3.0	
		a3 内的%	11.1	12.0	19.3	17.6	
	博客让我消遣时间	计数	3.0	41.0	56.0	2.0	102.0
		＄D18 内的%	2.9	40.2	54.9	2.0	
		a3 内的%	16.7	14.5	17.7	11.8	
	其他	计数	1.0	10.0	4.0	0.0	15.0
		＄D18 内的%	6.7	66.7	26.7	0.0	
		a3 内的%	5.6	3.5	1.3	0.0	
总计		计数	18.0	283.0	316.0	17.0	634.0

注：百分比和总计以响应者为基础。

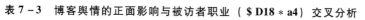

表 7 - 3　博客舆情的正面影响与被访者职业（$D18 * a4）交叉分析

			被访者职业				总计
			社会舆情信息管理人员	媒体从业人员	在校学生	其他	
$D18ᵃ	信息的主要来源	计数	23.0	77.0	220.0	13.0	333.0
		$D18 内的%	6.9	23.1	66.1	3.9	
		a4 内的%	37.1	61.6	52.3	52.0	
	话题贴近时事,引人深思	计数	48.0	72.0	222.0	16.0	358.0
		$D18 内的%	13.4	20.1	62.0	4.5	
		a4 内的%	77.4	57.6	52.7	64.0	
	博客为我提供一种新的娱乐方式	计数	16.0	33.0	143.0	4.0	196.0
		$D18 内的%	8.2	16.8	73.0	2.0	
		a4 内的%	25.8	26.4	34.0	16.0	
	博客扩大了交友圈	计数	20.0	24.0	120.0	7.0	171.0
		$D18 内的%	11.7	14.0	70.2	4.1	
		a4 内的%	32.3	19.2	28.5	28.0	
	博客为我提供抒发情感的平台	计数	21.0	26.0	111.0	4.0	162.0
		$D18 内的%	13.0	16.0	68.5	2.5	
		a4 内的%	33.9	20.8	26.4	16.0	
	博客让我与朋友的联系变得紧密	计数	8.0	23.0	65.0	3.0	99.0
		$D18 内的%	8.1	23.2	65.7	3.0	
		a4 内的%	12.9	18.4	15.4	12.0	
	博客让我消遣时间	计数	7.0	19.0	71.0	5.0	102.0
		$D18 内的%	6.9	18.6	69.6	4.9	
		a4 内的%	11.3	15.2	16.9	20.0	
	其他	计数	3.0	1.0	10.0	1.0	15.0
		$D18 内的%	20.0	6.7	66.7	6.7	
		a4 内的%	4.8	0.8	2.4	4.0	
总计		计数	62.0	125.0	421.0	25.0	633.0

注：百分比和总计以响应者为基础。

表 7 - 4　博客舆情的正面影响与被访者网龄（＄D18＊a5）交叉分析

			被访者网龄				总计
			0 ~ 1 年	1 ~ 5 年	5 ~ 10 年	10 年以上	
＄D18[a]	信息的主要来源	计数	23.0	146.0	112.0	52.0	333.0
		＄D18 内的%	6.9	43.8	33.6	15.6	
		a5 内的%	29.5	55.3	55.2	60.5	
	话题贴近时事，引人深思	计数	33.0	143.0	124.0	57.0	357.0
		＄D18 内的%	9.2	40.1	34.7	16.0	
		a5 内的%	42.3	54.2	61.1	66.3	
	博客为我提供一种新的娱乐方式	计数	20.0	85.0	64.0	25.0	194.0
		＄D18 内的%	10.3	43.8	33.0	12.9	
		a5 内的%	25.6	32.2	31.5	29.1	
	博客扩大了交友圈	计数	25.0	78.0	49.0	19.0	171.0
		＄D18 内的%	14.6	45.6	28.7	11.1	
		a5 内的%	32.1	29.5	24.1	22.1	
	博客为我提供抒发情感的平台	计数	25.0	58.0	59.0	19.0	161.0
		＄D18 内的%	15.5	36.0	36.6	11.8	
		a5 内的%	32.1	22.0	29.1	22.1	
	博客让我与朋友的联系变得紧密	计数	11.0	31.0	45.0	13.0	100.0
		＄D18 内的%	11.0	31.0	45.0	13.0	
		a5 内的%	14.1	11.7	22.2	15.1	
	博客让我消遣时间	计数	24.0	37.0	24.0	16.0	101.0
		＄D18 内的%	23.8	36.6	23.8	15.8	
		a5 内的%	30.8	14.0	11.8	18.6	
	其他	计数	2.0	8.0	3.0	2.0	15.0
		＄D18 内的%	13.3	53.3	20.0	13.3	
		a5 内的%	2.6	3.0	1.5	2.3	
总计		计数	78.0	264.0	203.0	86.0	631.0

注：百分比和总计以响应者为基础。

而对于博客舆情的负面影响，被访者首先选择的是"博客上的信息真假难辨"，占65.6%；选择最多的是"博客成为某些人炒作的新平台"，合计占70.1%；还有不少被访者认为："某些博客并不符合道德，侵犯了他人的肖像权，暴露了他人隐私"，合计占到48.0%。可见，博客舆情的负面影响主要在于信息真假难辨和人为炒作（见表7-5）。

表7-5 被访者认为博客舆情有哪些负面影响

单位：%

项目	首要影响	次要影响	再次影响	合计
博客上的信息真假难辨	65.6	3.5	0.8	69.9
博客成为某些人炒作的新平台	22.9	45.2	2.0	70.1
某些博客并不符合道德，侵犯了他人的肖像权，暴露了他人隐私	7.5	21.7	18.8	48.0
使人沉迷，成为"博客控"，关注其他事情的心思和时间少了	3.0	9.1	7.1	19.2
其他	0.5	0.4	4.4	5.3
合计	99.5	79.9	33.1	212.5

同样，我们将博客舆情的负面影响与被访者的学历、职业与网龄进行交叉分析，可以看出如下特点：学历较高的人群，对于博客这种信息来源的依赖程度较低，而对于博客的时事话题、娱乐方式的影响，本科以上学历的人群选择较少。在职业上，社会舆情信息管理人员偏好时事话题；较多的媒体从业人员视博客为信息的主要来源，对于时事话题也较关注；在校学生群体除对信息来源、时事话题较为关注外，选择博客舆情是"新的娱乐方式"的人也不少。在网龄方面，随着网龄的增长，对博客舆情的信息来源、时事话题的依赖性越来越强；而对于博客舆情的"娱乐方式"影响呈现抛物线分布，详见表7-6、表7-7、表7-8。

表 7 - 6　博客舆情的负面影响与被访者学历 （ $ D19 * a3） 交叉分析

			被访者学历				总计
			高中及以下	大学专科	大学本科	本科以上	
$ D19ª	博客上的信息真假难辨	计数	13.0	165.0	258.0	9.0	445.0
		$ D19 内的%	2.9	37.1	58.0	2.0	
		a3 内的%	72.2	58.3	81.4	52.9	
	博客成为某些人炒作的新平台	计数	12.0	194.0	229.0	12.0	447.0
		$ D19 内的%	2.7	43.4	51.2	2.7	
		a3 内的%	66.7	68.6	72.2	70.6	
	某些博客并不符合道德,伤害了他人的肖像权,揭露他人隐私	计数	11.0	129.0	153.0	13.0	306.0
		$ D19 内的%	3.6	42.2	50.0	4.2	
		a3 内的%	61.1	45.6	48.3	76.5	
	使人沉迷,成为"博客控",关注其他事情的心思和时间少了	计数	4.0	46.0	70.0	2.0	122.0
		$ D19 内的%	3.3	37.7	57.4	1.6	
		a3 内的%	22.2	16.3	22.1	11.8	
	其他	计数	1.0	25.0	6.0	0.0	32.0
		$ D19 内的%	3.1	78.1	18.8	0.0	
		a3 内的%	5.6	8.8	1.9	0.0	
总计		计数	18.0	283.0	317.0	17.0	635.0

注：百分比和总计以响应者为基础。

表 7 - 7　博客舆情的负面影响与被访者职业 （ $ D19 * a4） 交叉分析

			被访者职业				总计
			社会舆情信息管理人员	媒体从业人员	在校学生	其他	
$ D19ª	博客上的信息真假难辨	计数	50.0	92.0	281.0	21.0	444.0
		$ D19 内的%	11.3	20.7	63.3	4.7	
		a4 内的%	79.4	73.6	66.7	84.0	
	博客成为某些人炒作的新平台	计数	47.0	88.0	292.0	19.0	446.0
		$ D19 内的%	10.5	19.7	65.5	4.3	
		a4 内的%	74.6	70.4	69.4	76.0	
	某些博客并不符合道德,伤害了他人的肖像权,揭露他人隐私	计数	38.0	57.0	198.0	13.0	306.0
		$ D19 内的%	12.4	18.6	64.7	4.2	
		a4 内的%	60.3	45.6	47.0	52.0	
	使人沉迷,成为"博客控",关注其他事情的心思和时间少了	计数	9.0	21.0	90.0	2.0	122.0
		$ D19 内的%	7.4	17.2	73.8	1.6	
		a4 内的%	14.3	16.8	21.4	8.0	
	其他	计数	2.0	3.0	26.0	1.0	32.0
		$ D19 内的%	6.3	9.4	81.3	3.1	
		a4 内的%	3.2	2.4	6.2	4.0	
总计		计数	63.0	125.0	421.0	25.0	634.0

注：百分比和总计以响应者为基础。

表7－8　博客舆情的负面影响与被访者网龄（$D19 * a5$）交叉分析

			被访者网龄				总计
			0～1年	1～5年	5～10年	10年以上	
$D19^a$	博客上的信息真假难辨	计数	39.0	185.0	151.0	68.0	443.0
		$D19$ 内的%	8.8	41.8	34.1	15.3	
		a5 内的%	50.0	70.1	73.7	80.0	
	博客成为某些人炒作的新平台	计数	53.0	184.0	146.0	63.0	446.0
		$D19$ 内的%	11.9	41.3	32.7	14.1	
		a5 内的%	67.9	69.7	71.2	74.1	
	某些博客并不符合道德，伤害了他人的肖像权，揭露他人隐私	计数	45.0	98.0	119.0	43.0	305.0
		$D19$ 内的%	14.8	32.1	39.0	14.1	
		a5 内的%	57.7	37.1	58.0	50.6	
	使人沉迷，成为"博客控"，关注其他事情的心思和时间少了	计数	20.0	49.0	36.0	16.0	121.0
		$D19$ 内的%	16.5	40.5	29.8	13.2	
		a5 内的%	25.6	18.6	17.6	18.8	
	其他	计数	4.0	15.0	12.0	1.0	32.0
		$D19$ 内的%	12.5	46.9	37.5	3.1	
		a5 内的%	5.1	5.7	5.9	1.2	
总　计		计数	78.0	264.0	205.0	85.0	632.0

注：百分比和总计以响应者为基础。

从以上分析看出，我们研判博客舆情时，首先要判断博客舆情的影响是正面的还是负面的，其次要甄别博客舆情的真实性，最后还要明晰各类博客群体接受和传播舆情的差别。

二　博客舆情在社会舆论中的作用

为更好地了解博客舆情在社会舆情中发挥哪些作用，我们选取了"在事件知情权与参与度方面""博客与传统媒体相比情况"以及"对博客谣言的看法"等问题进行了问卷调查。对于"在事件知情权与参与度方面"，有73.9%的被访者认为"提高了对事件的知情权参与度"；对于"博客与传统媒体相比情况"，有48.7%的被访者认为"信息更多、更快，真实性则不如传统媒体"，只有29.2%的被访者认为"信息更多、更快、更真实，有传统媒体不具有的优势"，可见博客舆情的真实性是我们较为关注的问题；"对博客谣言的看法"，有52.1%的被访者认为"对所有的信息，我们都应该经过思考过后再进行传播"，还有20.4%的被访者表达了"我们都应该传播真实的信息"的愿望（见表7－9）。

表 7 - 9 被访者认为博客舆情的社会作用

在事件知情权与参与度方面		博客与传统媒体相比情况		对博客谣言的看法	
分项	百分比	分项	百分比	分项	百分比
提高了对事件的知情权参与度	73.9	信息更多、更快、更真实,有传统媒体不具有的优势	29.2	对所有的信息,我们都应该经过思考过后再进行传播	52.1
没有太大变化	17.0	信息更多、更快,真实性则不如传统媒体	48.7	我们都应该传播真实的信息	20.4
降低了对事件的知情权参与度	8.2	信息鱼龙混杂,可信性太低	21.0	娱乐八卦传闻无须太认真	14.1
未填写	0.9	未填写	1.1	这和大家的社会责任感有关	13.4
合　计	100.0	合　计	100.0	合　计	100.0

为了进一步探求博客舆情社会舆论作用的群体性差异,我们将"在事件知情权与参与度方面"选项与被访者的学历、职业、网龄进行交叉分析,同时运用皮尔逊卡方进行检验(见表 7 - 10、表 7 - 11、表 7 - 12)。从卡方检验来看,不同学历组、不同网龄组的被访者态度存在显著性差异(双侧检验 Sig. = 0.000),而不同职业组,显著性差异不强。

表 7 - 10 在事件知情权与参与度方面,被访者态度与被访者
学历的交叉分析(D20 * a3)

			被访者学历				合计
			高中及以下	大学专科	大学本科	本科以上	
在事件知情权与参与度方面,您认为博客舆情对网民的影响是什么	提高了对事件的知情权参与度	您认为博客舆情对网民的影响是什么中的%	2.6	34.7	59.6	3.1	100.0
		被访者学历中的%	66.7	58.4	88.6	88.2	74.6
	没有太大变化	您认为博客舆情对网民的影响是什么中的%	2.8	64.8	30.6	1.8	100.0
		被访者学历中的%	16.7	25.1	10.5	11.8	17.1
	降低了对事件的知情权参与度	您认为博客舆情对网民的影响是什么中的%	5.8	88.5	5.7		100.0
		被访者学历中的%	16.6	16.5	0.9		8.3
合　计		您认为博客舆情对网民的影响是什么中的%	2.9	44.3	50.2	2.6	100.0
		被访者学历中的%	100.0	100.0	100.0	100.0	100.0

注:Pearson 卡方检验,值为 83.803,自由度为 6,渐进双侧 Sig. 值为 0.000。单元格(33.3%)的期望计数少于 5。最小期望计数为 1.40。

表 7 - 11　在事件知情权与参与度方面，被访者态度与被访者
职业的交叉分析 （D20 * a4）

			被访者职业				合计
			社会舆情信息管理人员	媒体从业人员	在校学生	其他	
在事件知情权与参与度方面，您认为博客舆情对网民的影响是什么	提高了对事件的知情权参与度	在事件知情权与参与度方面,您认为博客舆情对网民的影响是什么中的%	10.4	23.0	62.0	4.6	100.0
		被访者的职业中的%	79.0	85.0	70.0	87.5	74.6
	没有太大变化	在事件知情权与参与度方面,您认为博客舆情对网民的影响是什么中的%	12.0	11.1	75.0	1.9	100.0
		被访者职业中的%	21.0	9.4	19.5	8.3	17.2
	降低了对事件的知情权参与度	在事件知情权与参与度方面,您认为博客舆情对网民的影响是什么中的%		13.5	84.6	1.9	100.0
		被访者职业中的%		5.6	10.5	4.2	8.3
合　计		在事件知情权与参与度方面,您认为博客舆情对网民的影响是什么中的%	9.9	20.2	66.1	3.8	100.0
		被访者职业中的%	100.0	100.0	100.0	100.0	100.0

注：Pearson 卡方检验，值为 20.530，自由度为 6，渐进双侧 Sig. 值为 0.002。单元格（16.7%）的期望计数少于 5。最小期望计数为 1.98。

表 7 - 12　在事件知情权与参与度方面，被访者态度与被访者
网龄的交叉分析 （D20 * a5）

			被访者网龄					合计
			0 ~ 1 年	1 ~ 5 年	5 ~ 10 年	10 年以上	无	
在事件知情权与参与度方面，您认为博客舆情对网民的影响是什么	提高了对事件的知情权参与度	在事件知情权与参与度方面,您认为博客舆情对网民的影响是什么中的%	12.4	37.1	35.2	15.1	0.2	100.0
		被访者网龄中的%	75.3	66.7	80.9	83.5	50.0	74.6
	没有太大变化	在事件知情权与参与度方面,您认为博客舆情对网民的影响是什么中的%	13.0	48.1	31.5	7.4		100.0
		被访者网龄中的%	18.2	19.9	16.7	9.4		17.2
	降低了对事件的知情权参与度	在事件知情权与参与度方面,您认为博客舆情对网民的影响是什么中的%	9.6	67.3	9.6	11.5	2.0	100.0
		被访者网龄中的%	6.5	13.4	2.4	7.1	50.0	8.3

续表

			被访者网龄					合计
			0～1年	1～5年	5～10年	10年以上	无	
合　计		在事件知情权与参与度方面,您认为博客舆情对网民的影响是什么中的%	12.2	41.5	32.4	13.5	0.3	12.2
		被访者网龄中的%	100.0	100.0	100.0	100.0	100.0	100.0

注:Pearson 卡方检验,值为 30.265,自由度为 8,渐进双侧 Sig. 值为 0.000。单元格(20.0%)的期望计数少于 5。最小期望计数为 0.17。

我们将"博客与传统媒体相比情况"选项与被访者的学历、职业、网龄进行交叉分析,同时运用皮尔逊卡方进行检验(见表 7-13、表 7-14、表 7-15)。从卡方检验来看,不同学历组、不同网龄组的被访者态度存在显著性差异(双侧检验 Sig. =0.000),而不同职业组的被访者态度显著性差异不强。

表 7-13　在博客与传统媒体相比方面,被访者态度与被访者
学历的交叉分析(D21 * a3)

			被访者学历				合计
			高中及以下	大学专科	大学本科	本科以上	
博客与传统媒体相比的优劣情况	信息更多、更快、更真实,有传统媒体不具有的优势	博客与传统媒体相比的优劣情况中的%	3.8	40.5	50.8	4.9	100.0
		被访者学历中的%	41.2	27.3	29.6	52.9	29.5
	信息更多、更快,真实性则不如传统媒体	博客与传统媒体相比的优劣情况中的%	1.6	37.2	59.2	2.0	100.0
		被访者学历中的%	29.4	41.8	57.5	35.3	49.3
	信息鱼龙混杂,可信性太低	博客与传统媒体相比的优劣情况中的%	3.8	63.9	30.8	1.5	100.0
		被访者学历中的%	29.4	30.9	12.9	11.8	21.2
合　计		博客与传统媒体相比的优劣情况中的%	2.7	43.9	50.7	2.7	100.0
		被访者学历中的%	100.0	100.0	100.0	100.0	100.0

注:Pearson 卡方检验,值为 37.787,自由度为 6,渐进双侧 Sig. 值为 0.000。单元格(16.7%)的期望计数少于 5。最小期望计数为 3.61。

表 7 – 14　在博客与传统媒体相比方面，被访者态度与被访者职业的交叉分析 （D21 * a4）

			被访者职业				合计
			社会舆情信息管理人员	媒体从业人员	在校学生	其他	
博客与传统媒体相比的优劣情况	信息更多、更快、更真实,有传统媒体不具有的优势	博客与传统媒体相比的优劣情况中的%	11.4	26.1	58.2	4.3	100.0
		被访者职业中的%	33.9	37.8	25.9	33.3	29.4
	信息更多、更快,真实性则不如传统媒体	博客与传统媒体相比的优劣情况中的%	10.0	17.5	70.2	2.3	100.0
		被访者职业中的%	50.0	42.5	52.5	29.2	49.4
	信息鱼龙混杂,可信性太低	博客与传统媒体相比的优劣情况中的%	7.5	18.8	66.9	6.8	100.0
		被访者职业中的%	16.1	19.7	21.5	37.5	21.2
合　计		博客与传统媒体相比的优劣情况中的%	9.9	20.3	66.0	3.8	100.0
		被访者职业中的%	100.0	100.0	100.0	100.0	100.0

注：Pearson 卡方检验，值为 13.258，自由度为 6，渐进双侧 Sig. 值为 0.039。单元格 （.0%）的期望计数少于 5。最小期望计数为 5.10。

表 7 – 15　在博客与传统媒体相比方面，被访者态度与被访者网龄的交叉分析 （D21 * a5）

			被访者网龄					合计
			0 ~ 1 年	1 ~ 5 年	5 ~ 10 年	10 年以上	无	
博客与传统媒体相比的优劣情况	信息更多、更快、更真实,有传统媒体不具有的优势	博客与传统媒体相比的优劣情况中的%	8.6	41.6	34.1	15.7		100.0
		被访者网龄中的%	20.5	29.6	31.3	34.1		29.6
	信息更多、更快,真实性则不如传统媒体	博客与传统媒体相比的优劣情况中的%	9.1	44.0	34.6	12.0	0.3	100.0
		被访者网龄中的%	35.9	52.3	53.0	43.5	50.0	49.4
	信息鱼龙混杂,可信性太低	博客与传统媒体相比的优劣情况中的%	25.8	35.6	23.5	14.4	0.7	100.0
		被访者网龄中的%	43.6	18.1	15.5	22.4	50.0	21.0
合　计		博客与传统媒体相比的优劣情况中的%	12.5	41.5	32.1	13.6	0.3	100.0
		被访者网龄中的%	100.0	100.0	100.0	100.0	100.0	100.0

注：Pearson 卡方检验，值为 31.848，自由度为 8，渐进双侧 Sig. 值为 0.000。单元格 （20.0%）的期望计数少于 5。最小期望计数为 0.42。

我们将"对博客谣言的看法"选项与被访者的学历、职业、网龄进行交叉分析，同时运用皮尔逊卡方进行检验（见表 7 - 16、表 7 - 17、表 7 - 18）。从卡方检验来看，不同学历组、不同职业组、不同网龄组的被访者态度显著性差异不强（双侧检验 Sig. > 0.000）。

表 7 – 16 在对博客谣言的看法方面，被访者态度与被访者学历的交叉分析（D24 * a3）

			被访者学历				合计
			高中及以下	大学专科	大学本科	本科以上	
随着博客的广泛应用，您对博客谣言的看法是	我们都应该传播真实的信息	随着博客的广泛应用,您对博客谣言的看法是其中的%	3.1	51.2	43.4	2.3	100.0
		被访者学历中的%	22.2	23.6	17.6	17.6	20.4
	对所有的信息,我们都应该经过思考过后再进行传播	随着博客的广泛应用,您对博客谣言的看法是其中的%	2.4	40.9	54.2	2.4	100.0
		被访者学历中的%	44.4	48.2	56.3	47.2	52.1
	娱乐八卦传闻无须太认真	随着博客的广泛应用,您对博客谣言的看法是其中的%	4.5	53.4	38.6	3.4	100.0
		被访者学历中的%	22.2	16.8	10.7	17.6	13.9
	这和大家的社会责任感有关	随着博客的广泛应用,您对博客谣言的看法是其中的%	2.3	37.2	57.0	3.5	100.0
		被访者学历中的%	11.2	11.4	15.4	17.6	13.6
合　计		随着博客的广泛应用,您对博客谣言的看法是其中的%	2.8	44.2	50.2	2.7	100.0
		被访者学历中的%	100.0	100.0	100.0	100.0	100.0

　　注：Pearson 卡方检验，值为 11.980，自由度为 9，渐进双侧 Sig. 值为 0.214。单元格（37.5%）的期望计数少于 5。最小期望计数为 2.31。

表 7 - 17　在对博客谣言的看法方面，被访者态度与被访者职业的交叉分析 （D24 * a4）

			被访者职业				合计
			社会舆情信息管理人员	媒体从业人员	在校学生	其他	
随着博客的广泛应用，您对博客谣言的看法是	我们都应该传播真实的信息	您对博客谣言的看法是其中的%	9.4	20.3	64.8	5.5	100.0
		被访者职业中的%	19.4	20.8	19.8	28.0	20.3
	对所有的信息，我们都应该经过思考过后再进行传播	您对博客谣言的看法是其中的%	10.9	20.3	66.7	2.1	100.0
		被访者职业中的%	58.1	53.6	52.4	28.0	52.2
	娱乐八卦传闻无须太认真	您对博客谣言的看法是其中的%	3.4	14.8	77.3	4.5	100.0
		被访者职业中的%	4.8	10.4	16.2	16.0	13.9
	这和大家的社会责任感有关	您对博客谣言的看法是其中的%	12.8	22.1	57.0	8.1	100.0
		被访者职业中的%	17.7	15.2	11.6	28.0	13.6
合　计		您对博客谣言的看法是其中的%	9.8	19.8	66.5	3.9	100.0
		被访者职业中的%	100.0	100.0	100.0	100.0	100.0

注：Pearson 卡方检验，值为 16.493，自由度为 9，渐进双侧 Sig. 值为 0.057。单元格（12.5%）的期望计数少于 5。最小期望计数为 3.40。

表 7 - 18　在对博客谣言的看法方面，被访者态度与被访者网龄的交叉分析 （D24 * a5）

			被访者网龄					合计
			0~1 年	1~5 年	5~10 年	10 年以上	无	
随着博客的广泛应用，您对博客谣言的看法是	我们都应该传播真实的信息	您对博客谣言的看法是其中的%	15.5	41.9	28.7	13.9		100.0
		被访者网龄中的%	26.0	20.4	18.2	21.2		20.4
	对所有的信息，我们都应该经过思考过后再进行传播	您对博客谣言的看法是其中的%	9.4	43.9	33.6	12.7	0.4	100.0
		被访者网龄中的%	40.3	54.7	54.7	49.4	50.0	52.2
	娱乐八卦传闻无须太认真	您对博客谣言的看法是其中的%	21.8	42.5	26.4	8.0	1.3	100.0
		被访者网龄中的%	24.7	14.0	11.3	8.2	50.0	13.8
	这和大家的社会责任感有关	您对博客谣言的看法是其中的%	8.1	33.7	37.2	21.0		100.0
		被访者网龄中的%	9.0	10.9	15.8	21.2		13.6

续表

		被访者网龄					合计
		0~1 年	1~5 年	5~10 年	10年以上	无	
合　计	随着博客的广泛应用,您对博客谣言的看法是其中的%	12.2	41.9	32.1	13.4	0.4	100.0
	被访者网龄中的%	100.0	100.0	100.0	100.0	100.0	100.0

注: Pearson 卡方检验, 值为 23.283, 自由度为 12, 渐进双侧 Sig. 值为 0.025。单元格 (20.0%) 的期望计数少于 5。最小期望计数为 0.27。

在问卷统计中, 被访者认为博客舆情的首要作用是"网络舆情的一种, 门户网站信息传播的补充", 占 49.0%; 但超过半数的被访者认为博客舆情"能推动一些事件的发生、发展, 也能改变一些事情的发展趋势, 尤其是政府公信力缺失的时候""反映了草根的呼声", 分别占 64.7%、56.8%, 合计数上反而超过"网络舆情的一种, 门户网站信息传播的补充"的选项 (见表 7-19)。

表 7-19　被访者认为博客舆情有哪些作用

单位: %

项　　目	首要作用	其次作用	再次作用	合计
网络舆情的一种,门户网站信息传播的补充	49.0	2.7	2.7	54.4
反映了草根的呼声	23.9	29.4	3.5	56.8
能推动一些事件的发生、发展,也能改变一些事情的发展趋势,尤其是政府公信力缺失的时候	21.5	25.3	17.9	64.7
改变了大部分热点事件的进程,尤其是政府部门信息发布不及时	4.9	21.0	13.5	39.4
合　　计	99.3	78.4	37.6	215.3

为进一步了解被访者的看法与其学历、职业、网龄的差异性, 我们将他们分别进行交叉分析 (见表 7-20、表 7-21、表 7-22)。可以看出如下特点: 学历较高的人群, 比较认同博客舆情"能推动一些事件的发生、发展, 也能改变一些事情的发展趋势, 尤其是政府公信力缺失的时候"; 学历较低的人群, 比较认同"反映了草根的呼声"; 对于博客舆情是"网络舆情的一种, 门户网站信息传播的补充"的看法较为一致, 没有学历上

表 7 - 20　博客舆情的作用与被访者学历（＄D24＊a3）交叉分析

			被访者学历				总计
			高中及以下	大学专科	大学本科	本科以上	
＄D24[a]	网络舆情的一种,门户网站信息传播的补充	计数	9.0	120.0	209.0	8.0	346.0
		＄D24 内的%	2.6	34.7	60.4	2.3	
		a3 内的%	50.0	42.9	65.5	47.1	
	反映了草根的呼声	计数	13.0	129.0	209.0	10.0	361.0
		＄D24 内的%	3.6	35.7	57.9	2.8	
		a3 内的%	72.2	46.1	65.5	58.8	
	能推动一些事件的发生、发展,也能改变一些事情的发展趋势,尤其是政府公信力缺失的时候	计数	5.0	153.0	240.0	14.0	412.0
		＄D24 内的%	1.2	37.1	58.3	3.4	
		a3 内的%	27.8	54.6	75.2	82.4	
	改变了大部分热点事件的进程,尤其是政府部门信息发布不及时	计数	11.0	123.0	111.0	6.0	251.0
		＄D24 内的%	4.4	49.0	44.2	2.4	
		a3 内的%	61.1	43.9	34.8	35.3	
总　计		计数	18.0	280.0	319.0	17.0	634.0

注：百分比和总计以响应者为基础。

表 7 - 21　博客舆情的作用与被访者职业（＄D24＊a4）交叉分析

			被访者职业				总计
			社会舆情信息管理人员	媒体从业人员	在校学生	其他	
＄D24[a]	网络舆情的一种,门户网站信息传播的补充	计数	58.0	69.0	209.0	9.0	345.0
		＄D24 内的%	16.8	20.0	60.6	2.6	
		a4 内的%	92.1	54.3	50.0	36.0	
	反映了草根的呼声	计数	55.0	77.0	214.0	14.0	360.0
		＄D24 内的%	15.3	21.4	59.4	3.9	
		a4 内的%	87.3	60.6	51.2	56.0	
	能推动一些事件的发生、发展,也能改变一些事情的发展趋势,尤其是政府公信力缺失的时候	计数	54.0	76.0	267.0	15.0	412.0
		＄D24 内的%	13.1	18.4	64.8	3.6	
		a4 内的%	85.7	59.8	63.9	60.0	
	改变了大部分热点事件的进程,尤其是政府部门信息发布不及时	计数	8.0	48.0	183.0	12.0	251.0
		＄D24 内的%	3.2	19.1	72.9	4.8	
		a4 内的%	12.7	37.8	43.8	48.0	
总　计		计数	63.0	127.0	418.0	25.0	633.0

注：百分比和总计以响应者为基础。

表 7 - 22   博客舆情的作用与被访者网龄 （＄D24＊a5）交叉分析

			被访者网龄				总计
			0 ~ 1 年	1 ~ 5 年	5 ~ 10 年	10 年以上	
＄D24[a]	网络舆情的一种，门户网站信息传播的补充	计数	29.0	144.0	113.0	58.0	344.0
		＄D24 内的%	8.4	41.9	32.8	16.9	
		a5 内的%	37.2	54.8	55.1	68.2	
	反映了草根的呼声	计数	36.0	130.0	136.0	58.0	360.0
		＄D24 内的%	10.0	36.1	37.8	16.1	
		a5 内的%	46.2	49.4	66.3	68.2	
	能推动一些事件的发生、发展，也能改变一些事情的发展趋势，尤其是政府公信力缺失的时候	计数	53.0	157.0	141.0	60.0	411.0
		＄D24 内的%	12.9	38.2	34.3	14.6	
		a5 内的%	67.9	59.7	68.8	70.6	
	改变了大部分热点事件的进程，尤其是政府部门信息发布不及时	计数	44.0	118.0	65.0	24.0	251.0
		＄D24 内的%	17.5	47.0	25.9	9.6	
		a5 内的%	56.4	44.9	31.7	28.2	
总 计		计数	78.0	263.0	205.0	85.0	631.0

注：百分比和总计以响应者为基础。

的差异。在职业上，社会舆情信息管理人员较为认同博客舆情的积极作用，而不认同博客舆情能“改变了大部分热点事件的进程，尤其是政府部门信息发布不及时”；媒体从业人员和在校学生除主要关注博客舆情的积极作用，对其针砭时政的作用也较关注。从网龄看，网龄越长，越认同博客舆情的积极作用；对于博客舆情能“改变了大部分热点事件的进程，尤其是政府部门信息发布不及时”的认同，反而随着被访者网龄的增长，呈现逐步下降趋势。

三   博客舆情的政治影响

博客舆情是社会情绪在博客中的表现。而社会情绪在传统媒介条件下传播力较弱，而在网络环境下，社会情绪合流速度加快，相互感染，并快速发生共振，较容易形成舆论危机。同时，社会情绪是一种受众心理反应，它可能是积极的建设性的，也可能是破坏性的或激发变革性的。任何社会所能容纳的社会情绪值都有一个限度，超过了这个关键点，就会引起质的变化——社会变革。我们研判博客舆情，必须关注博客舆情的政治影响。从问卷调查看，被访者首先认同博客舆情“有利于推动政府决策的透明化和公开化",占 64.5% 。从合计数看,被访者对"有利于推动政府决策的透明化和公开化""有利于政府收集民意,从而更好地制定政策"的观点较为认同,分别占 69.0% 、61.2% ;而对"言论太自由,需要严格监管""博客不能真正推动民主进步"的观点认同度较低(见表 7 - 23)。

表 7 - 23　被访者看待博客问政的态度

项　　目	首先态度	其次态度	再次态度	合计
有利于推动政府决策的透明化和公开化	64.5	3.6	0.9	69.0
有利于政府收集民意,从而更好地制定政策	16.6	42.9	1.7	61.2
政府机构开博客,将很难区分公务身份和个人身份	9.7	9.4	4.9	24.0
政府机构开博客容易,但坚持太难	3.6	14.3	12.4	30.3
言论太自由,需要严格监管	1.1	3.0	5.5	9.6
博客不能真正推动民主进步	3.5	5.7	2.4	11.6
合　　计	99.1	78.8	27.7	205.6

　　为了解被访者看待博客问政的态度与其学历、职业、网龄的差异性,我们将他们分别进行交叉分析(见表 7 - 24、表 7 - 25、表 7 - 26)。可以看出如下特点:学历越高的人群,越倾向认同博客问政"有利于政府收集民意,从而更好地制定政策";对于博客问政"有利于推动政府决策的透明化和公开化"的看法较为一致,没有学历上的差异。在职业上,社会舆情信息管理人员较为认同博客问政"有利于政府收集民意,从而更好地制定政策""有利于推动政府决策的透明化和公开化"的看法;媒体从业人员和在校学生也较认同上述两种观点,对"政府机构开博客,将很难区分公务身份和个人身份"也有一定认同。从网龄看,被访者看待博客问政态度的变化趋势不明显。

表 7 - 24　被访者看待博客问政的态度与被访者学历 ($ D25 * a3) 交叉分析

			被访者学历				总计
			高中及以下	大学专科	大学本科	本科以上	
$ D25[a]	有利于推动政府决策的透明化和公开化	计数	13.0	177.0	240.0	10.0	440.0
		$ D25 内的%	3.0	40.2	54.5	2.3	
		a3 内的%	72.2	62.8	75.9	58.8	
	有利于政府收集民意,从而更好地制定政策	计数	10.0	153.0	216.0	11.0	390.0
		$ D25 内的%	2.6	39.2	55.4	2.8	
		a3 内的%	55.6	54.3	68.4	64.7	

续表

			被访者学历				总计
			高中及以下	大学专科	大学本科	本科以上	
$ D25ᵃ	政府机构开博客,将很难区分公务身份和个人身份	计数	6.0	81.0	59.0	7.0	153.0
		$ D25 内的%	3.9	52.9	38.6	4.6	
		a3 的%	33.3	28.7	18.7	41.2	
	政府机构开博客容易,但坚持太难	计数	6.0	59.0	123.0	5.0	193.0
		$ D25 内的%	3.1	30.6	63.7	2.6	
		a3 内的%	33.3	20.9	38.9	29.4	
	言论太自由,需要严格监管	计数	2.0	15.0	43.0	1.0	61.0
		$ D25 内的%	3.3	24.6	70.5	1.6	
		a3 内的%	11.1	5.3	13.6	5.9	
	博客不能真正推动民主进步	计数	2.0	37.0	33.0	1.0	73.0
		$ D25 内的%	2.7	50.7	45.2	1.4	
		a3 内的%	11.1	13.1	10.4	5.9	
总　计		计数	18.0	282.0	316.0	17.0	633.0

注:百分比和总计以响应者为基础。

表 7 - 25　被访者看待博客问政的态度与被访者职业 ($ D25 * a4) 交叉分析

			被访者职业				总计
			社会舆情信息管理人员	媒体从业人员	在校学生	其他	
$ D25ᵃ	有利于推动政府决策的透明化和公开化	计数	45.0	95.0	280.0	19.0	439.0
		$ D25 内的%	10.3	21.6	63.8	4.3	
		a4 内的%	71.4	76.6	66.7	76.0	
	有利于政府收集民意,从而更好地制定政策	计数	46.0	75.0	251.0	17.0	389.0
		$ D25 内的%	11.8	19.3	64.5	4.4	
		a4 内的%	73.0	60.5	59.8	68.0	
	政府机构开博客,将很难区分公务身份和个人身份	计数	10.0	29.0	110.0	4.0	153.0
		$ D25 内的%	6.5	19.0	71.9	2.6	
		a4 内的%	15.9	23.4	26.2	16.0	
	政府机构开博客容易,但坚持太难	计数	26.0	39.0	118.0	9.0	192.0
		$ D25 内的%	13.5	20.3	61.5	4.7	
		a4 内的%	41.3	31.5	28.1	36.0	
	言论太自由,需要严格监管	计数	12.0	9.0	34.0	6.0	61.0
		$ D25 内的%	19.7	14.8	55.7	9.8	
		a4 内的%	19.0	7.3	8.1	24.0	
	博客不能真正推动民主进步	计数	4.0	12.0	55.0	2.0	73.0
		$ D25 内的%	5.5	16.4	75.3	2.7	
		a4 内的%	6.3	9.7	13.1	8.0	
总　计		计数	63.0	124.0	420.0	25.0	632.0

注:百分比和总计以响应者为基础。

表 7 - 26　被访者看待博客问政的态度与被访者网龄（ $ D25 * a5）交叉分析

			被访者网龄				总计
			0 ~ 1 年	1 ~ 5 年	5 ~ 10 年	10 年以上	
$ D25[a]	有利于推动政府决策的透明化和公开化	计数	57.0	179.0	143.0	60.0	439.0
		$ D25 内的 %	13.0	40.8	32.6	13.7	
		a5 内的 %	75.0	67.8	70.1	69.8	
	有利于政府收集民意，从而更好地制定政策	计数	32.0	161.0	149.0	47.0	389.0
		$ D25 内的 %	8.2	41.4	38.3	12.1	
		a5 内的 %	42.1	61.0	73.0	54.7	
	政府机构开博客，将很难区分公务身份和个人身份	计数	20.0	71.0	39.0	20.0	150.0
		$ D25 内的 %	13.3	47.3	26.0	13.3	
		a5 内的 %	26.3	26.9	19.1	23.3	
	政府机构开博客容易，但坚持太难	计数	16.0	77.0	62.0	38.0	193.0
		$ D25 内的 %	8.3	39.9	32.1	19.7	
		a5 内的 %	21.1	29.2	30.4	44.2	
	言论太自由，需要严格监管	计数	8.0	20.0	23.0	9.0	60.0
		$ D25 内的 %	13.3	33.3	38.3	15.0	
		a5 内的 %	10.5	7.6	11.3	10.5	
	博客不能真正推动民主进步	计数	21.0	24.0	23.0	5.0	73.0
		$ D25 内的 %	28.8	32.9	31.5	6.8	
		a5 内的 %	27.6	9.1	11.3	5.8	
总　计		计数	76.0	264.0	204.0	86.0	630.0

注：百分比和总计以响应者为基础。

对于"网络问政或政府机构的官方微博"，被访者持积极看法的占绝大多数，其中"赞同，表示政府开始重视民意，广开渠道收集、采纳民意"的占 42.6%；"持保留态度，但至少表明已经进步了"的占 40.6%，合计为 83.2%（见表 7 - 27）。

表 7 - 27　对网络问政或政府机构的官方微博，被访者的态度

单位：%

项　目	百分比
赞同，表示政府开始重视民意，广开渠道收集、采纳民意	42.6
不用太认真，政府作秀罢了	15.1
持保留态度，但至少表明已经进步了	40.6
其他	1.7
合　计	100.0

我们将"对网络问政或政府机构的官方微博的态度"与被访者的学历、职业、网龄进行交叉分析，同时运用皮尔逊卡方进行检验（见表7-28、表7-29、表7-30）。从卡方检验来看，不同学历组、不同职业组、不同网龄组的被访者态度呈较强显著性（双侧检验 Sig. ＝0.000）。

表7-28　网络问政或政府机构的官方微博的态度与被访者学历
（D26＊a3）交叉分析

			被访者学历				合计
			高中及以下	大学专科	大学本科	本科以上	
对网络问政或政府机构的官方微博的态度	赞同,表示政府开始重视民意,广开渠道收集、采纳民意	对网络问政或政府机构的官方微博的态度是其中的%	4.4	34.3	59.4	1.9	100.0
		被访者学历中的%	66.7	33.9	50.9	29.4	43.4
	不用太认真,政府作秀罢了	对网络问政或政府机构的官方微博的态度是其中的%	2.1	60.4	34.4	3.1	100.0
		被访者学历中的%	11.1	21.2	10.4	17.6	15.4
	持保留态度,但至少表明已经进步了	对网络问政或政府机构的官方微博的态度是其中的%	1.6	47.7	47.3	3.4	100.0
		被访者学历中的%	22.2	44.9	38.6	52.9	41.3
合　计		对网络问政或政府机构的官方微博的态度是其中的%	2.9	43.8	50.6	2.7	100.0
		被访者学历中的%	100.0	100.0	100.0	100.0	100.0

注：Pearson 卡方检验，值为27.637，自由度为6，渐进双侧 Sig. 值为0.000。单元格（16.7%）的期望计数少于5。最小期望计数为2.61。

表7-29　网络问政或政府机构的官方微博的态度与被访者职业
（D26＊a4）交叉分析

			被访者职业				合计
			社会舆情信息管理人员	媒体从业人员	在校学生	其他	
对网络问政或政府机构的官方微博的态度	赞同,表示政府开始重视民意,广开渠道收集、采纳民意	对网络问政或政府机构的官方微博的态度是其中的%	14.8	21.9	57.0	6.3	100.0
		被访者职业中的%	63.5	47.6	37.4	68.0	43.3

续表

			被访者职业				合计
			社会舆情信息管理人员	媒体从业人员	在校学生	其他	
对网络问政或政府机构的官方微博的态度	不用太认真，政府作秀罢了	对网络问政或政府机构的官方微博的态度是其中的%	5.2	22.9	70.8	1.1	100.0
		被访者职业中的%	7.9	17.7	16.5	4.0	15.4
	持保留态度，但至少表明已经进步了	对网络问政或政府机构的官方微博的态度是其中的%	7.0	16.7	73.6	2.7	100.0
		被访者职业中的%	28.6	34.7	46.1	28.0	41.3
合　计		对网络问政或政府机构的官方微博的态度是其中的%	10.1	19.9	66.0	4.0	100.0
		被访者职业中的%	100.0	100.0	100.0	100.0	100.0

注：Pearson 卡方检验，值为 25.652，自由度为 6，渐进双侧 Sig. 值为 0.000。单元格（8.3%）的期望计数少于 5，最小期望计数为 3.85。

表 7 – 30　网络问政或政府机构的官方微博的态度与被访者网龄（D26 * a5）交叉分析

			被访者网龄					合计
			0 ~ 1 年	1 ~ 5 年	5 ~ 10 年	10 年以上	无	
对网络问政或政府机构的官方微博的态度	赞同，表示政府开始重视民意，广开渠道收集、采纳民意	对网络问政或政府机构的官方微博的态度是其中的%	9.3	33.0	40.0	17.4	0.3	100.0
		被访者网龄中的%	32.1	34.9	53.2	54.7		43.3
	不用太认真，政府作秀罢了	对网络问政或政府机构的官方微博的态度是其中的%	19.8	45.8	19.8	13.5	0.1	100.0
		被访者网龄中的%	24.4	17.3	9.4	15.1		15.4
	持保留态度，但至少表明已经进步了	对网络问政或政府机构的官方微博的态度是其中的%	13.2	47.3	29.5	10.0		100.0
		被访者网龄中的%	43.6	47.8	37.4	30.2		41.3
合　计		对网络问政或政府机构的官方微博的态度是其中的%	12.5	40.9	32.5	13.8	0.3	100.0
		被访者网龄中的%	100.0	100.0	100.0	100.0		100.0

注：Pearson 卡方检验，值为 31.478，自由度为 8，渐进双侧 Sig. 值为 0.000。单元格（20.0%）的期望计数少于 5，最小期望计数为 0.31。

四 博客舆情的热点判断与未来趋势

从问卷调查看，被访者认为博客舆情的热点判断标准首先是"通过转载率、点击率判定，转载率、点击率越高，舆情热度越高"，占64.1%。从多项选择看，这一标准合计占69.8%，说明大多数人较认同。而对于"网络热点引起政府部门、传统媒介关注的时间长短，时间越短，热度越高""网络传播信息与官方发布信息的吻合度，吻合度越差，舆情热度越高"也有一定认同度，合计分别占39.1%、38.8%（见表7-31）。

表 7-31 被访者认为博客舆情的热点判断标准

单位：%

项　　目	首要标准	次要标准	再次标准	合计
通过转载率、点击率判定,转载率、点击率越高,舆情热度越高	64.1	4.6	1.1	69.8
网络传播信息与官方发布信息的吻合度,吻合度越差,舆情热度越高	19.5	18.4	1.9	38.8
网络热点引起政府部门、传统媒介关注的时间长短,时间越短,热度越高	13.5	19.9	5.7	39.1
合　　计	97.1	42.9	8.7	147.7

为了解被访者认为博客舆情的热点判断标准与其学历、职业、网龄之间的差异性，我们将他们分别进行交叉分析（见表7-32、表7-33、表7-34）。可以看出如下差异：学历越高的人群，越倾向认同"通过转载率、点击率判定，转载率、点击率越高，舆情热度越高"观点；对于其他两种的看法较为一致，没有学历上的差异。在职业上，社会舆情信息管理人员较认同"通过转载率、点击率判定，转载率、点击率越高，舆情热度越高""网络热点引起政府部门、传统媒介关注的时间长短，时间越短，热度越高"这两种观点；媒体从业人员和在校学生较认同"通过转载率、点击率判定，转载率、点击率越高，舆情热度越高"，"网络传播信息与官方发布信息的吻合度，吻合度越差，舆情热度越高"这两种观点；显示出一定差异。从网龄看，随着网龄增长，被访者认同"通过转载率、点击率判定，转载率、点击

率越高，舆情热度越高"，"网络传播信息与官方发布信息的吻合度，吻合度越差，舆情热度越高"这两种观点，呈现抛物线分布。

表 7 - 32　博客舆情的热点判断标准与被访者学历（$ D28 * a3）交叉分析

			被访者学历				总计
			高中及以下	大学专科	大学本科	本科以上	
$ D28ᵃ	通过转载率、点击率判定，转载率、点击率越高，舆情热度越高	计数	12.0	203.0	216.0	13.0	444.0
		$ D28 内的%	2.7	45.7	48.6	2.9	
		a3 内的%	66.7	74.1	69.0	81.3	
	网络传播信息与官方发布信息的吻合度，吻合度越差，舆情热度越高	计数	8.0	108.0	133.0	4.0	253.0
		$ D28 内的%	3.2	42.7	52.6	1.6	
		a3 内的%	44.4	39.4	42.5	25.0	
	网络热点引起政府部门、传统媒介关注的时间长短，时间越短，热度越高	计数	10.0	76.0	159.0	4.0	249.0
		$ D28 内的%	4.0	30.5	63.9	1.6	
		a3 内的%	55.6	27.7	50.8	25.0	
总　计		计数	18.0	274.0	313.0	16.0	621.0

注：百分比和总计以响应者为基础。

表 7 - 33　博客舆情的热点判断标准与被访者职业（$ D28 * a4）交叉分析

			被访者职业				总计
			社会舆情信息管理人员	媒体从业人员	在校学生	其他	
$ D28ᵃ	通过转载率、点击率判定，转载率、点击率越高，舆情热度越高	计数	43.0	85.0	299.0	17.0	444.0
		$ D28 内的%	9.7	19.1	67.3	3.8	
		a4 内的%	68.3	69.7	72.9	68.0	
	网络传播信息与官方发布信息的吻合度，吻合度越差，舆情热度越高	计数	22.0	54.0	167.0	10.0	253.0
		$ D28 内的%	8.7	21.3	66.0	4.0	
		a4 内的%	34.9	44.3	40.7	40.0	
	网络热点引起政府部门、传统媒介关注的时间长短，时间越短，热度越高	计数	41.0	45.0	152.0	10.0	248.0
		$ D28 内的%	16.5	18.1	61.3	4.0	
		a4 内的%	65.1	36.9	37.1	40.0	
总　计		计数	63.0	122.0	410.0	25.0	620.0

注：百分比和总计以响应者为基础。

表 7 - 34　博客舆情的热点判断标准与被访者网龄 （＄D28 ＊ a5） 交叉分析

			被访者网龄				总计
			0 ~ 1 年	1 ~ 5 年	5 ~ 10 年	10 年以上	
＄D28[a]	通过转载率、点击率判定,转载率、点击率越高,舆情热度越高	计数	53.0	186.0	151.0	53.0	443.0
		＄D28 内的%	12.0	42.0	34.1	12.0	
		a5 内的%	69.7	72.7	74.4	63.9	
	网络传播信息与官方发布信息的吻合度,吻合度越差,舆情热度越高	计数	26.0	106.0	86.0	33.0	251.0
		＄D28 内的%	10.4	42.2	34.3	13.1	
		a5 内的%	34.2	41.4	42.4	39.8	
	网络热点引起政府部门、传统媒介关注的时间长短,时间越短,热度越高	计数	35.0	99.0	77.0	38.0	249.0
		＄D28 内的%	14.1	39.8	30.9	15.3	
		a5 内的%	46.1	38.7	37.9	45.8	
总　计		计数	76.0	256.0	203.0	83.0	618.0

注: 百分比和总计以响应者为基础。

在问到博客舆情的未来发展趋势时, 被访者倾向于认为博客舆情的影响会越来越大, 认为博客舆情 "将会与当前的舆情传播方式共存, 共同组成舆情传播" 的占 42.2%; 认为博客舆情 "随着博客用户的增加, 博客舆情将越来越影响、颠覆传统的舆情传播" 的占 30.4%, 两者合计为 72.6% (见表 7 - 35)。

表 7 - 35　被访者认为博客舆情的未来发展趋势

单位: %

项　　目	百分比
昙花一现,传统媒介方式传播仍然占据主流	8.4
随着博客用户的增加,博客舆情将越来越影响、颠覆传统的舆情传播	30.4
将会有新的方式替代	19.0
将会与当前的舆情传播方式共存,共同组成舆情传播	42.2
合　　计	100.0

我们将 "博客舆情的未来发展趋势" 选项与被访者的学历、职业、网龄进行交叉分析, 同时运用皮尔逊卡方进行检验 (见表 7 - 36、表 7 - 37、表 7 - 38)。从卡方检验来看, 不同学历组、不同职业组、不同网龄组的被访者态度呈较强显著性 (双侧检验 Sig. ＝0.000)。

表 7 - 36　博客舆情的未来发展趋势与被访者学历（＄D30 ＊ a3）交叉分析

		被访者学历				合计
		高中及以下	大学专科	大学本科	本科以上	
博客舆情在未来的发展趋势	昙花一现,传统媒介方式传播仍然占据主流	博客舆情在未来的发展趋势中的%		71.7	26.4	1.9	100.0
		被访者学历中的%		13.7	4.4	5.9	8.4
	随着博客用户的增加,博客舆情将越来越影响、颠覆传统的舆情传播	博客舆情在未来的发展趋势中的%	3.1	55.2	39.1	2.6	100.0
		被访者学历中的%	33.3	38.1	23.5	29.4	30.4
	将会有新的方式替代	博客舆情在未来的发展趋势中的%	0.8	67.5	30.8	0.9	100.0
		被访者学历中的%	5.6	29.1	11.6	5.9	19.0
	将会与当前的舆情传播方式共存,共同组成舆情传播	博客舆情在未来的发展趋势中的%	4.1	19.9	72.3	3.7	100.0
		被访者学历中的%	61.1	19.1	60.5	58.8	42.2
合计		博客舆情在未来的发展趋势中的%	2.8	44.0	50.5	2.7	100.0
		被访者学历中的%	100.0	100.0	100.0	100.0	100.0

注：Pearson 卡方检验，值为 118.123，自由度为 9，渐进双侧 Sig. 值为 0.000。单元格（25.0%）的期望计数少于 5。最小期望计数为 1.43。

表 7 - 37　博客舆情的未来发展趋势与被访者职业（＄D30 ＊ a4）交叉分析

		被访者职业				合计
		社会舆情信息管理人员	媒体从业人员	在校学生	其他	
博客舆情在未来的发展趋势	昙花一现,传统媒介方式传播仍然占据主流	博客舆情在未来的发展趋势中的%		15.1	77.4	7.5	100.0
		被访者职业中的%		6.3	9.8	16.7	8.4
	随着博客用户的增加,博客舆情将越来越影响、颠覆传统的舆情传播	博客舆情在未来的发展趋势中的%	2.1	24.6	69.1	4.2	100.0
		被访者职业中的%	6.3	37.3	31.6	33.3	30.3
	将会有新的方式替代	博客舆情在未来的发展趋势中的%	1.7	16.7	81.6		100.0
		被访者职业中的%	3.2	15.9	23.4		19.0
	将会与当前的舆情传播方式共存,共同组成舆情传播	博客舆情在未来的发展趋势中的%	21.3	19.1	55.1	4.5	100.0
		被访者职业中的%	90.5	40.5	35.2	50.0	42.3

续表

		被访者职业				合计
		社会舆情信息管理人员	媒体从业人员	在校学生	其他	
合　计	博客舆情在未来的发展趋势中的%	10.0	20.0	66.2	3.8	100.0
	被访者职业中的%	100.0	100.0	100.0	100.0	100.0

注：Pearson 卡方检验，值为 81.002，自由度为 9，渐进双侧 Sig. 值为 0.000。单元格（12.5%）的期望计数少于 5。最小期望计数为 2.02。

表 7 - 38　博客舆情的未来发展趋势与被访者网龄 （$D30 * a5$） 交叉分析

		被访者网龄					合计
		0～1 年	1～5 年	5～10 年	10 年以上	无	
昙花一现,传统媒介方式传播仍然占据主流	博客舆情在未来发展趋势中的%	15.1	39.6	37.7	7.5	0.1	100.0
	被访者网龄中的%	10.5	8.0	9.8	4.7		8.4
随着博客用户的增加,博客舆情将越来越影响、颠覆传统的舆情传播	博客舆情在未来发展趋势中的%	5.2	58.6	25.1	10.5	0.6	100.0
	被访者网龄中的%	13.2	42.7	23.4	23.3	50.0	30.3
将会有新的方式替代	博客舆情在未来发展趋势中的%	19.2	40.8	33.3	6.7		100.0
	被访者网龄中的%	30.3	18.7	19.5	9.3		19.0
将会与当前的舆情传播方式共存,共同组成舆情传播	博客舆情在未来发展趋势中的%	13.1	30.0	36.3	20.2	0.4	100.0
	被访者网龄中的%	46.1	30.5	47.3	62.8	50.0	42.3
合　计	博客舆情在未来发展趋势中的%	12.0	41.5	32.5	13.6	0.4	100.0
	被访者网龄中的%	100.0	100.0	100.0	100.0	100.0	100.0

注：Pearson 卡方检验，值为 56.526，自由度为 12，渐进双侧 Sig. 值为 0.000。单元格（20.0%）的期望计数少于 5。最小期望计数为 0.17。

网络传播的快捷性、匿名性、互动性和任意性，网民数量的庞大使网络传播有了爆炸性的效果，使一条谣言从产生到被广泛传播，可能仅需要 2 小时。有人总结现代谣言传播的基本流程是：谣言产生→2 小时后在互联网上爆发→传统媒体介入→引发谣言的第二次爆发→网络再次关注引发讨论→以传统媒体总结告终。① 为了拒绝谣言，促进博客的良性发展，做好博客舆情的引导，网民与政府的良好沟通显得尤为重要。在问卷统计中，被访者认为网民与政府沟通的首要条件是"理性的网民"，占61.1%。在多项选择中，合计数排在前三位的"理性的网民""理性的政府""法律责任制度"，分别占67.8%、56.2%、43.5%；而选择"网络实名制"的很少，合计数只占10.2%（见表7-39）。这可以说明，在博客舆情的研判机制中，网民与政府的沟通要理性，要有法律制度来规范和约束。

表 7 - 39　被访者认为网民与政府沟通的条件

单位：%

项　　目	首要条件	次要条件	再次条件	合计
理性的网民	61.1	2.8	3.9	67.8
理性的政府	13.5	40.8	1.9	56.2
法律责任制度	13.5	15.7	14.3	43.5
建立监管问责机制	6.8	19.3	12.7	38.8
建立网络问政长效机制	3.6	6.3	12.4	22.3
网络实名制	0.9	4.1	5.2	10.2
其他	0.2	0.2	0.2	0.6
合　　计	99.5	89.2	50.5	239.2

第二节　博客舆情研判中的社会传播理论

中共十六届四中全会从加强党的执政能力建设的高度，明确提出"建立社会舆情汇集和分析机制，畅通社情民意反映渠道"。② 这标志着我们党对舆情信息汇集与分析的认识达到了一个新高度。在我国经济转轨、社会转型的时期，越来越多的社会成员由"单位人"变成"社会人""社区人""社团人"，社会各阶层的利益诉求在内容上更多，在形式上更复杂和

---

① 袁小轶：《突发事件中谣言的传播机理与控制》，《中国商界》2009年第1期。
② 编写组：《加强党的执政能力建设学习问答》，中共党史出版社，2004，第172页。

强烈。"民众的利益多以丰富多彩的社会政治态度体现出来,以舆情的方式存在"。① "关键是我们要正视矛盾,找到化解矛盾的正确途径和有效方法,形成妥善处理矛盾的体制机制,而不能让矛盾激化和发展起来,以致影响国家改革发展稳定的大局"。② 因此,研判博客舆情要熟悉一些传播社会学理论。

一 社会系统传播理论

20 世纪 50 年代,美国新闻传播学家韦尔伯·施拉姆提出了多向互动传播模式,即社会系统传播模式。③ 他指出,受众作为个人的集合体,他们之间不断地进行着二级传播、三级传播或多级传播,并将传播效果反馈给传播者。这样就比较全面地反映了大众传播的特点,揭示了社会系统传播的某些特性。传播者和受众的多层次性、传播系统的多要素性和传播过程的循环性,都在这一模式中得到了很好的说明。但是,由于它未能将传播放在更广阔的社会环境中加以分析,仍然难以揭示社会传播的全貌。要揭示社会传播的全貌,必须用普遍联系和相互作用的系统理论分析传播的构成。首先采用系统理论成功研究传播模式的是德国传播学家马莱兹克,他在 1963 年出版的《大众传播心理学》一书中提出了社会系统传播模式(见图 7-1)。这个传播模式的优点是显而易见的:首先,它把大众传播看作是一个由各种社会因素相互作用的社会系统,从而揭示了社会传播的多重性、广泛性和综合性的特点。其次,在社会传播系统中,它以传播者(C)、信息(M)和接收者(R)为集结点,展示了影响和制约三者以及三者之间的各种因素,具有简洁明了的特点。最后,它全面揭示了社会传播各个环节及其相互之间内在因素与外部环境的相互联系、循环互动的精美结构,具有科学性和艺术性。④ 博客传播是大众传播的一种,博客舆情的传播基本上也遵循这一模式。

① 王来华:《舆情研究概论:理论、方法和现实热点》,天津社会科学院出版社,2003,第53页。
② 胡锦涛:《在省部级主要领导干部提高构建社会主义和谐社会能力专题研讨班上的讲话》,《人民日报》2005年2月19日。
③ 郭庆光:《传播学教程》,中国人民大学出版社,1999,第64页。
④ 蔡铭泽:《新闻传播学》(第3版),暨南大学出版社,2010,第108页。

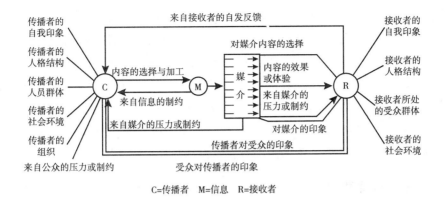

图 7 - 1　马莱兹克社会系统传播模式

二　社会控制理论

从大的方面讲，博客舆情属于社会新闻舆论的一种表现形式。而控制论的理论应用于社会管理就产生了社会控制。所谓社会控制（society control theory），按照美国社会学家戴维·波普诺的解释，是指"对人们的行动实行制约和限制，使之与社会规范保持一致的任何社会过程"。[①] 新闻控制是社会控制中的一种，它是"指社会中的不同组织、势力，通过各种手段，对新闻传播事业施加压力和影响，使之所传播的内容符合社会或控制者自身的利益和愿望"。[②] 一般来说，新闻控制有以下三个特点：一是它的着眼点主要是控制新闻传播的内容而不是新闻传播本身，也就是说新闻控制者主要是利用和操纵新闻传播媒介，而不是完全压制或消除新闻传播媒介；二是它包括内部控制和外部控制两个方面，即既有来自新闻从业人员的职业道德规范作用（自律），也有来自新闻界以外的、政府的、政党的和其他社会政治经济势力的控制（他律），而且往往以外力的控制或刚性控制为主；三是新闻控制的目的是使新闻传播事业与社会规范（特别是统治者的要求）保持一致。但是，也应该看到，并不是所有的"社会规范"和统治者的要求都是合理的和进步的，它们对于新闻传播事业的社会控制往往产生一些负面影响。新闻传播事业之所以必须受到社会的控制，

---

① 黄旦：《新闻传播学》，杭州大学出版社，1995，第 85 页。
② 黄旦：《新闻传播学》，杭州大学出版社，1995，第 87 页。

主要是因为它虽然是社会民主政治的推进器，但并不是一个无往而不胜的武器，它必然受到来自社会各个方面的控制。据联合国国际交流问题研究委员会的报告称，"阻碍信息情报向公众自由流动的障碍几乎是无穷无尽的，障碍的性质、程度、数量和出现率因国而异，但可以看到，它们在所有的社会中毫无例外地大量存在。"[①] 这说明，新闻的社会控制有其必然性和普遍性。在某种意义上说，没有新闻控制就没有新闻自由。从这点看，我们分析博客舆情时，不考虑进行新闻控制是没有意义的。

三 社会责任理论

博客舆情是社会舆情的一部分，作为自媒体的博客理应承担相应的社会责任。马克思认为，责任是自然和社会要求的客观负担，他强调："作为确定的人，应有使命，就有任务。至于你是否意识到这一点，那是无所谓的。"恩格斯也指出："作为社会的人只有遵循自然和社会规律去承担责任，才能既向个人负责，又向社会负责。尽心尽责有利于社会和自己，失责渎职不利于社会和自己。"[②] 社会中的每一个成员都要承担他所应当承担的责任，责任的履行是维系社会正常运转的重要支柱。责任的本质是社会性，因此，责任又常被称作社会责任。与其他责任一样，博客舆情的传播首先要具有社会性。在博客舆情传播中，博客要遵循自身社会角色的特定规范与要求，遵循自己的社会道德，对自己的行为负责，对社会负责，具体说来就是对国家安全、社会稳定、公民身心健康所应承担的安全责任、传播责任与文化责任负责。

西奥多·彼德森在《报刊的社会责任理论》中提出了社会责任论的概念和命题，系统勾勒了社会责任论的理论框架。他认为：理性、人与社会、新闻自由及政府与传媒是社会责任论的理论基础；而社会责任论的目标是使媒体兼顾自由与责任，使社会的各种功能充分发挥，以确保人类获得更多的福利。社会责任论对传媒更好地为公众服务提供了建议，认为传媒应该实现下列政治功能：提供信息、启迪公众以使公众能够自我管理、监督政府。传媒如果逃避民主的责任将会失去新闻自由，传媒应该以道

---

① 联合国教科文组织：《多种声音，一个世界》，中国对外翻译出版公司，1981，第190页。
② 《马克思恩格斯全集》第3卷，人民出版社，1972，第193、329页。

德、民主和自我防卫来提高自己的表现①。显然，社会责任论并不否认自由主义理论的原则精神，而是运用新观点，对新闻自由以及传媒与公众、政府的关系重新进行阐述：积极的自由观代替了消极的自由观、不受政府控制改为政府适当的协调、对理性的理解更为现实，突出强调了传媒的社会责任与道德义务。

1947 年美国新闻自由委员会在其出版的《一个自由而负责任的新闻界》一书中，正式提出了"社会责任的新闻理论"。社会责任理论强调权利和义务的不可分性，新闻传播事业既享有法律所赋予的新闻自由，相对地也有义务去完成它所应该担负的社会责任。社会责任理论仍然继承了新闻自由的精神，导致了新闻自律运动的产生。1923 年，美国报纸编辑人协会（American society of Newspaper Editors）颁布了《美国报业道德律》②（Canons of Journalism），共分责任、新闻自由、独立、诚实、客观、公正和庄重七个方面的内容。其中，独立包括两个方面的基本内容：一是任何谋求个人利益，而不是公众利益的做法，不管理由多么堂皇，都不符合新闻工作的诚信原则；二是任何党派色彩鲜明的评论性文章，如果明知其内容颠倒是非、违背事实，而仍予以发表的话，对新闻传播事业的基本道德是一种暴力行为。诚实包括以下两个方面：一是要达到服务读者的目的，最重要的就是新闻报道必须力求真实完整；二是标题必须符合文章的内容。客观公正要求做到以下两个方面：一是报道不得侵害个人的隐私权，同时必须确实掌握读者"知的权利"和读者"好奇心"的分界线；二是文章内容如果发生错误，不管是新闻报道或是社论，也不管犯错误的原因是什么，报社有这项特权，也可有这项义务，迅速并完整地加以更正。庄重的主要内容包括建立新闻评议组织、开展日常性的新闻评议活动、出版新闻评议刊物，甚至包括执行裁判结果。而缺失"把关人"的博客舆情，道德自律显得尤为重要。

第三节　博客舆情研判机制的模型设计

分析博客舆情的根本目的在于"识其性、明其策"。所谓"识其性"，

---

① 熊澄宇：《传播学十大经典解读》，《新华文摘》2004 年第 1 期。
② 郑贞铭：《新闻原理》，台湾五南图书出版公司，1995，第 174 页。

就是准确把握博客舆情的性质，包括所属类型、总体态势、价值内涵等。所谓"明其策"，即提出处理应对的对策建议。在进行深入分析后，还要进行综合研判。各个方面的专家站在各自的立场，依据不同的视角和知识背景，得出的看法和意见各有见地，而意见往往难以统一。这就需要在充分汲取专家意见基础上做出综合研判，用最精当准确的语言，高度精练地概括出研判的博客舆情，可供科学决策之用。舆情的研判机制，最重要的一点就是要做到准确到位。既把握态势，又分析细节，特别是那些关键性、代表性细节；既把握主流又抓住支流；既看清总体情况又深究具体问题。我们根据调查问卷中相关项目的深入分析和有关社会传播理论的概述，提出以下博客舆情研判机制的模型设想（见图7-2）。而博客舆情的周期研判机制、宏观研判机制和研判方式机制是相互关联、相互促进的，共同组成了博客舆情的研判机制。

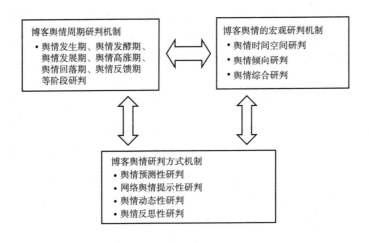

图7-2　博客舆情的研判模型

一　博客舆情周期研判机制

博客舆情的科学分期对于舆情研判很重要，经过长期大量的网络舆情监测，我们发现，一般社会热点舆情事件基本可以分为舆情发生期、舆情发酵期、舆情发展期、舆情高涨期、舆情回落期、舆情反馈期六个阶段，博客舆情也不例外。

1. 博客舆情发生期

博客话题的出现，经过博客圈、博客蜂群的传播和评论，形成了博客议题，引起博友自发的评论和转帖，热烈讨论，逐渐酝酿为舆论热点，这是博客舆情的发生期。舆情发生期涵盖了热点事件的真实细节，只有准确监测和把握事件真相，我们才能据此进行下一步的舆情分期与研判。舆情发生期是舆情研判所要考察的最重要环节之一。认真考察事发现场的重要情节与事实证据，是舆情分析与研判最重要的基础性工作。

2. 博客舆情发酵期

我们在观察博客舆情发酵阶段的走势时，可以发现：一些传统媒体开始介入报道，与博客舆情形成呼应，成为发酵期的重要特点。舆情发酵期常与舆情发生期相连，二者在时间上的衔接十分紧凑，此时有关部门已经开始明显感受到舆论压力。如果事件处置和舆情响应过慢，社会舆论热点就会形成。假如官方在舆情发生期与舆情发酵期频频失语，忽视网络舆情"黄金四小时"规律和信息透明，没有迅速准确研判网络舆论形势、统一对外口径和紧抓第一落点，将可能面对网上不断兴起的猜测和质疑，失去话语权，甚至给流言传播留下巨大空间。大量案例表明，如果舆情处置部门和新闻宣传部门不能在舆情发生期和发酵期及时启动政府响应与动态反应，必然导致事态进一步扩大化，网络舆论的失控和政府公信力的损伤在所难免。在舆情发生期、发酵期，我们正确应对的做法是：未雨绸缪，防患于未然，等到负面舆情业已形成才开始表态，主动承担责任和舆论引导，为时已晚。

3. 博客舆情发展期

经历博客舆情发酵期后，传统媒体积极响应，网络舆情纷纷评论、转帖，进入了博客舆情的发展期。在这一时期，如果传统媒体及政府等当事人舆情应对失当，网上负面舆论就会形成。舆情发展期的明显特点是，舆情发酵期形成的舆论惯性会持续一段时期，此时即使政府等当事人开始妥善应对，负面情绪仍将保持一段迅速上升的趋势，但舆情当事人谦虚谨慎的诚恳态度也将发挥巨大作用。如果在舆情发展期，政府等当事人仍不能及时进行调查处置和问责，或出现政府职能机构与宣传部门协调迟缓、信息公开和网络公关技巧缺失等，则舆情走势将进一步扩大，从而引起社会更广泛的重视，上级主管部门越级响应将会被提上议事日程。

4. 博客舆情高涨期

在常见的网络舆情案例中，如果舆情应对得当，舆情高涨期一般会很快向舆情回落期过渡，博客舆情也不例外。但此时需要注意的是，在博客舆情高涨期，除了舆情应对失当容易引起舆情反弹之外，博客热点事件还容易被国内外不同背景的网络推手所利用，需要谨慎防范"舆情反弹"的现象。我们发现，不少博客舆情案例在应对过程中一波三折，比如在重要的新闻发布场合和紧要的舆情转折点，很可能由于个别公职人员细微的不当言行，导致矛盾的再度激化。广西烟草局长日记门、湖北恩施公安局长腐败微博日记门等都表明，网络时代人人都可能成为舆论监督者，网友犀利的目光不容小觑。

5. 博客舆情回落期

博客舆情回落期的到来，一般是在政府、企业等当事人实施重大应对举措之后，舆情走势出现了明显的转折点。而在舆情回落期，则需要转移媒体和网络舆论视线，防止舆论反弹，同时，公信力修复、行政问责、司法审判与善后赔偿等工作应有序推进。如 2012 年 3 月的"周岩毁容事件"，政府相关部门积极介入，对各种谣言进行澄清；当地司法机关对于此案的鉴定和审理工作积极有序进行，这些处置举措有效缓解了网络舆情，国内新闻媒体和各大网站对该事件的关注开始明显下降。

6. 博客舆情反馈期

博客舆情回落以后，就进入了舆情反馈期。这一时期，主流媒体进行全面深入的报道很有必要，这既是对博客舆情正面引导，也是防止舆情反弹的重要措施。在舆情反馈期，媒体报道和网友评论呈现点状或块状分布，零星的言论仍然会有舆情震荡的迹象，其原因主要包括事件处置出现重大动作或判决结果、网友爆料出足以吸引舆论目光的新信息、当事人各方有最新言行或表态、新的类似事件发生，等等。一般来看，舆情反馈期对于舆情应对主体来说，主要应该紧扣经验的总结、教训的吸取、公共形象和公信力的修复。当新的舆情震荡因素出现以后，应该及时根据新闻点性质和舆情走势预期，做出及时回应，说明整改的态度和实效。

二　博客舆情的宏观研判机制

在博客舆情研判工作中，面对各类舆情事件，我们需要对舆情事件的波及范围、事件性质和严重程度进行总体性宏观研判，这有利于及时有效地化解舆情危机。博客舆情宏观研判机制主要包括时间空间研判、倾向研判和综合研判三个主要方面。三项指数之间存在紧密的联系，是从不同角度和层次，对舆情事件的全面考察。其中任何一个指数出现大幅度攀升迹象，都可能带动整体舆情压力的迅速上升。博客舆情宏观研判，是舆情应对的前期基础性工作，也是贯穿于舆情发展与应对全过程的常规性工作。

1. 时间空间研判

博客舆情时间空间研判，是指对博客舆情事件、议题和现象在时间上重大关联性和地域上重大关联性方面的考察，即对舆情是否发生在敏感时间和重要地点进行初步分析判断。首先，要考察的是舆情发生地区和波及地域范围，具体包括舆情发生的地域是不是政治、经济、文化等中心城市；舆情发酵与传播的波及地域是否广泛，是否在国内其他重要地区引起连锁反应等。另外，舆情是否引起境外媒体和网络关注。由于网络传播超越时空限制的特性，在国内互联网中，时间和空间的地区差别并不明显，往往地域性的网络舆论平台上的信息很快会在全国性网络社区和其他地区网络社区中传播。因此，时间空间研判实际上考察的是国内媒体尤其是国内网民对于舆情事件的关注度，及其在网络言论中的实际反映。需要指出的是，地方局部的舆情事件被中央媒体、地方媒体、全国性市场化媒体、地方性市场化媒体关注和报道，其分布状况如何，也是舆情时间空间研判要考察的重要方面。其次，在时间研判方面，主要考察舆情发生的时间是不是处于或接近重大节日或重要活动期；舆情事件是否迁延日久，仍未有效平息；事件发展处于何种舆情发展时期，要争取及时发现问题等。另外，在具体考察某一舆情事件时间延续性特点方面，一方面，要从舆情事件本身的发展和应对角度出发，考察舆情本身存在的时间跨度，政府和企业等舆情应对主体是否采取了及时有效的舆情应对举措，稳定和化解了网络舆情，尽快地平息事态。另一方面，针对舆情发展的态势和特征，结合事件处置和舆论引导的一般性规律，对舆情发展的最新状况，研判其所处的舆情发展阶段，是发酵期还是发展期，是高涨期还是回落期，是否引起了舆情反弹，以便及时把握舆情走势，准确和及时预见舆情发展的未来状况和可能出现的重大问题。

2. 博客舆情倾向研判

博客舆情倾向研判，是指对与舆情事件、议题或现象相关的媒体报道和评论倾向性及网络言论倾向性的分析考察。倾向研判是博客舆情宏观研判中较为细微的言论分析，是宏观指导下的微观分析。作为舆情宏观研判的初步研判，倾向研判较注重主体性感受，相关人员在较短时间内通过对舆情宏观基本面的全面浏览和初步分析，以坚持客观、公正和负责的态度，对同主题的媒体报道和网络言论的舆情价值做出经验性判断。倾向研判的主要范围包括：（1）哪些网民关注的事件其关注点是否易于演变为社会矛盾焦点，消息来源是否可靠，讨论在多大的人群范围内展开；（2）媒体关注程度如何，客观报道还是深度关注；（3）媒体和网友对当事人和责任方的态度分别是支持还是反对，达到何种程度，主要观点分布结构和比重如何；（4）事件责任部门及其人员如何评价和应对网络舆情；（5）网友对事件本身的反应，是认知和态度层面，还是已经上升到现实行动层面。网络言论的消息源，传统媒体的首次报道，网络爆料人信息，事件、议题和现象的当事人、博主、意见领袖言论是倾向研判需要关注的重点。博客舆情宏观研判，旨在调研舆情发酵期与发展期的突出特点，倾向研判方法和舆情内容微观分析相同，更强调对舆情基本面的概括和对舆情走势的预测，需要当事责任各方提高警惕，采取有效舆情应对举措，进一步修复公信力。

3. 博客舆情综合研判

博客舆情综合研判，是指把孤立的舆情事件置于社会系统和综合环境中深入考察的博客舆情宏观研判，是对新近发生的博客舆情事件、议题或现象，更具社会深度和广度的最重要研判环节。综合研判一方面强调事实证据的可靠性和可验证性，防止出现捕风捉影的主观臆断，重社会性研判，少政治化解读，同时需要有充足的历史和舆情案例支撑以及舆情事件本身具体和真实的细节佐证；另一方面强调社会学、统计学、公共管理学和新闻传播学等研判理论的科学运用。综合研判作为博客舆情研判的最后环节，不仅是对时空研判和倾向研判的补充，更是时空研判和倾向研判的深化。在当下社会矛盾的高发时期，综合研判还为政府公共治理和企业现代化管理提供改革发展必需的第一手民意调研数据，以舆情事件的综合研判为参考，政府等当事人可以及时发现问题、分析问题，为解决发展中存在的各种问题打下坚实的基础，也有利于促进社会创新管理。综合研判的内容一般包括：（1）新近发生的舆情事件引起民众从认知、态度表达到社会运动甚至社会骚乱的程度，事件在民间引发的刺激效应和对社会稳定性的风险预期；（2）当事各方行动有无计划性，是自发行为还是有组织和明确目标，其组织化程度如何；（3）有没有明确的利益诉求；（4）有没有对现有社会体制构成巨大冲击；（5）背后有没有被某种势力利用的现实可能性，是否有超出目前可控范围的可能；（6）行动的对象目标是否明确，其指向是某些具体部门还是现行规章制度；（7）舆情事件当事各方在事故责任、道义、法律上分别受到的舆论评价如何，等等。和倾向研判相比较，综合研判较关注社会群体宏观的考察分析，也更注重组织性考察和制度性考察，以及舆情事件在行政、司法、市场经济体制改革和现代企业制度改革等方面产生的正反作用。

三　博客舆情研判的方式机制

在博客舆情研判中，我们要进行博客舆情研判机制的规律总结，要遵循以下几种博客舆情研判方式。

1. 博客舆情预测性研判

根据一定时期博客舆情发生的特点和规律，有针对性地进行监控，如在重大政治事件、重大节日以及相关事件爆发初期，进行及时的监控与跟踪，从而有效避免博客舆情重大事件的发生发展，从源头上进行规范是减少发生博客舆情事件的有效手段。

2. 博客舆情提示性研判

通过博客舆情以日通报、周研判、月分析和重大警情专题研判等形式，加强博客舆情信息的层级研判。同时，网络管理部门可联系相关部门加强对机关团体、企事业单位、学校、重点建设工程等部门的网上舆情信息进行监测，以有针对性地展开监测，从而注重和加强研判实效。

3. 博客舆情动态性研判

根据网络规律和博客特点，对网络上的重大事件进行动态性地适时跟踪、及时研究和判断，如在处理合肥市"周岩毁容事件"的博客舆情事件时，及时准确地把握了博客舆情事件的动态性发展，使得该事件得以圆满处置，从而做到对博客舆情事件的监控有的放矢。

4. 博客舆情反思性研判

根据博客舆情研判进行总结，在博客舆情事件发生之后或在发展过程中的某个阶段，网络管理部门组织人员召开评析会，交流博客舆情研判决策的经验教训，这样既收到事半功倍的效果，又能提升博客舆情队伍整体素质。只有及时回应才能掌握网络的话语权，才能引导网络舆论朝着积极的方向发展。

总之，通过博客舆情研判的方式建设，才能使博客舆情研判工作及时和准确的开展，在博客舆情事件发生时，及时判断舆情走向，采取必要的措施解决博客舆情事件，在博客舆情事件解决后，对前一阶段应对过程进行总结、反思与建议，对下一阶段博客舆情走向进行研判，从而对政府应对未来的博客舆情事件工作的开展起到指导和借鉴的作用。

本章小结：本章运用 SPSS 19.0 社会统计软件，对"博客舆情分析研判机制研究"调查问卷有关研判方面内容进行了统计分析，得出如下结论：首先，研判博客舆情要判断它的影响是正面的还是负面的，要甄别它的真实性，要明晰各类博客群体接受和传播舆情的差别；博客舆情的研判机制中，网民与政府的沟通要理性，要有法律制度来规范和约束；研判博客舆情，必须关注博客舆情的政治影响等。其次，运用社会学的相关理论，分析博客舆情的演化过程，借此揭示博客舆情的社会特质，为进一步提出博客舆情的研判模型服务。最后，在上述实证调查、理论分析的基础上，提出研判模型并加以说明。

第八章 有效应对博客舆情的路径

中共十七届六中全会通过的《中共中央关于深化文化体制改革推动社会主义文化大发展大繁荣若干重大问题的决定》中指出："加强和改进正面宣传，加强社会主义核心价值体系宣传，加强舆情分析研判，加强社会热点难点问题引导，从群众关注点入手，科学解疑释惑，有效凝聚共识。"党的十八大进一步指出："加强网络社会管理，推进网络依法规范有序运行。"课题组追溯了舆情的思想和制度沿革，梳理了大众传媒和舆论的关系，剖析了社会转型期网络舆情的发展和博客舆情的形成，分析了博客舆情的传播范式和社会效应，论述了博客舆情的运行规律及监测机制，提出了博客舆情的分析和研判机制的模型设计。这些，就是为有效应对博客舆情提供理论依据和应用基础。博客舆情虽是网络舆情的一种，但有其自身特性，而相关研究也表明：博客不是一个人人参与并持之以恒的大众运动。[1] 为此，有效应对博客舆情的路径显得很有必要。

第一节 应对博客舆情是构建和谐
社会的需要

中共十六届六中全会通过的《决定》指出："社会和谐是中国特色社

---

[1] 祝建华等：《用户自创内容的可持续性：新浪博客发帖趋势的描述研究》，引自彭兰《中国新媒体传播学研究前沿》，中国人民大学出版社，2010，第13页。

会主义的本质属性，是国家富强、民族振兴、人民幸福的重要保证。"和谐社会建设理论的提出，标志着"中国特色社会主义事业的总体布局，已经由社会主义经济建设、政治建设、文化建设三位一体，发展成为社会主义经济建设、政治建设、文化建设、社会建设四位一体。这是我们党对科学社会主义的认识的一个重大推进。"①有学者从政治学意义上解读和谐社会，认为我们所要构建的和谐社会，不是一种社会形态，而是一种社会状态和价值追求，实质是维护变革社会中的政治秩序。可见，"和谐社会离不开和谐的舆论。舆论和谐是社会和谐的重要条件，舆论和谐程度反映和影响着社会和谐的程度。"②

一 博客舆情是舆论和谐的重要组成部分

亨廷顿在《变化社会中的政治秩序》一书中提出了一个著名的命题："现代性孕育着稳定，而现代化的过程却滋生着动乱。"原因是，现代化一方面刺激和加强了社会成员的欲望和期待，激起了欲望的高涨和膨胀；另一方面，社会的经济与政治却还不具备现代性，无法满足这些欲望和期待，致使社会成员产生强烈的挫折感并缺乏疏通渠道，终至酿成动乱。舆情是指在一定的社会空间内，围绕中介性社会事项的发生、发展和变化，作为主体的大众对作为客体的国家管理者产生和持有的社会政治态度。③而博客舆情更为凸显，大多反映社会关注的热点问题。亨廷顿的现代化理论把政治秩序放在首要位置，当然政治秩序并不简单地等同于社会的稳定与一致，而是在冲突中包含着统一，在变化中体现着秩序，在差异中实现多样性。换句话说，建设和谐社会，应该是一种动态的稳定。达到静态稳定的主要方法就是我们通常所说的"堵"，即简单的压制；而达到动态稳定的主要途径则是"疏"，即协商和谈判。"动态的稳定，也是一种稳定，无非是过程中的稳定。""动态稳定意味着，无论社会发生何种变化，社会始终有一个核心的政治权威，它有能力驾驭错综复杂的政治局面。它还意味着，无论社会变化如何之大，社会生活依然遵循着基本的秩序。"④

① 李君如：《构建和谐社会的四个理论问题》，《解放日报》2005年3月14日。
② 刘云山：《宣传思想工作要积极营造和谐舆论环境》，《人民日报》2005年6月30日。
③ 王来华：《舆情变动规律初论》，《学术交流》2005年第12期，第155页。
④ 俞可平：《"堵"与"疏"之间的体验：两种不同的稳定观》，《中外书摘》2007年第1期。

可见，在构建和谐社会的进程中，要实现各类发展的和谐、各类建设力量的和谐、各种思想观念的和谐、各种利益关系的和谐，都离不开和谐舆论的保证。特别是随着信息传播技术的迅速发展，网络舆情的社会影响力越来越大，网络舆情是否和谐是影响国家生活、群众情绪和社会稳定的重要因素，是我们党极为重要的执政资源和工作环境。改善和加强政府对网络舆情的管理和引导，对于构建社会主义和谐社会具有重要和不可替代的作用。

二　政府公共舆论管理必需关注博客舆情

博客舆情是博客围绕特定的社会事件和问题，通过网络日志方式公开表达和传播，对社会产生直接或间接影响，具有相对一致性的信念、态度和意见的信息潮。而政府既是公共舆论领域"游戏规则"的制定者，也是公共舆论的"制造者"，更是公共舆论的引导者。政府公共舆论管理的一个直接目的就是在充分发扬民主、广开言路的基础上，引导人民群众从根本和长远利益出发，最大限度地凝聚社会共识，促进舆论和谐。"舆论和谐是社会情绪和意见的共融机制，表现为群众意见的一致和政府同民间意见的一致。"[①] 在构建和谐社会的过程中，不同阶层不同群体的意见、政府管理层的意见，每时每刻都在作用于社会机体。社会和谐与舆论和谐是互为表里、相辅相成的两个方面，只有利益上的和谐或只有舆论的和谐，都不是真正意义上的和谐社会。

舆论和谐包括两个层面，一是不同阶层、不同群体之间的平行舆论和谐；二是社会管理层与社会公众之间的上下舆论和谐。只有当社会的上下层之间、不同阶层或群体之间的舆论实现完美的融合，才意味着同心同德、众志成城的和谐局面充分实现。反之，"如果政府舆论和民间舆论、群体舆论之间差距过大，不同利益阶层或不同观念群体的舆论诉求南辕北辙，那么，政府很难激发社会活力，社会也难以形成共同意志。"[②] 在人的意识结构中，思想和理论是人们对客观世界的系统化的反映，一般需要经过较长时间的沉淀和积累才能形成。而博客舆情作为一定范围的集合意

---

① 刘建明：《穿越舆论隧道——社会力学的若干定律》，中共中央党校出版社，2000，第225页。

② 纪忠慧：《构建和谐社会的舆论观》，《现代传播》2005年第4期。

识，它总是活跃在社会意识结构的前沿，与其他舆情相比，博客舆情离群众最近、离生活和实践最近，是人们对社会变化的及时、快速、直接的反映。所以，人们把博客舆情看成是社会变化的"烽火台"。

准确把握舆论信号是政府公共舆论管理的前提和基础，从某种意义上说，也是政府构建和谐社会的前提和基础。"在一切社会制度中，人们从切身利益出发对公共事务做出判断，以强烈的意志表达赞成或反对的态度，出现了尖锐的舆论冲突，这标志着社会正在发生剧烈变化。社会管理者要想对社会的变动及时做出解释，无疑取决于能否捕捉准确的舆论信号。"[①] 人们在研究和谐社会建设时，普遍同意这样的看法，即党和政府提出要构建和谐社会，表明现实社会生活中存在着许多不和谐的因素。党的十六届六中全会在肯定我国社会总体和谐的同时，认为"也存在不少影响社会和谐的矛盾和问题。"其中，与群众切身利益相关的问题就有"就业、社会保障、收入分配、教育、医疗、住房、安全生产、社会治安"八类矛盾和问题。有学者认为我国的发展进入关键时期，人均 GDP 已超过 1000 美元，到 2020 年将达到 3000 美元，而国际经验表明，这一时期正是可能导致城乡差距扩大、贫富悬殊加剧、社会矛盾激化，即容易出现社会不和谐的时期。应该说，这些不和谐的因素在博客舆情上都有不同程度的反映。

在当代社会，由于信息传播的速度大幅度提升，公众意见交往更加便捷，因此，网络舆情感知社会变化的灵敏程度更高。这说明，在构建和谐社会的进程中，网络舆情和谐既是判断社会和谐的晴雨表，也是把握社会和谐的尺度。舆论学研究表明，政府公共舆论管理的最佳时期是在舆情波动的低谷处发现社会不和谐的症结，采取及时有效的引导，一旦舆情已经形成，成为"滚动的意识气团"，引导的效果就不会很理想。所以，社会管理者必须比以往任何时候更加重视发挥舆情的环境监测功能，更加敏感地观测舆论特别是网络舆情的微变，才能主动而有的放矢地构建和谐社会。

三　有效应对博客舆情是维护舆论和谐的要求

博客舆情是互联网发展到一定阶段的产物，是社会舆情的重要组成部

---

① 刘建明：《社会舆论原理》，华夏出版社，2002，第 5 页。

分，不仅反映了博客群体的社会政治态度，也是社情民意的一个重要表现窗口。而维护舆论和谐主要是指上下层舆论的和谐及平行舆论之间的和谐。

首先，政府管理层的意见和社会公众的意见，分别构成上层舆论和下层舆论。和谐舆论首先就要求上下层舆论的和谐融合。实现上下层舆论的和谐，加强沟通与对话至关重要。一方面，政府管理层的意见必须充分汲取公共舆论的合理内核，始终反映民意和代表民意，才能使政策和措施的制定符合广大人民群众的愿望和要求，并最终使我们的社会成为真正让多数人受益的和谐社会。另一方面，国家权力机构和政府机构的运行固然离不开行政指令，但只有经常性地把政府管理层的意见转变为社会公众的正向舆论，才能激发社会活力、促进社会正义。

其次，社会公众由于利益的不同和观念的差异导致平行层面上的舆论区分。从我国将长期处于社会主义初级阶段的历史现实出发，在构建社会主义和谐社会的过程中，社会阶层的多元和利益诉求的多元，也必将是长期的历史过程。因此，不同社会阶层和不同利益群体的舆论差异，将是伴随着构建和谐社会长期历史过程的必然现象。只有承认阶层舆论、群体舆论的差异性，并在政策制定上兼顾各方利益、实行保证大多数人满意的方案，在舆论引导上努力缩小分歧、扩大共识，促成不同利益群体之间的平行舆论和谐，才能最大限度地调动一切积极因素，共建诚信友爱、充满活力的和谐社会。① 中共十六届六中全会通过的《决定》中明确提出要"拓宽社情民意表达渠道，把群众利益诉求纳入制度化、规范化、法制化轨道。"

随着改革开放不断深化和市场化进程日益加快，我国社会结构加速分化，已从传统同质的单一型社会转型为异质的多样型社会。伴随着利益关系的调整，人们的利益诉求表达意识日益觉醒，人们表达利益诉求无论是在数量上还是程度上都是前所未有的。社会和谐追求利益的动态平衡，就要求社会各个利益主体都应有其利益诉求的畅通渠道。如果渠道不畅，一部分群体的利益诉求长期不能得到表达和反映，其利益必然受到漠视和损害，最终会加剧利益分化和社会矛盾的产生。对于一个现代国家和社会来讲，充分尊重公民的民主权利和利益诉求表达，畅通利益表达渠道，才能吸引公民有效的政治参与，是促进社会稳定的"安全阀"和削减社会不满

① 刘伯高：《政府公共舆论管理》，中国传媒大学出版社，2008，第226页。

情绪的"排气口"。和谐舆论的形成是人们围绕社会发生的重大问题和事件进行争论而最终达成一致的过程。各种观点和思想的对话和碰撞过程实际就是社会沟通和协商的过程。在民主政治中，政党尤其是执政党必须为民众提供足够的沟通渠道，这是一条重要的、必须遵循的执政规律。"组织不能生存于没有沟通的状态之中"，"它只有通过沟通这座桥梁，才能安然地越过那由于有时彼此隔绝所造成的误解之河。"① 如果缺乏及时、全面的政治沟通，决策机构就有可能得到扭曲的甚至是错误的政治信息而导致决策失误。社会矛盾和利益冲突只有通过沟通协商，才能达成妥协，减少由于利益冲突而引起的内部张力。

四 博客舆情有利于社会民主政治的进步

传统媒体无疑也是社会民主政治进步的推进器之一，但是除了政治、经济力量的干预之外，传统媒体本身的媒介特性如单向传播、守门人过滤、缺乏互动性等，很难提供社会大众直接发表言论进行相互交流的平台。互联网作为一种新媒体，由于其强大的交互性功能，为社情民意的表达提供了最方便最直接的平台。一方面，网民可以通过新闻评论、网络论坛、新闻跟帖、网络调查和网上签名等手段，对于国内外发生的重大事件和突发事件，见证事实、发表意见，从而形成强大的网络舆论。另一方面，网民可以自己开设"博客"或"播客"，自己提供内容，和其他网民共享和互动。这一新型舆论的巨大作用已经在中国当代民主政治生活中充分显示出来，而且将会以更大的影响力推动中国民主政治的进步，从而协调社会公平的逐步发展。

可见，博客舆情属于公共舆论中较灵敏的部分，而"公共舆论如同阳光，是最好的防腐剂。"② 和谐社会建设离不开和谐的舆论环境，离不开导向正确的舆论监督。舆论监督具有公开性、传播迅速、涉及面广、社会影响力大的特点。它诉诸社会公正良知，使受监督者难以徇私舞弊，许多久拖不决的公共事务难题、官僚主义和腐败问题、明显不公的司法判决，往往在舆论监督下得以纠正。舆论监督对于构建和谐社会的作用，首先就是

---

① 〔美〕凯茨·大卫斯：《组织行为学》（下），经济科学出版社，1989，第140页。
② 夏玉成：《公共舆论的精神品格与和谐社会的构建》，《探索与争鸣》2006年第1期。

优化舆论结构，保持舆论平衡。一个社会要在正确的轨道上健康、和谐地运行和发展，在社会上占据主导地位的舆论必须是正面的。强有力的正面舆论才可以使社会充满活力，并为社会稳定和发展提供动力。

但是，我们面对的社会现实是一个正面与负面、光明面与黑暗面、美好与丑恶同时并存的社会，如果只有好的一面，而没有不好的一面，那就不符合事实，舆论的可信度就会大打折扣。首先，只有将正面与负面、光明与黑暗有机结合起来，才能实现舆论结构的优化，保持舆论的平衡，引导和推动社会的和谐发展。其次，通过舆论监督可以调节不和谐的社会心理。心理学认为，社会现实中的不平等、不合理现象会使人们的心理产生极大的不满和不平衡，如果这些心理得不到及时的释放，就会导致行为的失衡。舆论监督可以使公众在实际中受到的损失得到某种心理上的补偿。贪官罪恶的披露，矿难黑幕的揭示，在舆论的声讨中，贪官落马，恶人受惩，都会使人心大快，从而成为社会和谐的"杠杆"。最后，舆论监督还有利于实现上下层舆论的和谐。舆论监督对政府官员及其行为是一种制约，本身有利于建立政府与公众的信任关系，缓和舆论冲突。政府只有敢于直面来自群众的批评指责，坦诚地接受来自群众的意见，才能真正赢得民心。

第二节　有效应对博客舆情的原则

博客舆情具有自由性、互动性、即时性、隐匿性、非理性和群体性等特点，日益成为网络舆情分析与研判的重点。我们一旦对这些真假难辨的网络舆情处理不当，互联网匿名、虚拟等特点所导致的非理性、情绪化、偏激的舆论就可能不断蔓延和升级，极有可能诱发广大网民的不良情绪及不良行为的发生，使相关当事人遭受前所未有的信任危机，进而损害当事人形象。我们在应对博客舆情时，可遵循以下原则。

一　有利于促进经济社会的发展

博客舆情的爆发具有自由性、互动性，而充分发挥网络舆情服务经济社会发展是做好网络舆情工作的根本要求和努力方向，博客舆情的有效应对也不例外。按此原则，要善于把博客舆情应对工作放到促进改革发展、维护社会稳定的大局中去考虑，放到领导决策、指导工作的全局中去展开。当前，改革、发展和稳定是党和国家的工作大局，舆情应对工作要紧紧围绕这个大局，紧紧围绕党和国家工作重大决策部署、宣传思想领域重要工作安排、各级党委和宣传部门关注的重大问题来收集报送、分析研判博客舆情。

面对博客舆情，我们要主动地去推进应对各项工作，切不可把自己摆到网络舆情的对立面。听之任之、一删了之、转移舆论焦点、仓促发布结论等做法非但不利于舆情应对，还有可能引起包括博客在内的广大网民的质疑和不满。同时，要制定一个周密而详细的网络舆情应对预案，保证在舆情发生时有章可循、有条不紊、对症下药，以获得最大程度的主动权。在党和政府做出重大决策、举办重大活动前后，网络舆情信息工作要提供时效性强、价值含量高的舆情信息；在与群众切身利益相关的改革政策和措施出台之前，要积极开展专题性的网络舆情调研，提供专题性的网络舆情分析报告，作为制定改革政策和措施的重要依据；在某些政策和措施实施以后，要及时了解网民对政策和措施的反馈意见，作为改进和完善相关工作的重要参考。在当前，博客舆情应对工作要坚持有利于经济社会发展，要将收集报送博客舆情信息的着眼点放在事关改革发展稳定的重要问题上，放在事关重要决策部署的思想反映上，突出重点，把握热点，找准难点，及时反映博客舆情动态，深入分析博客舆情走势，善于提出具有针对性和实效性的对策建议。注意从领导机关、领导部门决策的角度来收集、处理、报送博客舆情信息；注意处理好局部与全局、眼前与长远之间的关系；注意经常分析形势，预测趋势，主动研究一些重大的政策性、导向性的问题；注意抓具有代表性、典型性、苗头性的问题，研究那些涉及面广、网民关心、影响全局的问题，真正发挥为经济社会发展服务的作用。

二 建立灵敏高效、协同应对的工作体系

由于互联网具有即时性和全天候等技术特点，博客舆情信息工作对时效性的要求更高。网络舆情信息工作部门和个人要不断强化时效观念，不断提高快速反应能力，将时效性体现在收集、处理、加工、传递、反馈的

各个环节，使博客舆情信息工作的整个链条紧密衔接，高效运转。要强化政治意识，增强工作的主动性、敏感性，积极探索建立对中央重大决策部署、境内外重大突发事件等方面舆情信息的快速反应机制，畅通网络舆情信息反映渠道，确保"第一时间"报送信息。对一些重大突发事件的舆情信息，要及时跟踪舆情的发展变化，随时报送，由浅入深地连续报送，确保"第一时间"报送信息，防止重大舆情信息漏报、迟报、瞒报。时效是信息的基本要素，直接决定着舆情信息的价值。现代社会节奏特别快，反映舆情信息速度要快，慢了就会失去意义。尤其是在信息倍增、知识更新越来越快的今天，信息的效用周期越来越短，早一分钟报送就能更加及时、主动地掌握情况，就能促进问题的解决，晚一分钟报送就很可能失去解决问题的主动权，就会错失良机。善于发现新情况、新问题，并快速地进行信息处理，为决策提供超前的、先兆的、价值含量较大的信息，是对舆情信息工作人员的一项基本要求。衡量舆情信息工作成效的一个主要标志，就是看能否及时提供信息。

博客舆情和社会舆论一样，具有一定的时效性，其传播与演变规律通常表现为抛物线形，在传播过程中会形成若干关键节点，在有些情况或议题上还会呈现不规则多峰型变化趋势。究其全过程而言，博客舆情与其他现实事件一样，都会经历发生期、发展期、高潮期、消退期、消失或残留期等环节。若未能在高潮期前对网络舆情做出及时、有效的应对，一旦博客舆情传播开来，将会迅速到达高潮期，其负面影响将会被最大化。而大部分的博客舆情可以在发生期或发展期通过舆论引导、正面宣传等方式予以化解。要建立网络舆情应对的发言人制度和联动协同工作体系，努力使网络舆情突发事件的应急处置逐步制度化和流程化，这样可以在短时间内调动和整合媒体力量，产生应对合力，形成"发动一切力量、对外一个声音"的良好局面。

三 健全信息公开、沟通顺畅的渠道

在博客舆情传播中，与传统媒体具有明确的传播主体不同，由于博客身份隐蔽，并且缺少"把关人"，再加上传播主体也是模糊的，因此，在网络上更容易出现非理性、片面的言论。归根结底，很多网民都只是在"盲从"，他们对舆情事件的起因与真相并不了解，多数人可能是被"假象"所蒙蔽，甚至有少数人是被不法之徒所利用，他们仅仅出于猎奇、猜疑等心理，加入到博客舆情的形成与传播中来。因此，在应对博客舆情过程中，要最大限度地利用传统媒体的公信力和权威性，发布最及时权威的信息，保证信息公开、透明，及时披露信息，尽早将事实真相"大白于天下"，从而影响舆情的走向。舆情当事人还可以通过"发言人"与广大网民保持沟通，在网上澄清事实、释疑解惑，引导网络舆论，逐步强化主流舆论，争取中性舆论，孤立错误言论，消除博客舆情带来的负面影响。要切忌简单粗暴地删帖，要注重运用动之以情、晓之以理的引导艺术，使网民产生理性和情感上的认同与共鸣。

做好博客舆情应对工作，就要密切关注时代发展和社会实践的进程，善于从国际国内形势的相互联系中把握正确方向，从经济政治文化因素的综合作用中掌握工作全局，从纷繁复杂的社会生活中洞悉发展大势，不断提高对博客舆情的分析和研判能力。要深刻认识社会意识的复杂性，研究社会思想意识多元、多变、多样的趋势，研究思想理论领域深层次的问题，及时捕捉和分析思想理论动态及舆论走势、创作倾向，分析人们的各种意见观点和各种思想认识。这样，才能为信息公开、舆情研判和交流引导打下基础。

四 坚持全面客观、规范管理的原则

真实准确是信息的生命，全面客观是发挥信息作用的基础。真实准确、全面客观地反映网络舆情信息，关系到党和国家的利益，关系到广大人民群众的利益，关系到领导的决策，是应对博客舆情的基本要求。要以事实为依据进行归纳整理，不能主观上想当然，更不能随意编造。要坚持事实的真实性，善于"原汁原味"地反映舆情。由于博客舆情来源的多样性和复杂性，也由于博客舆情本身的情绪性和易受控制，所以博客舆情本身的真实性要全面分析。在收集博客舆情信息的过程中，切忌被网络上一些极端、偏激或情绪化的观点所左右，要善于归纳网络上各种不同的、带有倾向性的认识，善于从支持、反对、中立等各种不同角度总结提炼出具有典型性和代表性的观点，提出有针对性和可操作性的意见和建议，为有效应对挑战，创造良好的网络舆论生态环境。

尽管博客舆情的发生，具有一定的偶然性，但应对博客舆情的规范管理不可忽视。博客舆情应对通常包括舆情监测、舆情分析、舆情研判和舆情应对评估四个环节，前三个环节中任何一个出现失误，都可能"催化"博客舆情的升级，带来更大规模的负面影响，而做好事后评估工作，则可以通过总结经验与教训来不断修正前期工作。可以通过一次次的博客舆情应对，逐渐将博客舆情的应对规范化、制度化、流程化，形成一套自动化网络舆情监测体系、网络舆情等级评判机制、网络舆情响应机制和网络舆情应对事后评估机制，逐步形成网络舆情应对的良性循环。

五 运用现代技术把握舆情规律

随着各种互联网新技术、新应用的层出不穷，加强对网络新渠道、新阵地的舆情收集报送工作，越来越成为网络舆情应对工作的重要内容。当前，要努力学习新知识，掌握各种新技术，增强博客舆情应对工作的前瞻性；要掌握互联网、移动通信等新媒体发展变化的最近动态，深入分析新媒体传播形态和传播规律，更好地把握新媒体同传统媒体、通信技术相互渗透、相互融合的发展态势，深入分析每一种新技术新业务的使用主体、影响人群以及对社会舆论的形成和传播的作用；要加强博客舆情收集分析技术建设，综合利用现代信息传播科技手段，准确掌握网络舆论的传播渠道、影响范围及走向，增强舆情研判的科学性，更好地发挥网络舆情应对功能。

收集博客舆情信息，要遵循博客舆情产生、发展、变化和传播的规律，准确判断形势、分析态势、预测走势，从大量的常规工作中，发现那些能够对推动全局工作带来启示的新经验、新思想、新事物。要创新思维，善于观察分析博客舆情，面对纷繁复杂的博客舆情，分清是非，见微知著，及时捕捉那些影响全局的问题。要创新机制，对有利于博客舆情应对工作的制度要加以巩固和完善，对不利于博客舆情应对工作的制度要及时调整和改进，使博客舆情应对工作得到更有效的制度保障。要创新方法，把定性分析与定量分析结合起来，把传统手段与现代科技手段结合起来，把博客舆情信息收集与调查研究结合起来，不断提高博客舆情应对工作的水平。通过创新，及时掌握博客的思想动态和所愿所盼，了解和掌握真实的博客舆情，使博客舆情应对工作更加有针对性，更加切合实际。

第三节　有效应对博客舆情的路径

加强社会舆情应对工作，必须坚持正确舆论导向，深入认识当前民众思想意识和价值选择多元多样多变的新情况和新特点，深刻把握现阶段社会舆情的现状及其发生发展变化的规律，全面了解关系民众切身利益的各种社会热点、难点和敏感问题及其对人们思想、心理、情绪产生的影响，不断创新工作理念，改进工作方式，完善工作机制，牢牢掌握社会舆论的主导权，进一步提高舆情应对工作的科学性、针对性和实效性。博客舆情作为社会舆情中较为灵敏的部分，有效应对显得尤其重要。

一　逐步完善相关法律法规制度

目前，有关博客的法律法规尚未正式出台，但一些试行性的公约和条款已经拟定并投入使用，正在指导和规范着博客行为。如中国互联网协会起草的《博客服务自律公约》已于 2007 年 8 月 21 日正式公布，该公约共分四章十九条，分别对博客服务提供者和使用者提出了详尽细致的要求和规定，同时对各自的责任和权力进行了清晰的划分。该公约源于 2006 年 4 月 19 日博客网等 19 家博客网站共同签署的自律公约，其正式出台标志"对博客服务提供者和使用者的要求和规定"由民间走向政府、由自律走向他律、由提倡走向必需。此外，2007 年 6 月 9 日，华声在线还联合了新华网、中国网、国际在线、中国日报网、央视国际、中国广播网、千龙网、新浪网、网易、TOM 网、腾讯网、中华网、和讯网、博客网等 15 家知名博客运营商（BSP）发布了《文明博客倡议书》，用来"规范博客行为，共建文明博客社区"和"构建和谐网络环境"。①

还有一些直接适用的相关法规。如 2002 年 10 月颁布的《互联网信息服务管理办法》中就存在着适用于博客的部分条款内容，如第十五条规定，博客属于互联网信息服务提供者，和其他信息服务者一样，不得制

---

① 胡卫民：《〈规范博客行为、共建文明博客社区倡议书〉出台了》，http://blog.voc.com.cn/spl/huweimin/001857303794.shtml。

作、复制、发布和传播含有"侮辱或者诽谤他人，侵害他人合法权益"的信息；第十六条规定，互联网信息服务提供者发现其网站传输的信息明显属于本办法第十五条所列内容的，应当立即停止传输，保存有关记录，并向国家有关机关报告。2000 年 12 月 28 日颁布的《全国人大常委会关于维护互联网安全的决定》第七条也有类似规定。

还有一些从其他法律中借鉴和引用的条款。如关于博客匿名与实名制度的争议，可以从《居民身份证法》的"视读和机读"机制、从金融管理的"储蓄存款实名制"和"注册制度协议"中寻求启示。关于博客纠纷和侵权案件的处理方法，可以从《合同法》中的"要约制度"和"归责原则"的规定、《著作权法》中相关用词的定义、权利人的划分以及权限的规定中获取解决途径。

但上述的法律法规由于博客的迅猛发展，已经难以适应。因此，政府相关部门制定切实可行的博客法律法规已迫在眉睫。首先，博客违法犯罪并没有什么新的内容，侵犯的无非是人身权、财产权、社会公共安全等普通的法律客体，因此对于博客违法犯罪的内容，没有必要再立法，但是对于博客违法犯罪的方式应当立法，从而在博客违法犯罪后便于取证调查。其次，立法调整的侵权方式宜粗而不宜细，立法的具体制度设计宜细而不宜粗，要体现可操作性。因为随着技术的进步，比博客违法犯罪更新的手段将不断出现，如：比博客更加新颖的社群网络空间"维客"（WIKI）正在悄然兴起，它具有博客的功能，大有取而代之的趋势，因而在时机成熟时可以由全国人大常委会出面制定一部"网络信息规范法"，而非内容单一的"博客信息规范法"，并对现有的相关法律法规进行清理。最后，立法应该从促进社会进步的愿景出发，既要有一定的威慑力，又不应限制众多的文明博客；制定博客法规可以以我国现有的在互联网上仍同样适用的《宪法》《刑法》《民法》为基准，体现全面性、低成本、高效率，特别要明确博客服务提供者的法律地位，因为在实际的博客虚拟空间中博客才是真正的信息服务提供者。

二 更加注重网络管理的科学性

博客也要与传统媒体一样对内容进行审查和监管，只是这种把关应当更为宽松，且具有延时性和滞后性特征。网络及博客不同于传统媒体的是，它更侧重于通过自律来遵循应有的伦理准则，来对社会负责。在博客里，把关人更多地应由博主自己承担。

1. 国家和政府要充当博客引导者角色

在网络发达的今天，尤其是面对博客这种开放性的交流方式，"堵"所发挥的作用越来越有限，并且可能会更加走向反面。因此，国家和政府的作用是最深层次、宏观和方向上的"把关人"，他们应该对信息进行有效的引导，积极充当引导者和疏导者的角色。首先，政府有关部门可以在现有的法律框架内依法监管。可以建立两级审批机制，由公安机关作为博客网站托管商的审批机构，负责对博客网站商开设博客网站托管服务的申请进行审查；同时，建立个人博客网站的博客本人，也必须持本人有效证件，到网站托管商处登记，以取得许可建立个人博客网站。其次，网站托管商或其委托人必须在博客网站的文章发表达到"合理浏览量"前的一段时间内完成对文章内容的审查。最后，公安机关对托管商的管理和托管商对博客网站的管理均可以实行"年审制"和"评级制"。公安机关负责监督托管商对其博客网站的管制，并将监督情况作为对其评级的重要指标。建立并健全网站综合管理考评体系，建立博客信用等级制度，形成"优胜劣汰"的竞争激励机制。

2. 网络引擎要坚决拒绝不健康博客信息

网络及博客传播的特点是依赖"引擎"搜索和不断链接，因此只要控制住"搜索引擎"就能筛选过滤到不良信息，减轻或降低网民点击不良博客网站的概率。从教训来看，凡是那些点击量高的黄色或炒作的博客大多都是由于网站的把关"不作为"、把关的失职。木子美博客、芙蓉姐姐博客、宋祖德博客等的迅速走红，应该说网络引擎具有不可推卸的责任，因为仅凭木子美个人是不可能兴起大风浪的，客观上是新浪网络的巨大作用使之迅速成名，从某种程度上说，这是木子美等人与网络传媒合谋的结果。可见，网站必须要抵制住经济利益的诱惑，必须要具有强烈的社会责任感，切实做好正面引导。一是政府和网站应建立有效的信息传播机制，利用信道控制、网络警察、软件监控、IP 的分配和管理等技术控制手段，加强对博客的跟踪管理。二是依靠 IT 技术手段，加强对博客的智能化管理，化解潜在危险。开发相关审查软件，按照博客博文的信息流量和内容，加强对博客博文内容的审查，在审查的同时，建立并健全全天候运作的不良内容的网上举报机制。开发博文关键词、主题词（敏感词）过滤软件，设置时政类的敏感词库，提高过滤有害信息的技术水平，做到监管前移、预案在先。开发并运用 Web 2.0 产品，促进形成和完善博客精选机制，丰富黑名单功能，免受骚扰。

3. 博客中的意见领袖应发挥把关人的作用

美国传播学者卡茨和拉扎斯菲尔德研究认为，大众传播中信息大多并不是直接到达普通受众的，往往要通过"人际交流圈"中意见领袖来"传导"和影响。所谓"意见领袖"，就是某一"人际交流圈"中有威望和有影响的信息先知先觉者和思想独立者。某一事件发生时，总是先影响这样一批"意见领袖"，然后再由他们去影响周围的人，博客传播同样遵循这样的规律。比如近几年新浪网络强劲推出的名人博客"专门频道"就起到了"意见领袖"的作用，网民们争先阅读他们的博客，并持续地与他们进行互动交流，特别是对他们如醉如痴的崇拜和迷恋，自然而然地形成了以此为轴心和"主心骨"的"粉丝博客圈"。从博客圈中网民接受信息角度来看，意见领袖不自觉地起着一种把关的作用，因此那些名人博客的确应该谨慎自己的言行，要知道作为众人追捧的对象，你的一言一行会给你的"粉丝"带来连锁或持续的反应，这种反应可能会是正面的积极引导，也可能会产生负面的严重后果，你有责任为你的"粉丝"把好关。

4. 广大博客要通过自律为自己把关

网络及博客这类媒体的特殊传播方式决定了博客本人是最近的、最具体的"第一把关人"。上述提到的博客传播中的每一个把关的"关卡"者是客观的、外在的，只有博客本人的把关才是主观的、最实际的，因此也是最重要的把关要素。每一名博客都要提高自身觉悟与素质，在遵守法律的基础上，不断地在道德层面上加强自律，我们都要牢记"博客中国"创始人方兴东提出的诚实公正、伤害最小化和承担责任三条"博客道德规范"的倡议，力争做一名守法规、负责任、有素质的博客。同时，逐步推行博客"实名制"，鼓励博客服务提供者对博客用户实行实名注册，为实名博客提供相对优质个性化的服务，推荐实名博客优秀作品，打造实名博客精品。

总之，对博客的规范与监管工作要从自律与他律两个层面上共同努力，自律是根本，是核心；他律是保障，是重点。科学管理博客行为时，要求既强调自律又确保他律，要"两手抓、两手都要硬"，只有在自律和他律同时运作和启动的情况下，博客传播才能实现真正意义上的趋利避害、健康发展。

三　营造健康向上的博客文化氛围

博客文化具有网络文化的主体隐匿性、交流平等性、内容共享性、传播互动性、价值多元性等特点，直接影响到民主观念的发展、政府行政运作方式的改进、公民政治参与的发展和社会监督的发展。但它也存在着一些负面影响，如可能导致非理性参与，导致信息集权、技术集权的网上再现，导致西方霸权主义对社会主义民主政治的危害，等等。倡导和营造健康向上的博客文化，可从以下几方面开展。

1. 提高博客的综合素质和政治参与能力。博客文化穿越时空，深入到社会有机体内部，渗透进现实社会的众多领域，对社会主义民主政治正产生着深刻影响。博客生态圈是一个五彩缤纷的世界，博客文化既有积极的、主流的一面，也有消极的、负面的一面，因此我们应该趋利避害，坚持把社会效益放在首位，加强对博客文化的建设和管理，打造积极健康的网络环境，把众多的博客建设成为具有广泛影响力的、体现社会主义先进文化发展方向的思想文化传播平台、创作生产平台，大力弘扬体现国家发展和社会进步的思想文化，弘扬民族优秀传统文化，提供更多更好的网络文化产品和服务，丰富人民群众的精神文化生活。

2. 以活动为载体和平台，推进博客文化建设。政府和博客服务商注重鼓励和提倡健康文明的博客文化，组织开展各类有益的有影响的评奖、评比及评选活动，以此来引领博客文化向着健康理性的方向发展。

3. 开展敬畏教育，倡导"开博神圣"。在我国，当前18岁至35岁为主的年龄阶段的博客作者往往是一个思想活跃、表达积极的群体。尤其是，改革开放为中国文化的发展带来了较为宽松自由的环境，博客中的年轻一代追求自由的、多元的文化价值观，他们既具有思维活跃、不拘一格的优势，又有着文化上的反叛性，"恶搞"和追求"卖点"常常成为他们中的一些人的伎俩。博客虚拟空间还存在着诸如"江湖效应"、信息失实等问题，潜在地影响着博客的有序发展。因此，一方面，博客服务商要借助博客网站，经常对全体注册的博客开展敬畏教育，倡导"开博神圣"，在保护博客的权利和义务的同时，净化博客虚拟空间，抵制低级、庸俗、恶意的博客。另一方面，要引导博客树立网络责任观念，明晓"新闻的社会责任""政治无小事"的道理，促使他们"培养理性审视能力，树立正确的博客观"，将"博客文化"作为主流大众文化来引导、支持和发展；从和谐发展的角度出发，把握社会主义核心价值体系的内涵，将"博客文化"塑造成真正的共享文化，在网络世界形成积极向上的主流舆论。

四　科学运用现代信息技术

熟悉网络宣传规律、互联网技术和网络舆论引导的技巧，积极开展"网络问政"，建立并健全"网络问政"的体制机制，有助于及时倾听民意，疏导民怨，化解矛盾，促进和谐，也有助于政府维护公信力和提高博客舆情应对效果。在现代社会，充分利用便捷先进的互联网技术手段，还能大大减少行政成本，一方面节省了人力、物力、财力等社会资源；一方面还节省了政府和民众的精力和时间，提高了效率，还增加了阳光透明的多元化监督通道，是多赢的公共治理方式，值得提倡。可见，党政机构、企业或个人积极、主动、及时和熟练地运用官方网站、媒体网站、网民留言板、官方机构与官员个人微博等互联网新媒体手段，进行信息发布和意见沟通，能更好地应对博客舆情。

党政机构的官方网站在网络时代的信息价值和形象功能不可忽视，在现实中，我们常常遇到有一些地方或部门，要么没有建立网站，要么出现官方网站功能缺位、要件残缺、技术落后、信息严重滞后等问题。这一方面说明部分党政机构没有充分认识到信息公开的重要性；一方面容易给媒体和公众留下"观念陈旧""傲慢""冷漠""懒惰"或"逃避责任"的消极印象。当发生重大舆情突发事件以后，有关重要的信息没有及时在网站公布，导致媒体和网友无法对网上传言及时验证，各种不实的流言和猜测就会滋生和传播开来。

Web 2.0时代，一般官方网站的技术门槛和维护成本并不高。截至

2011 年 12 月底，我国博客/个人空间用户数量为 3.19 亿，较 2010 年底增长 2414 万，增长率为 8.2%，社会舆论格局也发生了明显的改变。① 相比较而言，政府上网就显得十分有必要。从现实情况来看，绝大多数政府机关都建立有官方网站。在舆情危机的应对中，一些政府机关不仅把官方网站作为信息发布与互动平台，还通过引入第三方权威网络媒体，扩大信息发布的受众面和影响力，有效地维护了政府部门形象。

在博客舆情应对的网络技术中，常为网友津津乐道的是"网民留言板""网民议事厅"等。以人民网名牌新闻栏目《地方领导留言板》为例，一直为全国 60 多位书记、省长，近 1000 位副省、地市级党政正职官员及 1000 多位县委书记分别开通页面，供网友留言交流。创办三年来，已有数十位书记省长、近百位地市级领导公开向网友做出回应，近万项网友问题得到解决，已成为广大网友沟通领导、传递民意的首选渠道，成为中国互联网最受瞩目的官民互动平台。此外，地方"网络问政"平台也发展迅猛。天津政务网和北方网共同创办的网络互动平台《政民零距离》栏目，推行"件件有回复、件件能落实"，让网民倍感亲切。通过设立网络发言人，运用信息手段强化互动，成为推动"网络问政"显示实效的重要环节。为规范留言办理程序，避免随意性，制度化办理网民留言也已经成为各地推进"网络问政"的一种"时尚"。网络发言人制度 2009 年开始在部分地区试水后，逐渐在全国范围内推广。网络发言人制度具有很多功能，首先，是监测网络，发现问题，吸纳网络民意，在政府和群众之间充当桥梁纽带。其次，网络发言人工作也是网络舆论监督的重要环节。对于正面积极的网络意见和建议，要及时肯定和上报；对于负面消极的过激言论和网络情绪，要注意防范，在及时上报有关部门和领导，情况查明以后，要对网络质疑和不实的传闻进行及时主动的疏导。网络空间是各种社会思潮、各种利益诉求的集散地和意识形态较量的战场，成了网民参政议政、指点江山、谈是论非、说真话、说实话、说心里话的公共平台。最后，网络言论的发展瞬息万变，当出现负面走向的时候，网络发言人的作用变得非常关键，不仅要及时发现问题，还要及时进行舆情研判分析，上报有关

---

① 中国互联网络信息中心（CNNIC）:《第 29 次中国互联网络发展状况统计报告》，http://www.cnnic.cn/research/bgxz/tjbg/201201/t20120116_23668.html。

部门，协助解决问题。网络问政和网络发言人制度为各级政府施政设置了"预警器"和"防火墙"，通过网络发言人及时发现政府工作中的不足和问题，开辟了除信访渠道之外的另一条高效渠道，使各级政府部门都能够实现自我校正、自我完善、自我发展，值得提倡。在网络问政实践中，除了设置网民留言板、网络发言人制度以外，积极运用现代信息手段强化互动的方法还包括政府和官员开设微博。政府微博上线也是加强官民互动的一个重要步骤。需要指出的是，开通微博只是第一步，如何卓有成效地工作，切实发挥作用，还需要继续努力。近年来，积极接触网络的党政官员也越来越多。体制内意见领袖能够促进官民沟通，呼唤官场的党性、良知和改革动力，有利于舆论新格局的形成，更容易发现和解决地方发展中面临的各种疑难问题，提高地方政府的舆情应对能力。

在博客舆情的应对技巧中，引入第三方权威媒体也是极为重要的方法。一方面，传统媒体往往具有相对的独立性和较高的社会公信力；另一方面，我国媒体接受党的领导，新闻事业是社会主义现代化事业的有机组成部分。在舆情事件中，第三方媒体身处舆情危机之外，作为以"真实、客观、公正"为职业操守的第三方主流权威媒体，在政府和网民双方处于舆论对立状态时，其报道和评论往往更容易被网民所接受，从而显示出化解舆情危机的巨大优势。另外，在网络言论方面，中国不仅拥有网友群体庞大的全国性网络社区，各个地方也形成了地域性的论坛。由于政府官方网站较浓的行政色彩，网络流量往往不大。在网友聚集的商业网站社区，往往是舆情话题较为集中的高密度意见交换市场。

五 合理把握舆情应对的有效机制

一般情况下，博客舆情一旦爆发，就要积极应对，并运用以人为本、高速高效、依法处理、慎用警力、党政响应五大原则。在应对过程中，具体采取七种基本方法：一是迅速控制事态，抢抓时效，尽早处理，争取事态由大变小，由热变冷，由强变弱，防止其蔓延扩大；二是坚持灵活的动态反应，提出整体舆情方案和对策，了解事态起因和参与人群情况，有针对性地做出应对策略；三是统一行动，统一口径，精心组织部署，明确责任分工，事件处置和舆情工作联合行动，才能全面解决问题；四是政府响应及时，主要党政领导直接出面表态和对话，对事件和原因进行解释，消除群众和舆论的误解和对立情绪；五是主导舆论导向，利用主流媒体，特别是网络新媒体作好正面宣传报道，灵活和熟练运用各种网络技巧，争取直接与网民沟通对话，减少和消除不实谣言和传闻的负面影响；六是组织纪律约束，慎用警力，防止矛盾扩大化，利用归属组织做教育工作，进行纪律约束，最大限度地减少参与事件的人数规模和越轨言行；七是采用法律措施。利用执法机关依法处置，以人为本，保护公民合法权益，打击违法犯罪行为，取得舆论理解和充分认可，维护和修复政府公信力。

博客舆情发生后，一方面在行政职能和法治层面，各级党政职能部门，能否及时发挥重要作用，如党委、政府办事机构、卫生局、劳动局、公检法系统和宣传等部门完全发挥部门职能；现行相关法律法规是否严格执行，如《中华人民共和国突发事件应对法》《国家突发公共事件总体应急预案》和《国家特别重大、重大突发公共事件分级标准（试行）》《公安机关处置群体性治安事件规定》等。另一方面在领导、组织和人事方面，各级政府部门，特别是党政主要领导人的重视和及时响应，迅速调集有关组织和部门，对舆情进行有效应对也具有重大的意义。从长期舆情监测来看，虽然"政府响应"已经成为政务舆情应对重要指标，也越来越受到各级党政部门和领导人的重视和践行，但是近年来在"政府响应"方面出现的舆情应对失当的案例也有不少，主要看信息是否透明。信息透明作为重要的舆情应对指标的同时，还成为平息舆情危机的最有效举措，其中主要原因就在于信息透明可以帮助政府机关迅速取得舆论的话语权，并及时树立阳光负责的公众形象，防止复杂背景的网上各种不利的猜测、质疑和炒作，最大化地压缩流言形成和大肆传播的空间，最终有效化解社会恐慌和平息舆情危机。另外，信息透明还是现代政治文明不可或缺的要素。公众应该能通过易于和乐于接受的大众传媒，及时获知政府部门所掌握的涉及公众利益的信息。多年来，信息公开已经成为公众衡量政府公信力的习惯性经验，对各级政府应对舆情能力的提高正发挥积极作用，而博客等新媒体的高速发展又给各级政府带来了不小的压力。政府部门还要意识到，信息透明可以引入第三方媒体，用较小的成本化解舆情危机。这是近年来政府与网民互动，解决舆情危机时采取的有效方法，也是网络执政的创新性亮点。

政府公信力是政务舆情应对的核心指标，政府公信力的维护和修复也

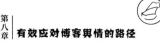

是党政部门舆情应对措施紧紧围绕的核心目标。绝大多数舆情事件中，政府公信力走势和舆情关注度走势图相契合，经历了公信力因负面事件损伤之后，经过各种舆情应对举措不断得以修复的"先抑后扬"的趋势。在积极正面的舆情事件中，政府公信力则呈现单线上扬的趋势，民意积极的肯定有助于提升政府形象，构建和谐的官民关系和警民关系等。在博客舆情监测、分析和研判中，主要是划定地域、事件和时间范围，以媒体报道评论抽样和网民言论抽样为主，在分析言论倾向性的基础上，可以得出政府公信力增长或减弱的双向变化。从政府公信力损伤较为严重的大量舆情案例中，不难看出，相比较一次负面事件就容易让政府公信力严重损失，政府公信力的维护和修复是需要政府部门长期努力的结果。一得一失的鲜明对比表明，如果地方政府长期不重视公信力的维护，让社会矛盾日积月累，必将会产生巨大的社会危害性和大量不稳定因素，酿成严重的后果。现实中产生的大量民生诉求问题，如果不能得到地方政府信访与司法渠道及时疏通，《信访条例》《公安机关信访工作规定》得不到有效实施，负面舆情事件将会越来越多。政务舆情应对指标中突出"政府公信力"的评估考察，加强定时段的舆情倾向性分析，有助于协助政府部门以更高的社会责任和从执政高度做好常规工作。

前文所述，博客舆情传播遵循一定的客观规律，一般社会热点舆情事件基本可以分为舆情发生期、舆情发酵期、舆情发展期、舆情高涨期、舆情回落期、舆情反馈期等阶段。有效应对博客舆情，要判断舆情走势所处的不同发展阶段，并根据其结论制定不同的应对原则。一般情况下，在舆情发生期的"黄金四小时"里，全面作好舆情发酵期的网络监测，组织人员和专家冷静分析，作好舆情研判：弄清事实真相，找准新闻五要素，明确事件问题所在、原因、关键当事人等，分析事件涉及哪些人的利益，引起哪些人的关注，具体方式如何，预见事件的发展脉络，并对可能造成的后果进行评估。同时，政府部门要善于在舆情危机中发现机遇，积极主动，在第一时间争取舆论话语权，不回避、不失语、不妄语，"速报事实，慎报原因"，做到在第一时间成为事件的"定义者"，防止舆论话语权旁落。在舆情发酵期要防止事态扩大，迅速准确研判网络舆论形势、统一对外口径，引入第三方媒体，紧抓第一落点进行信息发布，在舆情发酵期及时遏制流言产生的可能性空间，防止网络言论扩大化，对于网上不断兴起的猜测和质疑，进行有针对性的疏导。在舆情发展期，往往会出现负面情绪"溢出"效应，任何一个独立的事件都有可能被网友或媒体实施"有罪推定"，激化为带有普遍性的社会对立情绪，如仇官、仇富和反腐败等。此时企业要延续以往有效应对举措，重在疏导舆论。在舆情高潮期，舆情应对失当要谨防引起舆情反弹。监测发现，不少案例舆情应对过程中一波三折，比如在重要的新闻发布场合和紧要的舆情转折点，很可能由于个别公职人员的不当言行，导致矛盾的再度激化。而在舆情回落期，则需要转移受众视线，防止舆论反弹，同时进行公信力修复。在社会舆论不断变化的信息环境中，政府部门只有在平时加强舆情工作意识的培养和舆情"动态反应"技能的培训，做好各种突发事件处置预案，面对不同的舆情性质和阶段特点"对症下药"，才能做好舆情应对。

行政问责是舆情应对中最基础和带有实质性的环节。很多案例都表明，如果在舆情应对中没有及时进行行政问责，无论在舆论疏导上下了多大功夫，始终无法有效地平息舆论。面对公众如潮的舆论压力时，坚持客观公正、秉公办事和不偏不倚，尤其要注意统一口径，指定具体职能部门、相关负责人和新闻发言人，不应对公众和舆论有过度的承诺，政府部门及公职人员也不应该对部分舆论质疑有过激的反应，以免"画蛇添足"，激起舆论反弹。行政问责工作往往有规可循、有法可依，政府职能部门和公检法司法部门调查处理的效率也与舆论的平息有很密切的关系。与此同时，行政问责除了有利于政府舆情危机应对以外，更重大的意义在于吸取经验教训，以提高政府执政能力和舆情应对能力。

六　适时启动善后处理机制

在应对博客舆情事件的后续阶段，要妥善处理事情发生后的各种遗留问题，如责任追究依法执行，灾后重建等。一般情况下，博客舆情的高涨期过去以后，为尽快恢复正常社会秩序，就必须适时协调运用善后处理机制，弥补舆情危机所造成的损害，及时修复政府公信力。善后处理的主体工作的涵盖面很广泛，几乎包括事件处置和舆情应对在舆情回落期的全部形式和内容。经验表明，在这些要素中，任何一个环节处理不好，都有可能造成舆情反弹，使已经接近平息的社会矛盾再度激化。因此，需要引起足够的重视。一方面，政府部门运用多媒体手段和网络技巧，及时发布信息，保持信息透明；继续追踪和掌握事态发展的有关舆情，尤其要注意观察舆情走势有无反弹迹象。另一方面，地方党政主要负责人仍然担负善后工作指挥职责，领导相关部门妥善处理各种遗留问题；善后协调人员的工作确定为：大部分临时调集的事件处置和舆情危机应对工作人员撤离后，确定少数负责善后工作的人员；根据统一部署和预案，结合舆情动态，进行善后工作的具体落实与执行，查遗补缺，整体推进。同时，由有关领导、新闻媒体、相关社会团体组成，密切关注善后工作，监督有关政策和措施的最后落实情况。如2011年春节期间，"微博打拐"成为热点事件。新闻媒体、社会学者、民间组织和广大网友的参与，特别是政府部门的积极参与和有力举措，使"微博打拐"逐渐走向专业化和合法化，既保障了隐私权，又促进了问题的解决。

为彻底处置舆情遗留问题和平息舆情，要调用有关必要资源，包括有关部门的人力、物力和财力的征用和对舆情事件当事人的合法、合情、合理的赔偿与抚恤等。对于事件中违反法纪和造成严重后果的有关责任人，着手追究有关组织和人员的相关责任。但善后工作涉及较长时期司法程序的，要严格按照法律和行政法规、规章制度等执行，包括与当事各方达成的有关协议，公安部门立案侦查与破案，司法部门的公诉、审判和执行程序的落实等。司法处理的积极应对，其严格执行相关法律法规本身，即为平息舆论的最有效手段，与舆论引导相配合，能够在舆情后期的善后工作中"一锤定音"，更能有效恢复公信力。①

七 逐步完善分析机构和人才队伍

网络技术手段是实现博客舆情有效管理的重要措施。常用的网络技术手段包括对 IP 地址的监测、跟踪、封杀；网管的全天候值班监测，对负面消息进行及时清除；运用智能型软件进行敏感词组的自动过滤；对论坛发帖的延时审查及发布；对国外敏感网站浏览限制等技术保障措施以确保博客信息的安全。而这些技术手段的实施要靠完善的机构和人才队伍来保障。专职的博客舆情信息汇集、监测、分析和研判的机构和人员，他们又被划分为以法人或团体身份出现的，专门从事舆情信息相关工作的单位、

---

① 人民网舆情监测室：《如何应对网络舆情？》，新华出版社，2011，第 138～180 页。

组织、部门和人员，以及以自然人身份出现的，专门从事相关工作的机构和人员等。还有一些外围辅助协作机构及人员，包括各级人大、政协、计划部门、统计部门、新闻媒体、科研院所等相关部门。这些部门的主要作用是直接或间接地参与到舆情信息汇集和分析工作中。

同时，随着经济发展、社会转型和新传输手段的不断涌现，在搞好覆盖人群面广、学科门类齐全的操作主体建设中，有必要推动信息网络单位向农村、企业、学校、社区延伸，向新兴群体、新兴组织、新兴媒体延伸，向掌握境外舆情的单位延伸，向专业舆情调查机构和部门延伸，逐步完善多层次的网络分析机构和专业人才队伍。

本章小结：我们研究博客舆情的分析与研判机制，就是为有效应对博客舆情打下基础。本章首先分析了有效应对博客舆情是构建和谐社会的需要，进而指出了有效应对博客舆情的相关原则，最后提出一些应对博客舆情的可行性建议。

　　博客是网络舆情传播的重要通道之一。博客舆情既是网络舆情的重要组成部分，又有着鲜明的个性特点。博客舆情的传播，一方面拓宽了信息分享渠道，拓展了人际互动空间，并在一定程度上促进了政治改革的良性发展；另一方面，博客舆情又存在着内容可信度不高、庸俗化、资本逻辑消解公益性乃至影响正确舆论导向等诸多问题。科学、全面、规范而有效地应对博客舆情，是经济社会健康发展的需要，是摆在社会管理与服务者面前的崭新课题。

　　本书从不同学科背景出发，通过纵向分析博客舆情产生的社会、媒介背景和横向分析博客舆情产生、演进和消弭的规律，尝试设计出博客舆情的分析、研判模式，为人们认识博客舆情提供了较为系统和全面的视阈，为政府介入网络舆情管理提供了先导性服务，同时在一定程度上丰富了网络舆论研究内容。

　　本书首先追溯了中国舆情的思想和制度沿革。中华文明在形成和发展过程中，形成了独具特色的舆论环境，在这样的环境里，中国人以自己的视角对公共事务发表看法，以舆论的道德力量影响着中国社会的历史进程。在奴隶制时期，以血缘为基础的宗法制是奴隶制社会舆论形成的重要社会环境，这一环境决定了奴隶社会舆论活动的主要特征和类型。在漫长的封建社会里，封建统治阶级根据传统礼教编制了主流社会舆论，同时采取各种方式压制、阻碍及引导舆论的产生和流传。由于缺乏民主政体的保护，舆论批判运动总是遭遇各种强权势力的镇压。在风雨飘摇的现代政治环境中，中国现代舆论举步维艰，虽有公共舆论是政府行为的重要补充和监督的通识，而认为公共舆论所反映的缺失理性建构的价值应该受政府严格规范的论调一度甚嚣尘上，因此舆论压制的事件时有发生。当代中国社会是一个多元社会，社会结构不断分化，不同利益群体不断形成。利益的多元性形式表现在政治和社会层面上，就是代表着不同利益群体的各种舆论的存在。从现状看，官员腐败、贫富悬殊、分配不公等问题日渐成为社会舆论关注的焦点，成为社会舆情集中的场域。而网络往往发挥了放大舆论热点、引爆公共事件的作用。由网民设置的议程遂成为媒体议程、进而成为政府议程的状况已屡见不鲜。公民的知情权、参与权、表达权和监督权，在网络环境中得到较为充分的体现。

公众舆论暨网络舆论的形成与大众传媒存在着千丝万缕的联系。由大众传媒形成的拟态环境和媒介化社会，为舆论的形成提供了新的空间。对于政府组织来说，大众传媒可以起着引导舆论的作用，同时，也可能带来一定的舆论风险，这就存在着利用大众传媒进行舆论引导的技巧使用问题。从理论上说，议程设置、信息公开及新闻的功能等要求政府组织进行舆论引导，从现实来看，服务型政府的建设和现实的公众参与也为大众传媒引导舆论提出了时代命题。大众传媒可以通过说服的方式，来改变公众的认知、情感、态度和行为，也可以采用一定的传播技巧进行舆论引导，同时，要特别注意舆论领袖的作用。

当前的社会转型导致整个社会的利益格局发生重大变化，舆论生成的方式更加多元，舆论话语权的争夺也更为激烈。舆论话语通过互联网等平台，对政府进行舆论监督。同时，随着互联网技术与移动终端技术的发展，网络政治、网络文化等发生了深刻的变革。作为舆论的重要载体，通过网络表现出来的舆论具有了新的特点，网络舆论主体具有草根性，网络舆论传播具有快速、高效的特征，网络舆论同时具有自我生产、自我传递的内在特质，更具有真实性和交互影响力，同时，网络舆论议题的范围也更加广泛，参与的人员也更具专业化知识。而作为互联网的特殊形态，博客成为互联网舆论的重要通道。博客在个人与社会交流、通过赋权确认公民身份、挑战新的社会管理模式等方面，深刻地改变着当前的舆论格局。

博客呈现出的舆论具有自媒体性、自组织性、互动性、二元性等特点，其在舆论监督、政治参与和社会动员方面都起到重要作用。

新媒体的迅猛发展，使网络舆论传播生态环境不断演进。作为一种新的媒介传播样式，从博客到微博客，成为推动社会发展的基本动力，也是网络中重要的舆论阵地。而网络舆情又是社会舆情的重要组成部分之一，博客的迅速发展更加强化了这种作用。博客舆情的传播，拓宽了信息分享渠道，拓展了人际互动空间，并促进政治改革的良性发展；同时，博客舆情存在着内容可信度不高、庸俗化、资本逻辑消解公益性乃至影响正确舆论导向等问题。概言之，博客舆情已渗透到网民社会生活的各个层面，在产生传播效果的同时也显现出广泛的社会效应。博客舆情在产生积极因素的同时，也增加了社会管理与服务的难度，如何正确把握、引导博客舆情，使之为增进社会和谐服务，是一个新的挑战。

在以上分析论述的基础上，本书的第五章从博弈论视角审视博客舆情的传播动机（这是本部分的创新点），运用典型案例探讨博客舆情的传播路径，对博客舆情的发展要素进行了深入剖析，从而提出构建博客舆情的监测机制，即：确定博客舆情的监测标准，把握博客舆情监测的重点，明确博客舆情收集渠道，构建博客舆情监测指标体系，建立博客舆情监测网络，人工监测和技术监测相结合等，并指出博客舆情监测需科学化、理性化和法制化。同时提出博客舆情的引导策略：核心文化基因的博客传承，社会舆情主体的合理干预，博客问政的制度化建设，官员意见领袖的培养，博主的媒介素养构建等，这是本书的重要观点和精髓所在。篇末提出的相关对策建议具有很强的针对性和实用性。

通过运用 SPSS 19.0 社会统计软件，本书着重对"博客舆情的分析与研判"调查问卷的有关方面进行了统计分析，得出如下结论：我们在分析博客舆情时，要重点关注学历较高的、使用网络频率较高及网龄较长的群体；对于博客的作用，首先宜采信"个人自由表达和出版"，其次要考虑博客也是"深度交流沟通的网络新方式"，对于博客"有舆论监督的作用"要区别对待；对于博客信息的关注对象问题，采信以"时事政治"和"友人信息"为主，次之是对"社会人文"的关注，并主要集中在学历高、网龄长的人群，而对"娱乐八卦"的关注则集中在网龄短的在校学生群体上，反映出"追星族"的一面；要重视博客圈的舆情和关注"名人明星的博客"。其次，运用传播学的相关理论，分析博客舆情的形成、演变、平息等发展过程，借此揭示博客舆情的特征，为进一步提出博客舆情的分析模型服务。最后，在上述实证调查、理论分析的基础上，提出分析模型并加以说明。

运用 SPSS 19.0 社会统计软件，本书对"博客舆情的分析与研判"调查问卷有关研判方面内容也着重进行了统计分析，得出如下结论：研判博客舆情要判断它的影响是正面的还是负面的，要甄别它的真实性，要明晰各类博客群体接受和传播舆情的差别；博客舆情的研判机制中，网民与政府的沟通要理性，要有法律制度来规范和约束；研判博客舆情，必须关注博客舆情的政治影响等。其次，运用社会学的相关理论，分析博客舆情的演化过程，借此揭示博客舆情的社会特质，为进一步提出博客舆情的研判模型服务。最后，在上述实证调查、理论分析的基础上，提出研判模型并加以说明。

研究博客舆情的分析与研判机制，就是为有效应对博客舆情打下基础。本书在最后一章首先分析了有效应对博客舆情的重要性和必要性，进而指出有效应对博客舆情的相关原则，最后提出若干应对博客舆情的可行性建议。

参考文献

著作类：

1. 雷润琴：《信息博弈——公民·媒体·政府》［M］，北京：清华大学出版社，2010。

2. 尹韵公：《中国明代新闻传播史》［M］，重庆：重庆出版社，1990。

3. 陈力丹：《舆论学——舆论导向研究》［M］，北京：中国广播电视出版社，1999。

4. 〔美〕桑斯坦：《网络共和国：网络社会中的民主问题》［M］，上海：上海人民出版社，2003。

5. 高洪铃主编《网络舆情与社会》［M］，北京：新华出版社，2011。

6. 谢耕耘：《中国社会舆情与危机管理报告》［M］，北京：社会科学文献出版社，2011。

7. 黄少华、翟本瑞：《网络社会学》［M］，北京：中国社会科学出版社，2006。

8. 中共中央宣传部舆情信息局：《网络舆情信息工作理论与实

务》[M]，北京：学习出版社，2009。

9. 刘鹏飞：《如何应对网络舆情——网络舆情分析师手册》[M]，北京：新华出版社，2011。

10. 方汉奇、李矗主编《中国新闻学之最》[M]，北京：新华出版社，2005。

11. 夏传才主编《中国古代文学名篇选读（上、下）》[M]，北京：语文出版社，1985。

12. 邱永明：《中国监察制度史》[M]，上海：华东师范大学出版社，1992。

13. 方汉奇主编《中国新闻传播史》[M]，北京：中国人民大学出版社，2002。

14. 李秀云：《中国新闻学术史（1834～1949)》[M]，北京：新华出版社，2004。

15. 胡泳：《众声喧哗：网络时代的个人表达与公共讨论》[M]，桂林：广西师范大学出版社，2008。

16. 〔美〕马克·波斯特：《第二媒介时代》[M]，南京：南京大学出版社，2000。

17. 黄旦：《新闻传播学》[M]，杭州：浙江大学出版社，1997。

18. 金枝：《虚拟生存》[M]，天津：天津人民出版社，1997。

19. 李培林等：《2010 年社会蓝皮书》[M]，北京：社会科学文献出版社，2009。

20. 国务院新闻办公室：《中国互联网白皮书》[M]，摘自新华网，2010 年 3 月 13 日。

21. 〔德〕哈贝马斯：《作为"意识形态"的技术与科学》[M]，上海：译林出版社，1990。

22. 〔德〕黑格尔：《法哲学原理》[M]，上海：商务印书馆，1961。

23. 刘建明：《舆论传播》[M]，北京：清华大学出版社，2001。

24. 徐向红：《基础舆论学》[M]，北京：中国国际广播出版社，1991。

25. 〔英〕克里斯托弗·胡德等：《监管政府：节俭、优质与廉政体制设置》[M]，陈伟译，生活·读书·新知三联书店，2009。

26. 〔美〕保罗·莱文森：《数字麦克卢汉——信息化新纪元指南》[M]，何道宽译，北京：社会科学文献出版社，2001。

27. 〔加拿大〕文森特·莫斯可：《传播政治经济学》[M]，胡正荣译，北京：华夏出版社，2000。

28. 〔加拿大〕马歇尔·麦克卢汉：《人的延伸——媒介通论》[M]，何道宽译，成都：四川人民出版社，1998。

29. 方兴东、王俊秀：《博客：E 时代的盗火者》[M]，北京：中国方正出版社，2003。

30. 〔美〕曼纽尔·卡斯特：《网络社会——跨文化视角》[M]，北京：社会科学文献出版社，2009。

31. 黄晓钟、杨效宏、冯钢主编《传播学关键术语释读》[M]，成都：四川大学出版社，2005。

32. 〔意〕皮科·德拉·米兰多拉：《论人的尊严》[M]，北京：北京大学出版社，2010。

33. 黄少华、翟本瑞：《网络社会学》[M]，北京：中国社会科学出版社，2006。

34. 王国华等：《解码网络舆情》[M]，武汉：华中科技大学出版社，2011。

35. 邱林川、陈韬文：《新媒体事件研究》[M]，北京：中国人民大学出版社，2011。

36. 〔美〕李普曼：《舆论学》[M]，林珊译，北京：华夏出版社，1989。

37. 汝信、陆学艺、李培林：《2010 年中国社会形势分析与预测》

[M]，北京：社会科学文献出版社，2009。

38. 黄旦：《作者图像：新闻专业主义的建构与消解》[M]，上海：复旦大学出版社，2005，第212页。

39. 郭庆光：《传播学教程》[M]，北京：中国人民大学出版社，1999。

40. 〔美〕休·休伊特：《博客：信息革命最前沿的定位》[M]，杨竹山、潘浩译，北京：中国铁道出版社，2006。

41. 马兰等：《点击传播》[M]，北京：经济管理出版社，2003。

42. 〔德〕伊丽莎白·内尔—纽曼：《大众观念理论：沉默的螺旋的概念》[M]，常昌富等：《大众传播学：影响研究范式》[M]，北京：中国社会科学出版社，2000。

43. 赵雅文：《博客：生性·生存·生态》[M]，北京：中国社会科学出版社，2008。

44. 陈向明：《质的分析方法与社会科学研究》[M]，北京：教育科学出版社，2000。

45. 中共中央宣传部舆情信息局：《舆情信息汇集分析机制研究》[M]，北京：学习出版社，2006。

46. 编写组：《加强党的执政能力建设学习问答》[M]，北京：中共党史出版社，2004。

47. 王来华：《舆情研究概论：理论、方法和现实热点》[M]，天津：天津社会科学院出版社，2003。

48. 蔡铭泽：《新闻传播学》（第3版）[M]，广州：暨南大学出版社，2010。

49. 联合国教科文组织：《多种声音，一个世界》[M]，北京：中国对外翻译出版公司，1981。

50. 《马克思恩格斯全集》（第3卷）[M]，北京：人民出版社，1972。

51. 郑贞铭：《新闻原理》[M]，台北：台湾五南图书出版公司，

1995。

52. 彭兰：《中国新媒体传播学研究前沿》［M］，北京：中国人民大学出版社，2010。

53. 刘建明：《穿越舆论隧道——社会力学的若干定律》［M］，北京：中共中央党校出版社，2000。

54. 刘建明：《社会舆论原理》［M］，北京：华夏出版社，2002。

55. 刘伯高：《政府公共舆论管理》［M］，北京：中国传媒大学出版社，2008。

56. 〔美〕凯茨·大卫斯：《组织行为学》（下）［M］，北京：经济科学出版社，1989。

57. 刘伯高：《政府公共舆论管理》［M］，北京：中国传媒大学出版社，2008。

58. 喻国明：《中国社会舆情年度报告（2011）》［M］，北京：人民日报出版社，2011。

59. 尹韵公：《中国新媒体发展报告》［M］，北京：社会科学文献出版社，2011。

60. 赖光临：《中国新闻传播史》［M］，台北：台湾三民书局，1989。

61. 徐向红：《现代舆论学》［M］，北京：中国国际广播出版社，1991。

62. 刘毅：《网络舆情概论》［M］，天津：天津人民出版社，2007。

63. 方汉奇：《中国新闻事业简史》［M］，北京：人民大学出版社，1995。

64. 方汉奇：《中国近代报刊史》［M］，太原：山西教育出版社，1981。

65. 夏晓虹：《二十世纪中国学术文化随笔大系·梁启超——学术文化随笔》［M］，北京：中国青年出版社，1996。

66. 张闻天：《张闻天文集》（第 3 卷）［M］，北京：中共党史出版社，1994。

67. 任毕明：《战时新闻学》［M］，武汉：汉口光明书局，1938。

报刊类：

1. 韩来英：《网络政治博客对于现实政治作用的分析》［J］，《临沂大学学报》2011 年第 8 期。

2. The future of news：Back to the coffee house（新闻的未来——重返咖啡馆）［J］，The Economist（经济学人）2011 年第 7 期。

3. 姚莉莉：《中国新闻网站亟待"三变"》［J］，《新闻记者》2012 年第 3 期。

4. 宋好：《微博时代"意见领袖"特点探析》［J］，《今传媒》2010 年第 11 期。

5. 谢耘耕、荣婷：《微博舆论生成演变机制和舆论引导策略》［J］，《现代传播》2011 年第 5 期。

6. 胡晓、余文武：《微博客时代基础网民的心理趋向与策略选择》［J］，《求索》2011 年第 3 期。

7. 吴献举：《博客传播的道德困境及对策》［J］，《兰州学刊》2009 年第 6 期。

8. 高承实、荣星、陈越：《微博舆情监测指标体系研究》［J］，《情报杂志》2011 年第 9 期。

9. 韩冰：《求解网络舆情》［J］，《企业文化》2008 年第 12 期。

10. 步超：《舆情管理制度的再法律化》［J］，《网络传播》2012 年第 9 期。

11. 何宁生：《先秦的公众舆论监督论略》［J］，《西域研究》2004 年第 1 期。

12. 《舆论明证主宰说》［N］，《益闻报》1882 年第 142 期。

13. 时事评论：《悲舆论》（上）［J］，《东北文化》（大连）1930

年第 139 期。

14. 唐小兵：《现代中国公共舆论的自我理解》[J]，《衡阳师范学院学报》2008 年第 29 卷第 4 期。

15. 郭德宏：《中国现代社会转型研究评述》[J]，《安徽史学》2003 年第 1 期。

16. 郑保卫：《论社会转型与媒体责任》[J]，《东岳论丛》2011 年第 1 期。

17. 邓正来：《全球化时代的发展传播学》[J]，《传播与社会学刊》2009 年第 10 期。

18. 周笑：《从电视到视频媒体：新支点下的全面再造》[J]，《视听界》2010 年第 4 期。

19. 赵月枝：《有钱的、下岗的、犯法的：解读 20 世纪 90 年代中国的小报故事》[J]，《开放时代》2010 年第 7 期。

20. 朱力：《中国社会风险分析——群体性事件的社会冲突性质》[J]，《学海》2009 年第 1 期。

21. 刘少杰：《网络化时代的权力结构变迁》[J]，《江淮论坛》2011 年第 5 期。

22. 陈喆、祝华新：《网络舆论的发展态势和社会影响》[J]，《国际新闻界》2009 年第 10 期。

23. 卞冬磊：《再论媒介时间：电子媒介时间观之存在、影响与反思》[J]，《新闻与传播研究》2010 年第 1 期。

24. 周海英：《从媒介环境学看新媒体对社会的影响》[J]，《兰州学刊》2009 年第 6 期。

25. 社会科学院蓝皮书：《近七成事件网络舆论推动政府解决》[N]，《京华时报》2011 年 7 月 13 日。

26. 夏玉成：《公共舆论的精神品格与和谐社会的构建》[J]，《探索与争鸣》2006 年第 1 期。

27. 余秀才：《网络舆论传播的行为与动因》[D]，华中科技大学硕博论文，2010。

28. 杨成虎：《公众网络参与若干问题探析》[J]，《云南社会科学》2010 年第 3 期。

29. 纪政文：《当代中国社会主义公民意识探析》[J]，《东岳论丛》2009 年第 3 期。

30. 赵黎明：《我国公民意识教育的三个维度》[J]，《中国青年研究》2009 年第 1 期。

31. 王天意：《网络舆论的功能及社会效应》[J]，《海南广播电视大学学报》2006 年第 3 期。

32. 桑丽：《网络舆论研究》[D]，中共中央党校硕博论文，2011。

33. 谭伟：《网络舆论的概念及特征》[J]，《湖南社会科学》2003 年第 5 期。

34. 邓新民：《网络舆论与网络舆论的引导》[J]，《探索》2003 年第 5 期。

35. 谢梅、刘昊：《网络传播环境中的舆论传播分析》[J]，《西南民族大学学报》2006 年第 8 期。

36. 邹军：《虚拟世界的民间表达》[D]，复旦大学硕博论文，2008。

37. 祝华新等：《当前我国网络舆论载体和传播方式的新变化》[N]，《理论导报》2012 年第 1 期。

38. 刘涛：《"方韩事件" 中的外部链接与长微博现象分析》[J]，《现代传播》2012 年第 4 期。

39. 胡颖：《传播学视域下的 SNS 特征分析》[J]，《青年记者》2012 年第 1 期。

40. 彭兰：《传播者、受众、渠道：博客传播的深层机制》[J]，《上海师范大学学报》（哲学社会科学版）2007 年第 6 期。

41. 陈浩、吴世文：《新媒体事件中网络社群的自我赋权》[J]，

《新闻与传播》2009 年第 3 期。

42. 焦德武:《新媒介:现代化进程中社会解放力的路径选择》[J],《中华文化论坛》2011 年第 5 期。

43. 邢晓芳:《"自媒体" VS 传统媒体:势均力敌?》[J],《新闻记者》2007 年第 10 期。

44. 胡春阳、方维:《博客对公共舆论构建的外在性影响》[J],《中国地质大学学报》2009 年第 6 期。

45. 贾佳:《试论公共知识分子博客的影响力》[D],上海社会科学院硕博论文,2010。

46. 《微博成为舆情最大信息源》[N],《南方都市报》2012 年 4 月 14 日。

47. 单学刚、郭晶:《网络舆情:自媒体的"蝴蝶效应"》[J],《网络传播》2011 年第 8 期。

48. 喻国明:《微博:影响力的产生机制与作用空间》[J],《中关村》2010 年第 4 期。

49. 刘鹏飞、周培源:《2011 年网络舆情走势与社会舆论格局》[J],《新闻记者》2012 年第 1 期。

50. 刘毅:《略论网络舆情的概念、特点、表达与传播》[J],《理论界》2007 年第 1 期。

51. 黄月琴:《公共领域的观念嬗变与大众传媒的公共性——评阿伦特、哈贝马斯与泰勒的公共领域思想》[J],《新闻与传播评论》2008 年第 5 期。

52. 张跣:《微博与公共领域》[J],《文艺研究》2010 年第 12 期。

53. 李艳红:《大众传媒、社会表达与商议民主——两个个案分析》[J],《开放时代》2006 年第 6 期。

54. 余望:《发展与冲突:对"微博盛宴"的传播学思考》[J],《现代传播》2010 年第 5 期。

55. 刘琼:《网络动员的作用机制与管理对策》[J],《学术论坛》2010 年第 8 期。

56. 梅潇、王丽:《网络公众自我议程设置》[J],《新闻爱好者》2007 年第 2 期。

57. 赵雅文:《"三贴近"在政治与公众议程和谐统一中的作用》[J],《新闻界》2006 年第 2 期。

58. 毕宏音:《影响民众舆情的中介性社会事项》[J],《广西社会科学》2004 年第 11 期。

59. 袁小轶:《突发事件中谣言的传播机理与控制》[J],《中国商界》2009 年第 1 期。

60. 胡锦涛:《在省部级主要领导干部提高构建社会主义和谐社会能力专题研讨班上的讲话》[N],《人民日报》2005 年 2 月 19 日。

61. 熊澄宇:《传播学十大经典解读》[J],《新华文摘》2004 年第 1 期。

62. 李君如:《构建和谐社会的四个理论问题》[N],《解放日报》2005 年 3 月 14 日。

63. 刘云山:《宣传思想工作要积极营造和谐舆论环境》[N],《人民日报》2005 年 6 月 30 日。

64. 王来华:《舆情变动规律初论》[J],《学术交流》2005 年第 12 期。

65. 俞可平:《"堵"与"疏"之间的体验:两种不同的稳定观》[J],《中外书摘》2007 年第 1 期。

66. 纪忠慧:《构建和谐社会的舆论观》[J],《现代传播》2005 年第 4 期。

网络:

1. 张晓庆:《一个网络意见领袖的产生》[EB/OL],人民网,

2009 – 12 – 17。

2. 《中国微博意见领袖研究报告》［EB/OL］，http：//baike.baidu.com/view/8106165.htm。

3. 中国传媒大学网络舆情研究所：《2011 中国网络舆情指数年度报告》［EB/OL］，http：//wenku.baidu.com/view/5c42c3d580eb6294dd886c53.html。

4. 《2011 年中国互联网舆情分析报告》［EB/OL］，http：//yuqing.people.com.cn/GB/16698341.html。

5. 光明网，［EB/OL］，http：//www.gmw.cn/02sz/2002 – 04/10/03 – 4F40B91530A7CD2048256BC9000F63FD.htm。

6. 中国互联网络信息中心：《第30 次中国互联网络发展状况统计报告》［EB/OL］，http：//www.cnnic.net.cn/hlwfzyj/hlwxzbg/hlwtjbg/201207/t20120723_ 32497.htm。

7. 祝华新、单学刚、胡江春：《2011 年中国互联网舆情分析报告》［EB/OL］，http：//yuqing.people.com.cn/GB/16698341.html。

8. 《中国互联网络发展状况统计报告》［EB/OL］，2012：36.http：//www.cnnic.net.cn/。

9. "博客中国"，［EB/OL］，http：//www.blogchina.com/。

10. "新浪博客"，［EB/OL］，http：//blog.sina.com.cn/。

11. "新浪微博"，［EB/OL］，http：//weibo.com/。

12. "搜狐博客"，［EB/OL］，http：//blog.sohu.com/。

13. "搜狐微博"，［EB/OL］，http：//t.sohu.com/new_ index。

14. "腾讯博客"，［EB/OL］，http：//blog.qq.com/。

15. "腾讯微博"，［EB/OL］，http：//t.qq.com/。

外文资料：

［1］Heather Saviguy，*Public opinion*，*Political communication and the*

Internet. 2002 VOL 22, (1).

[2] Willhelm, Anthony G. , *Democracy in the Digital Age*: *Challenges to Political Life in Cyberspace*, New York: Routledge, 2000.

[3] Rebecca Blood. *How Weblogs Are Changing Our Culture*. Perseus Publishing. July 2002.

[4] Todd Stauffer. *Blog On*: *Building Online Communities with Web Logs*. MaGraw-Hill Osborne Media. Oct. 2002.

[5] Howard Rheingold. *Smart Mobs*: *The Next Social Revolution*. Basic Books. Oct. 2002.

[6] Guobing Yang, *The Internet and the Rise of a Transnational Chinese Cultural Sophere*, Media Culture & Society, Vol. 25.

[7] Noelle-Neumann E. *The theory of public opinion*: *the Concept of the Spiral of silence* [M]. // Anderson J, Communication Yearbook 14, Newbury Park, CA: Sage, 1991: 87 – 256.

[8] James Price Dillard & Eugenia Peck, *Affect and Persuasion*: *Emotional Responses to Public Service Announcements?* Communication Research. 2000, 27: 461 – 495.

[9] Reynolds, R. Blogging and Online Interaction: *Towards a Newly-conceived Community Sphere* [Z]. Paper presented at the annual meeting, "Expanding Convergence," University of South Carolina, Columbia, SC, 2003, November.

[10] HolystJ. A. ,KaePerskiK. , Schweitzer F. *Soeial impact models of opinion dynamics*. World Seientific Publishing Company: 2001.

[11] N. E. Friedkin, E. C. Johsen. *Soeial influence and opinions*. J. Math. Soe. 1990, 15.

[12] C. Borghesi, S. Galam. *Chaotie, Staggered, and Polarized Dynamics in Opinion Forming*: *the Contrarian Effeet*. Phys. Rev. E, 2006, 73 (066118).

［13］ Zizi Papacharissi, *The Virtual sphere: the Internet as a Public Sphere*. New Media & Society, 2005.

［14］ Johan Lagerkvist. *The Rise of Online Public Opinion in the People's Republic of China*. China: An International Journal, 2005, Vol3, （1）.

［15］ Ashay Java: *A Framework for modeling influenee, Opinions and Structure in Social Media*, Association for Advancement of Artificial Intelligence, 2007.

［16］ Heather Savagery: *Publie Opinion*, Political Communication and the Internet Politics, Vol. 22 （1）, 2002.

后　记

十六大以来，党中央高度重视社情民意，反复强调要倾听群众呼声，反映群众意愿，集中群众智慧，更好地推进科学发展、促进社会和谐。党的十六届四中、六中全会明确提出，要建立"社会舆情汇集和分析机制，畅通社情民意反映渠道"，"要高度重视互联网等新型传媒对社会舆论的影响。"党的十八大进一步指出："加强网络社会管理，推进网络依法规范有序运行。"当前，随着互联网日益普及与发展，以互联网、手机为代表的新兴传播载体已经成为社情民意的"集散地"，网络舆情对社会舆情的影响越来越大。而近年来中国博客用户呈爆发式增长的态势，博客舆情已成为网络舆情的重要组成部分，因此，对博客舆情进行系统研究是网络舆情研究的题中应有之义。

2010年4月，国家社会科学基金立项了"博客舆情的分析与研判"课题，安徽省社会科学院新闻与传播研究所所长常松研究员作为课题主持人，带领课题组成员，设计课题研究方案，并多方征求意见，几易其稿。课题组在查阅收集有关资料的同时，深入多地开展调研活动，并进行了问卷调查。

在课题研究过程中，课题组成员发表了一系列的阶段性成果，如：《网络传播视域下的安徽形象改善策略研究》发表在《江淮论坛》2011年第5期；《博客舆情的传播社会学分析》发表在《学术界》2012年第6期，被《新华文摘》2012年第18期转载；《博客视域中的舆情引导》发表在《江淮论坛》2012年第5期；《大众传媒与公共人的衰落》发表在《中国社会科学报》2013年1月13日第408期；《微博舆情：产生、研判与处置研究》发表在《安徽师范大学学报》2013年第1期，被《新华文摘》2013年第13期全文转载；《社会转型期网络舆情治理路径探究》发表在《学术界》2013年第7期；《西方网络民主发展图景》发表在《国际论坛》2013年第4期；等等。这些成果凸显了课题组成员扎实的理论功底和务实的研究作风，将博客舆情的研究不断推向更高水平。

本书是"博客舆情的分析与研判"课题的结项成果。2013年4月，该成果被全国哲学社会科学规划办公室鉴定为优秀等次。具体执笔分工如下：

导言、第四章：常松；

第一章：胡凤；

第二章、第三章：焦德武；

第五章：王慧、王磊；

第六章、第七章、第八章：方金友；

结语：胡从发。

统筹、统稿：常松、方金友。

本书大量的数据源自统计资料、问卷调查及网上渠道，由于来源、口径不同，可能出现不尽一致的情况，敬请读者在引用时进行核对。在课题进行调研和收集整理资料过程中，得到天津社会科学院舆情所、青海省网宣办、西藏社会科学院情报室、人民网舆情频道、《安徽日报》、中安在线等相关部门的大力协助。在课题研究中，得到安徽省社会科学院领导、安徽省社会科学规划办公室领导及安徽省社会科学院相关部门领导和专家的关怀和指导。本书的顺利出版，得力于社会科学文献出版社谢寿光社长、社会政法分社王绯社长及孙燕生编辑的支持与帮助。在此一并表示感谢。

课题组

2013年10月

图书在版编目(CIP)数据

博客舆情的分析与研判/常松主编. —北京：社会科学
文献出版社，2014.6
ISBN 978 - 7 - 5097 - 5760 - 4

Ⅰ.①博…　Ⅱ.①常…　Ⅲ.①互联网络 - 舆论 - 研究
Ⅳ.①G219

中国版本图书馆 CIP 数据核字（2014）第 044408 号

博客舆情的分析与研判

主　　编／常　松

出 版 人／谢寿光
出 版 者／社会科学文献出版社
地　　址／北京市西城区北三环中路甲 29 号院 3 号楼华龙大厦
邮政编码／100029

责任部门／社会政法分社（010）59367156　　　责任编辑／孙燕生
电子信箱／shekebu@ ssap. cn　　　　　　　　责任校对／刘　青
项目统筹／王　绯　曹义恒　　　　　　　　　责任印制／岳　阳
经　　销／社会科学文献出版社市场营销中心（010）59367081　59367089
读者服务／读者服务中心（010）59367028

印　　装／北京鹏润伟业印刷有限公司
开　　本／787mm×1092mm　1/16　　　　　　印　　张／16.75
版　　次／2014 年 6 月第 1 版　　　　　　　　字　　数／273 千字
印　　次／2014 年 6 月第 1 次印刷
书　　号／ISBN 978 - 7 - 5097 - 5760 - 4
定　　价／65.00 元